rowohlts deutsche enzyklopädie

Herausgegeben von Ernesto Grassi
Universität München

PETER R. HOFSTÄTTER

Gruppendynamik

Kritik der Massenpsychologie

Durchgesehene und erweiterte Neuauflage

ROWOHLT

Redaktion: Ursula Schwerin
Eginhard Hora / Ragni M. Gschwend
München

Umschlagentwurf Werner Rebhuhn

1.– 40.	Tausend	März 1957
41.– 45.	Tausend	Juli 1960
46.– 50.	Tausend	August 1961
51.– 55.	Tausend	August 1962
56.– 60.	Tausend	Juni 1963
61.– 70.	Tausend	September 1964
71.– 80.	Tausend	Oktober 1965
81.– 90.	Tausend	Januar 1967
91.–100.	Tausend	Januar 1968
101.–115.	Tausend	Dezember 1968
116.–130.	Tausend	Januar 1970
131.–148.	Tausend	Mai 1971
149.–160.	Tausend	Dezember 1971
161.–175.	Tausend	April 1972
176.–192.	Tausend	November 1972
193.–207.	Tausend	Dezember 1973
208.–217.	Tausend	März 1975
218.–227.	Tausend	Dezember 1976

Der hier vorliegende Text wurde eigens für
‹rowohlts deutsche enzyklopädie› geschrieben
Durchgesehene und erweiterte Neuauflage (Mai 1971)
Veröffentlicht im Rowohlt Taschenbuch Verlag GmbH,
Hamburg, März 1957

Gesamtherstellung Clausen & Bosse, Leck/Schleswig
Gesetzt aus der Linotype-Aldus-Buchschrift
und der Palatino (D. Stempel AG)
Printed in Germany
480-ISBN 3 499 55038 5

INHALTSVERZEICHNIS

Enzyklopädisches Stichwort

GRUPPEN-FORSCHUNG 192

(Zur vorherigen Lektüre empfohlene Einführung in den Problemkreis, dem das Thema entstammt)

I. VERMASSUNG UND VEREINSAMUNG

1. Die Tröstungen Le Bons 7
2. Individualismus und der Zerfall der Selbstverständlichkeiten 10
3. Im Banne der Worte 13
4. Der angebliche Urmensch 17

II. DIE ERFINDUNG DER GRUPPE

1. Der Mensch im Plural 21
2. Der Leistungsvorteil der Gruppe 29
3. Die Zusammenfassung von Einzelleistungen 38

III. DIE GRUPPE IM LABORATORIUM

1. Zur Psychologie der Versuchsperson 46
2. Die Wirkungen des Nebeneinander 50
3. Das Miteinander wird Sichtbar 57
4. Exkurs über die Einsamkeit 73
5. Der Aussenseiter in der Gruppe 80
6. Zur Theorie der sozialen Gewissheit 84
7. Der Zusammenschluss von Gruppen 103
8. Stereotype 111
9. Ungleichheit innerhalb der Gruppe 127
10. Rang und Ansehen 134
11. Die Führer-Rolle 146
12. Kontakt, Sympathie und Distanz 160

IV. DIE BEHAUPTETE EIGENE FREIHEIT UND DIE SCHONUNG DER FREIHEIT DES ANDEREN 173

ANHANG: ÜBER ÄHNLICHKEITSMASZE 187

ÜBER DEN VERFASSER 196

LITERATURHINWEISE 198

PERSONEN- UND SACHREGISTER 209

I. VERMASSUNG UND VEREINSAMUNG

1. Die Tröstungen Le Bons

Will man einer Abhandlung über gesellschaftliche Fragen begeisterte Zustimmung und weite Verbreitung sichern, dann hat man sich schon seit geraumer Zeit nur an ein höchst einfaches und im Grunde völlig paradoxes Rezept zu halten: Es gilt bloß, der ‹Masse› alle nur irgend erdenklichen üblen Eigenschaften und Neigungen zuzuschreiben. Da werden Fabelwesen erfunden, die – so heißt es – mit dem Rückenmark oder aus ihm heraus in Bildern, und nicht in Begriffen denken, die sich in einem Dauerzustand der Wut befinden, die blind, dumm und begierig sind, deren durchaus qualitätenlose Gemeinheit ganz außer Zweifel steht. Vergewaltigt zu werden, von Führern, Reklamechefs, Propagandisten und Scharlatanen ist – so scheint es – das Hauptanliegen ‹der Masse›; und wo sie nicht vergewaltigt wird, möchte sie doch mit dem Angebot wertlosen Tands und banaler Oberflächlichkeit in einen apathischen Schlummer gewiegt werden. Auf diese Weise läßt sich noch des längeren fortfahren – ein- bis zweihundert Seiten lang –, wobei der geistvolle und um das Wohl der Menschheit so löblich besorgte Autor freilich nicht vergessen darf, die Auflösung der Kultur im Chaos der ‹Vermassung› nachdrücklich zu betonen.

Nach der kurzen Feststellung, daß ich entschlossen bin, mich dieses Rezepts – es sei in gerechter Anerkennung der Verdienste seines Urhebers das Le Bon-Rezept genannt – nicht zu bedienen, gilt es, zunächst die Gründe ausfindig zu machen, warum die Verleumdung der Menschen in der Gruppe soviel Anklang findet.

Es wäre offenbar für keinen der nach Millionen zählenden Leser Ortega y Gassets[1] oder Le Bons verlockend, sich als Teil der Masse zu empfinden und damit für sich selbst deren Gewöhnlichkeit und Geistlosigkeit zu reservieren. Eine solche Aufforderung verfinge nur in ganz besonders bußseligen Zeiten. Anders steht es schon darum, wenn man sich im gesunden Abscheu vor der Erbärmlichkeit der Masse des Umstandes versichern könnte, selbst gewiß nicht zu dieser zu gehören. Es bedarf dazu eigentlich nur des Lobes, das man den Entlarvern der Masse spendet. Nunmehr ragt der einsichtige Leser, auch wenn gar keine weiteren Merkmale der Ausgezeichnetheit vorhanden sein sollten, weit heraus; er ist im eigenen Urteil beinahe schon ein ‹Großer›, höchstwahrscheinlich ein Angehöriger der Elite. Ergibt sich weiterhin, daß die Masse sich nur von den simpelsten Phrasen imponieren läßt, während sie den Andersartigen haßt, dann läßt sich zudem noch eine doppelte Rechtfertigung dafür gewinnen, daß man selbst, unbeschadet der eigenen Mitgliedschaft in der Elite, der Masse keinen Eindruck macht – was ja auch höchst schmählich

---

1 Vgl. rde Bd. 10, Ortega y Gasset, Der Aufstand der Massen. (Anm. d. Red.)

wäre – und daß man seinerseits viele seiner Mitmenschen haßt – was ja nunmehr nur gerecht ist. Es lohnt sich daher, den Verächtern der Masse sein Ohr zu leihen.

Wir betrachten die sog. massenpsychologische Literatur seit SIGHELE (1893) und LE BON (1891) als ein kultursoziologisches Phänomen, dessen Paradoxie darin liegt, daß der Verdammung der Massen von den Massen selbst zugestimmt wird. *Mutatis mutandis* wäre es nun gewiß nicht einfach oder schmerzlos, etwa alle Menschen, die Sommersprossen haben, für minderwertig zu erklären, namentlich dann, wenn sich die Sommersprossen im eigenen Gesicht nicht übersehen ließen. Es kommt somit darauf an, ein Bild der Verächtlichkeit zu entwerfen, das dem Leser eine bequeme Distanzierung erlaubt. Damit allein ist es aber noch nicht getan, denn das Verächtliche, das uns nicht berührt, fordert noch gar nicht zu leidenschaftlichem Abscheu heraus; es kann ja einfach übersehen oder als bedeutungslos abgetan werden.

Der Kennzeichnung des kollektiven Bösewichts erwachsen somit zwei nicht leicht miteinander vereinbare Aufgaben: Das Scheusal muß uns nahe sein und doch fern. Wir dürfen nicht in den Verdacht der Gemeinschaft mit dem Unhold geraten, und es muß doch so scheinen, als läge es nur an uns, daß wir dieser Gefahr entgehen. Die Größe der Gefahr wird damit zum Maßstab der Besonderheit, die ihr zu trotzen vermag. Konsequent durchgeführt heißt dies aber, daß die Äußerungsformen des menschlichen Gemeinschaftslebens einer ganz bestimmten Verzeichnung bedürfen; es gilt ein bedrohliches Zerrbild zu schaffen, das ein Zerrbild sein muß, da man ja sonst der eigenen Andersartigkeit niemals hinlänglich gewiß sein könnte. Gleichzeitig darf dieses Bild aber nur bis zu einer bestimmten Grenze des Plausiblen verzerren, da ja die Bedrohlichkeit des Bildes gewahrt bleiben soll. Beiden Bedingungen wird am einfachsten dadurch Genüge getan, daß man 1. ein durchaus inadäquates und daher leicht abzuhebendes Menschenbild 2. unpräzise formuliert, und zwar so, daß es den Betrachter immerhin noch bisweilen zur Identifikation auffordert. Ein unklar formuliertes Zerrbild bringt zudem noch die Annehmlichkeit mit sich, daß es den meisten Versuchen der Entzerrung zu trotzen vermag. Handelt es sich doch um einen Begriff, der gar nicht richtig festgelegt ist, der sich – indem mit ihm operiert wird – verwandelt, so daß mit ihm schließlich alles und nichts ausgesagt werden kann.

Die LE BONsche Masse genügt diesen Forderungen in sehr einleuchtender Weise; sie ist überall und nirgends, in den Scharen der Revolutionäre und in Klassenzimmern, auf Geschworenenbänken und im Parlament, in Sekten und Vereinen, im Theater und auf dem Kasernenhof. ‹In gewissen historischen Augenblicken kann ein halbes Dutzend Menschen eine psychologische Masse ausmachen, während hundert zufällig vereinigte Menschen sie nicht bilden können. Andererseits kann bisweilen ein ganzes Volk ohne sichtbare Zusammenscharung unter dem Druck gewisser Einflüsse zur Masse werden.› Etwas später heißt es bei LE BON: ‹Die Versammlung einiger einzelner bildet eine Masse; und selbst wenn es hervorragende Gelehrte wären, so würden sie doch alle für die Dinge, die außerhalb ihres Faches liegen, die Massenkennzeichen annehmen. Das Beobachtungsvermögen und der kritische Geist eines jeden von ihnen schwindet sofort.› Dieses Thema klingt bereits im antiken Rom an: ‹*Senatores omnes boni viri, senatus romana mala bestia*›; wir finden es wieder in Schillers bekanntem Distichon:

‹Jeder, sieht man ihn einzeln, ist leidlich klug und verständig,
Sind sie *in corpore*, gleich wird euch ein Dummkopf daraus;›

und schließlich bei C. G. Jung: ‹Eine große Gesellschaft, aus lauter trefflichen Menschen zusammengesetzt, gleicht an Moralität und Intelligenz einem großen, dummen und gewalttätigen Tier.› Überall und nirgends – die Le Bonsche Masse ist sozusagen eine häßliche Möglichkeit des Menschseins, die immer bereitliegt.

In diesem Sinne schiene sie der Sünde vergleichbar, vor der sich der Mensch nach dem Zeugnis der Prediger nur durch stete Wachsamkeit bewahren kann. Wie der Prediger uns aber eben dadurch beruhigt, daß er den Ausbund aller Sünden mit Eigenschaften versieht, die sich nur höchst selten in einer Person vereinigt finden, so mußte sich auch die Le Bonsche Masse an Beispielen exemplifizieren, die nur selten Wirklichkeit werden, an den Paniken z. B., von denen zwar jeder spricht, die aber – selbst nach den Bombennächten des Krieges – nur wenige erlebt haben. Eben darin, daß die Le Bonsche Masse ihr Bild von seltenen Ausnahmezuständen empfangen hat, liegt das Tröstliche, ja Erhebende des Gesprächs über die Masse. Sie steht so weit ab von unserer Lebenserfahrung, daß wir – das Publikum Le Bons – uns ihr nicht zuzuzählen brauchen. Unser Triumph ähnelt damit der Selbstgerechtigkeit des Mannes, der sich von *Kain* deutlich verschieden weiß, weil er gar keinen leiblichen Bruder besitzt. Wir wissen es daher dem Autor zu danken, daß er uns von dem Verdacht des Masse-Seins befreit hat. Es steht nunmehr völlig außer Zweifel, daß nur ‹die Anderen› Masse sein können.

Der Trost, der hier gespendet wird, ist zwar von sublimerer Natur als der in Rassendoktrinen enthaltene; trotzdem gibt es Ähnlichkeiten. Tatsächlich kennt ja auch Le Bon neben der Massenseele eine Seele der Rasse. Ist man nämlich davon überzeugt, daß die Niedertracht der eigenen Erbanlage völlig fremd ist, dann läßt sich damit ein recht beneidenswertes Selbstgefühl gewinnen, dessen illusorischer Charakter sich allerdings leicht enthüllte, sofern nicht echte oder glaubwürdig erfundene Beispiele der Niedertracht bei den Angehörigen anderer Rassen vor Augen geführt werden.

2. Individualismus und der Zerfall der Selbstverständlichkeiten

Le Bons Erfolg beinhaltet ein demagogisches Kunststück ersten Ranges. Es geht um nicht mehr und nicht weniger als um eine säkularisierte Absolution: Ich bin nicht Masse, weil ich die Massenhaftigkeit der anderen durchschaue. Man muß Le Bon ebensosehr wie seinen Landsmann, den Comte der späteren Jahre, aus dem Versuch verstehen, das Haus der Göttin Vernunft einer Kirche nachzubilden. Es handelt sich um Ansätze zur Schaffung einer innerweltlichen Religion, die, ohne zu transzendieren, das Leben zu stützen vermag. Während die meisten Unternehmungen dieser Art das Individuum aber in einer neuen Organisation binden und damit festlegen, löst die massenpsychologische Ideologie das Individuum aus allen Bezügen heraus, um es – in genauer Abhebung von diesen – ganz auf sich selbst zu stellen. Der Individualismus als Kult mußte wohl früher oder später zur massenpsychologischen Ideologie führen; d. h. aber zur Negation der Gruppe.

Es fragt sich allen Ernstes, ob ‹Vermassung› nicht bloß ein höchst dürftiges Wort für die sich im Zuge der individualistischen Vereinzelung einstellende Situation sei. Tritt das Ich mit dem Anspruch auf seine Einmaligkeit aus der Gruppe heraus, dann entartet das Bild der Gruppe zu dem der Masse. Sehr geringschätzig kann daher schon Luther den Ausdruck ‹Herr *Omnes*› verwenden: ‹Aber wenn Herr *Omnes* aufsteht, der vermag solch Unterscheiden der Bösen und Frommen weder zu treffen noch zu halten, schlägt in den Haufen, wie es trifft, und es kann nicht ohne großes und greuliches Unrecht zugehen› (1521/1522). Etwa um die gleiche Zeit erwirbt das Wort *populus* den schlechten Beiklang von ‹Pöbel› und ‹Povel›, bis hinab zu den Neuprägungen des 18. Jahrhunderts: ‹pöbelhaft›, ‹anpöbeln› usw.

Die Künder der ‹Massenseele›, Le Bon und Comte, Ortega y Gasset und de Man, heben sich vom Hintergrund einer Religion und einer Gesellschaftsordnung ab, die sich nicht mehr als völlig selbstverständlich und daher unverbrüchlich erleben läßt. Was die massenpsychologische Ideologie gibt, ist letztlich eine Antwort auf die Frage, warum der Intellektuelle der Jahrhundertwende nicht mehr in seiner Zeit zu Hause ist. Er sagt sich, dies läge nicht an ihm, sondern an der Zeit, deren Vermassung trüge daran Schuld. Dabei klingt fast immer so etwas wie Wehmut an, die Erinnerung nämlich an eine unbestimmt datierte ‹gute alte Zeit›, in der die großen Einzelnen den Gang der Welt lenkten. Wir wollen gar nicht erörtern, ob es diese Zeit jemals gegeben hat, da sich ihr Daseinsbeweis an Hand vielbändiger Weltchroniken, in denen nur die Namen und Taten der Könige und Heerführer stehen, unschwer erbringen läßt.

Die Intellektuellen der Jahrhundertwende mögen sich sachlich geirrt haben, wenn sie an die Zeit vor der Vermassung dachten; den guten Glauben wird man ihnen nicht absprechen können. Die ‹Viel-zu-Vielen›, gegen die sich Nietzsche wehrt, und deren ‹Allzu-Menschliches› er vom ‹Menschlichen› unterscheidet, entsprechen auf einem ungleich höheren Niveau der Aussage der ‹Masse› Le Bons und dem ‹Durchschnittsmenschen› Ortegas. Hier wird Kulturkritik getrieben und nicht Psychologie, auch nicht Soziologie; eine Kulturkritik allerdings der Selbsttäuschung, die den eigentlichen Wandel gar nicht dort erfaßt, wo er sich ereignet: in der Vereinsamung des Intellektuellen.

Schreibt man den Schluß der Massenpsychologie vollständig aus, so lautet er etwa folgendermaßen:

I. Es gibt heute in Europa dreimal so viele Menschen als zu irgendeiner Zeit zwischen 600 und 1800	A (das heutige Europa) ist B (stark bevölkert).
II. Die Kulturwerte Europas wurden zum überwiegenden Teil vor dem Jahre 1800 geschaffen	A (das heutige Euroa) ist C (wenig schöpferisch).
III. Der ‹Kulturverfall› ist eine Folge der ‹Vermassung›	B ist die Ursache von C.

Wie bedenklich eine Logik dieser Art wäre, erhellt aus dem Umstand, daß sich mit ihrer Hilfe auch die schöne alte Geschichte vom Storch, der die kleinen Kinder bringt, ‹beweisen› läßt:

I. In gewissen Jahren sind in Norddeutschland mehr Storchennester bewohnt als in anderen.
II. In denselben Jahren werden in Norddeutschland mehr Kinder geboren als in anderen,
daher:
III. ----------

Ich meine allen Ernstes, daß die massenpsychologische Ideologie dem sich in seiner Zeit unbehaglich fühlenden Intellektuellen eine Antwort gibt, die unter dem Niveau der von diesem behaupteten Intellektualität liegt. Hinkende Schlüsse nimmt man aber nur dann für bare Münze, wenn man sich sehr ernsthaft bedroht fühlt; unnötig zu sagen, daß man es auch dann besser bleiben ließe. Dazu bedürfte es aber einer Distanz, die eben im Bedrohungserlebnis am schwersten zu gewinnen ist.

Da dies nicht das eigentliche Thema unserer Abhandlung ist, sei eine mögliche Alternative zum Enthymem[2] der Massenpsychologie nur skizziert: Es könnte nämlich sein, daß die Verbindlichkeit des Denkens in einer Zeit nur so lange gewährleistet ist, als diese Zeit über verbindliche und selbstverständliche Prämissen verfügt, über gültige Axiome. Indem das Denken einer Kultur aber im Reifen von Jahrhunderten die Axiomatik eben dieser Kultur objektiviert und

2 = Gedanke (griech.); in der philosophischen Fachsprache verkürzter logischer Schluß. (Anm. d. Red.)

damit ihrer unbeschauten Verbindlichkeit entkleidet, verliert es sein inneres Richtmaß. Damit läßt sich aber auch nurmehr kritisieren und verstehen, nicht mehr jedoch schlicht behaupten. Hat man nämlich einmal alle möglichen von der eigenen Anschauung abweichenden Positionen als Konsequenzen einer jeweils andersartigen Axiomatik verstanden, dann klingt auch jedes eigene Postulat falsch. Dann aber wird die These unausweichlich, daß die Tat vor dem Wort rangiere (GOETHE), die Maschine vor dem Roman und das Versorgungsgesetz vor dem philosophischen System. Was sich hier ereignet, liegt zutiefst in der Natur des Denkens, das sich selbst letztlich nicht treu bleiben kann, ohne sich selbst grundsätzlich in Frage zu stellen. Das beklemmende Unbehagen der dem Denken verschriebenen Einzelindividuen der Spätzeit entspringt der ungesehenen Dialektik des Denkens selbst.

Die eben entworfene Alternative enthält wenig Tröstliches; dieser Umstand berechtigt aber noch nicht zur Erfindung eines Sündenbocks, den man schlagen kann, wo man sich selbst treffen müßte. Der Massenmensch der Allzu-Menschlichkeit ist der Prügelknabe des späten Europäers, indem dieser die Vorherrschaft des Tuns über das Fragen, der Maschine und des Versorgungsgesetzes als ein nicht zu ihm selbst Gehöriges abzutun versucht. Der Bösewicht ist dingfest gemacht; man hat die Realität des Teufels wiedergewonnen, obwohl es gerade diese Realität ist, die im Zuge des kritischen Fragens am ehesten dahinschwindet.

Das Versteckenspiel des Denkens, dem die massenpsychologische Ideologie ihren Ursprung verdankt, wäre beschämend, gewährte es nicht die Illusion der ‹Unschuld des Denkens›. Für eine Weile darf man sich nun des Umstandes versichert fühlen, daß es die Massen sind, denen die Genialität der Einzelnen zum Opfer fiel. Sollte jedoch die Warnung vor dem Ungeheuer Masse nicht beachtet werden, dann ist dem individualistischen Intellekt zumindest der Abgang des tragischen Helden gewiß. Abermals zeigen sich leicht die analogen Möglichkeiten, die eine Rassenpsychologie in sich beschließt.

Die kultursoziologische Betrachtung der massenpsychologischen Ideologie stellt LE BON in Zusammenhänge, die diesem Autor selbst sicherlich unbekannt waren. Durchaus fern läge ihr daher auch der Zweifel an der persönlichen Rechtschaffenheit seines Denkens. Sie zeiht dieses Denken allerdings eines Versteckenspiels, das ein sehr echtes Problem hinter einer Scheinlösung verbirgt. Was sie zunächst aber stutzig gemacht hat, ist der Publikumserfolg der ‹Psychologie der Massen› oder, genauer gesagt, die Leidenschaftlichkeit, mit der im angeblichen Zeitalter der Massen über die Massen geklagt wird. Hätte LE BON in der Tat an die Probleme des Zeitalters gerührt, dann hätte ihm zumindest gelegentlich das Ausmaß der Ablehnung zuteil werden müssen, das FREUDS Leben beschwerte. Ich meine damit nicht den Verfasser der sehr im Stile LE BONS gehaltenen Schrift über ‹Massenpsychologie und Ich-Analyse›, sondern den Mann, der die Krise des menschlichen Familiensinnes in der Epoche der zerrütteten Selbstverständlichkeiten zu beschreiben wagte. FREUD stachelte seine und unsere Zeit zum Widerspruch auf, und durch ihn wurde sichtbar, wie ein fälschliches Selbstbild des Menschen dessen Leben gefährdet. Daß FREUD selbst diesem fälschlichen Selbstbild anhing, der Meinung nämlich, die artgemäße Entwicklung des Menschen gipfele in der Zeugungsfähigkeit, ist inzwischen nahezu bedeutungslos geworden. LE BON dagegen fand wenig Widerspruch, weil er jedem seiner Leser schmeichelte und weil er überdies nur ein Denkschema verwendete, das in Worten eingefroren schon längst bereitlag. Es war, recht besehen, gar nicht mehr als eine Sprach-Exegese, die LE BON verkündete.

3. Im Banne der Worte

Kurz vor seinem Tode – im März 1832 – hat sich GOETHE noch einmal der Diskussion der französischen Akademie der Wissenschaften zugewandt (*‹Principes de philosophie zoologique›*), wobei er die erstaunliche Entdeckung machte, daß die Termini, deren sich eine wissenschaftliche Auseinandersetzung bedient, dieser bereits im voraus feste Bahnen zuweisen: ‹Man glaubt in reiner Prosa zu reden und man spricht schon tropisch[3].› LE BONS *‹Psychologie des foules›* besteht aus Variationen über den Vorstellungsinhalt des Wortes *‹foules›* – und sonst nichts. Das Wort leitet sich nämlich ebenso wie sein italienischer Gegenpart – die *‹folla›* – vom *‹fullo›* des Lateinischen her, vom ‹Walker› und ‹Tuchmacher› also, der ein Ungeformtes durch äußeren Druck gestaltet. Die erzwungene Form, die nicht von innen heraus reift oder kristallisiert, sondern von außen her gemacht wird, gibt auch dem deutschen Wort ‹Masse› seinen Sinn. Dieses geht nämlich auf den ‹Brotteig› (*maza*) des Griechischen zurück und auf das Verbum ‹kneten› (*massein*). Nicht sich selbst gestalten zu können ist aber auch das Hauptattribut, das die Massenpsychologie dem Menschen in der Gruppe beilegt: ‹–... ewig unbegnadet, das Höchste zu werden: Kristall. Müsse nicht ein Schmerz in derartigen Massen schlummern, vergleichbar der Pein eines Baumes, dem zu blühen ewig verweigert wäre›, läßt HANS CAROSSA einen seiner Helden über den amorphen Opal nachsinnen (‹Schicksale Dr. Bürgers›, 1930). Abermals der gleiche Tropus begegnet uns im Englischen *‹crowd›*, das dem mittelhochdeutschen ‹kroten› stammverwandt ist und ein ‹Pressen› aussagt. Die dumpfe Materie, die selbst nicht zur Form findet, die aber jede Form sich aufprägen läßt, weist in die aristotelische Metaphysik einerseits und in die Schöpfungsgeschichte der Bibel andererseits zurück. Hier (1. Moses 2, 7) ist von dem ‹Erdenkloß› die Rede, aus dem Gott den ersten Menschen machte, danach freilich auch von dem ‹lebendigen Odem›, den er ihm einblies und durch den er zur ‹lebendigen Seele› (*anima vivens;* 1. Kor. 15, 45) wurde. Indem wir die ‹Masse› von der ‹Persönlichkeit› radikal abheben, zerlegen

---

3 ‹Tropisch› hier gebraucht im ursprünglichen Sinn: bildlich, übertragen. (Anm. d. Red.)

wir die Einheit des Menschen in Materie und Geist. Begrifflich mag das möglich sein; für sehr problematisch halte ich jedoch den Versuch einer Unterscheidung in der Realität. Er kann sich freilich auf die Typologie des Hellenismus – z. B. auch die des Apostels PAULUS – berufen, die ‹fleischlich Gesinnte› und ‹geistlich Gesinnte› einander gegenüberstellt: ‹Die aber fleischlich sind, können Gott nicht gefallen› (Röm. 8, 8). Gott gefällig ist ‹Persönlichkeit›, nicht ‹Masse›.

Welch große Bedeutung dabei auch noch in unserem zeitgenössischen Denken der Assoziation mit ‹Geist› (bzw. ‹Intelligenz›) zukommt, zeigt eine semantische Analyse der in der Alltagssprache verwendeten Wörter. Sehr gut eignet sich dazu die Methode des sog. ‹Polaritätsprofils› (*‹semantic differential›*, nach C. E. OSGOOD u. a., 1957), bei der Sinneseindrücke oder auch Begriffe und Namen bezüglich einer Reihe von Gegensatzpaaren (‹Polaritäten›) beurteilt werden. Gibt man z. B. eine siebenstufige Skala zwischen den Adjektiven ‹gesund› und ‹krank› vor und läßt man an Hand dieser Skala die Begriffe ‹Persönlichkeit› und ‹Masse› von 100 Versuchspersonen beurteilen (Tab. 1), dann konzentrieren sich die Urteile über ‹Persönlichkeit› am linken Ende der Skala um einen Mittelwert von 2,1; die Urteile über ‹Masse› streuen um ein arithmetisches Mittel von 4,4. Wenn schon nicht als ausgesprochen ‹krank›, stellt man sich die ‹Masse› daher gewiß auch nicht als ‹gesund› vor. Indem in der gleichen Weise mit den übrigen 24 Skalen des Fragebogens verfahren wird, ergibt sich ein Linienzug (‹Profil›), der die Mittelwerte auf den einzelnen Skalen miteinander verbindet (Abb. 1).

Begriff		Skalenwert (S_i)							Summe	Mittel
		1	2	3	4	5	6	7		
Persönlichkeit	n	30	40	20	10				100	
	$n \cdot S_i$	30	80	60	40				210	2,1
Masse	n			15	45	25	10	5	100	
	$n \cdot S_i$			45	180	125	60	35	445	4,4

Tabelle 1: Die Beurteilung von Begriffen bezüglich der Polarität ‹gesund› ($S_i = 1$) und ‹krank› ($S_i = 7$)

Deutliche Unterschiede finden sich hinsichtlich einer Reihe von Polaritäten; verglichen mit ‹Persönlichkeit› ist ‹Masse› ‹verschwommen›, ‹passiv›, ‹zerfahren›, ‹egoistisch›, ‹laut›, ‹redselig›, ‹aggressiv›, ‹wild› und zugleich eher ‹müde›. Eine solche Betrachtungsweise liefert bereits einige Hinweise auf die Stellung der beiden Begriffe im System unseres Denkens. Weiter gelangen wir, wenn wir eine Reihe anderer Begriffe an Hand derselben $k = 25$ Skalen beurteilen lassen und dann das Ausmaß bestimmen, in dem ihre Profile denen von ‹Masse› und ‹Persönlichkeit› ähneln. Das Verfahren wird als Affinitäts-Analyse

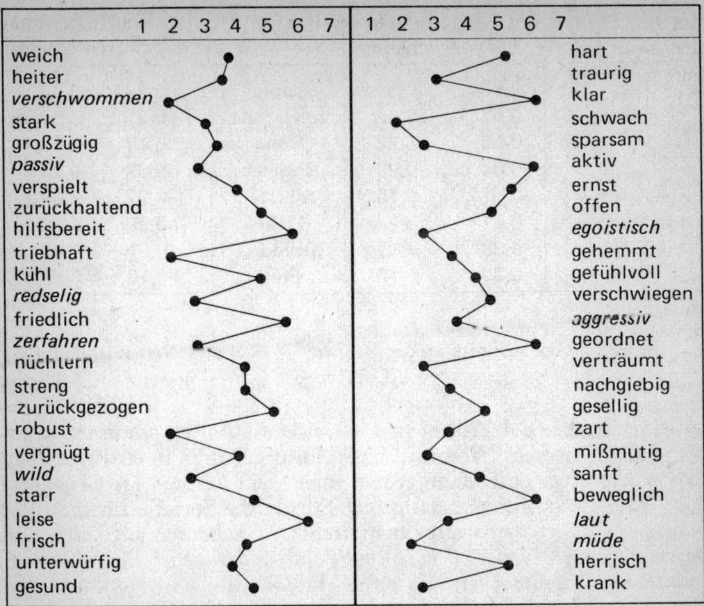

Abb. 1 : Die Polaritätsprofile von ‹Masse› (links) und ‹Persönlichkeit› (rechts)

bezeichnet. Zur Verwendung gelangt dabei der im Anhang (S. 187 ff) beschriebene Korrelationskoeffizient, dessen Grenzen bei +1,00 (maximale Ähnlichkeit) und −1,00 (Gegenläufigkeit) liegen. Die in Abbildung 1 gezeigten beiden Profile korrelieren im Ausmaß von Q = − 0,26 miteinander, etwa ebenso stark wie ‹Liebe› und ‹Haß› (Q = − 0,29) bzw. wie ‹Mann› und ‹Frau› (Q = − 0,23). Zwischen ihnen besteht somit kein reines Gegensatz-Verhältnis (Q = −1,00), sondern ein solches der polaren Koexistenz. Die beiden Begriffe bedingen einander gegenseitig in dialektischer Weise.

Die wesentlichen Affinitäten der Begriffe ‹Masse› und ‹Persönlichkeit› zeigt Tabelle 2. ‹Lärm›, ‹Wut› und ‹Triebhaftigkeit› sind die nächsten Entsprechungen zum Begriff ‹Masse›, die wir finden konnten; sie definieren dessen Konnotationen in positiver Hinsicht, während auf der negativen Seite ‹Mutter›, ‹Ordnung›, ‹Liebe›, ‹Intelligenz› und ‹Vater› stehen. Von der *‹tumultuositas vulgi›*, der Lärmsucht des gemeinen Volkes, spricht schon um 800 Alkuin in einem Mahnschreiben an Karl den Grossen (Epistola 156, *Capitulare admonitionis ad Carolum;* zit. nach J. P. Migne, 1863), wenn er diesen vor der sprichwörtlichen Gleichsetzung der Volkesstimme (*vox populi*) mit der Gottesstimme (*vox dei*) warnt. Sie, die *‹tumultuositas vulgi›*, käme stets dem Wahnsinn nahe (*‹semper insaniae proxima sit›*). Mehr

Affinität	Masse	Persönlichkeit	Affinität	Masse	Persönlichkeit
Lärm	0,63	0,34	Vater	–0,20	0,96
Wut	0,61	0,22	Intelligenz	–0,21	0,91
Triebhaftigkeit	0,56	0,28	Mann	0,17	0,78
Zorn	0,54	0,26	Humor	0,05	0,73
Krieg	0,51	0,10	Mutter	–0,37	0,68
Zerstörung	0,41	0,23	Liebe	–0,26	0,66
Ekel	0,33	–0,17	Ordnung	–0,32	0,63
Haß	0,33	0,19	Frau	–0,12	0,14

Tabelle 2: Die Affinitäten der Begriffe ‹Masse› und ‹Persönlichkeit› (Q-Werte)

als eine Exegese der Wörter und damit von kulturell schon lange bestehenden Klischees hat auch Le Bon nicht geboten. In einem solchen Fall – wie etwa auch dann, wenn man ‹dem Mann› (im Gegensatz zur ‹Frau›) Männlichkeit nachsagt, – denkt die Sprache für uns; wir geben uns daher meist mit illustrierenden Anekdoten zufrieden und verzichten auf Beweise. Wie sollte es auch anders sein? ‹Männlichkeit› (*‹virtus›* im Lateinischen und *‹arete›* im Griechischen) kommt ja von ‹Mann› (*‹vir›* im Lateinischen und *‹aner›* im Griechischen). Es ist daher ‹selbstverständlich›, daß der Begriff ‹Frau› nicht an dem der ‹Persönlichkeit› partizipieren kann (Q = 0,14 gegenüber Q = 0,78 für ‹Mann›). ‹Persönlichkeit› ist nahezu identisch mit ‹Vater› (Q = 0,96); sie ist – so könnte man sagen – auch im biologischen Sinn schöpferisch (bzw. zeugungsfähig), während die ‹Masse› als ein amorphes Substrat verstanden wird, das formenden Einwirkungen Widerstand leistet und das dabei in eine Grundstimmung der blinden Wut – heute würde man vielleicht eher sagen: der Frustration – hineingerät.

Die formlose Materie auf der einen Seite und die formende Tätigkeit auf der anderen, ‹Weib› und ‹Mann›, Masse und Führer, dreimal der gleiche Dualismus. Der Mann sieht sich selbst aber gegenüber der Frau grotesk falsch, wenn er sich nicht als aus dieser kommend erlebt; nicht anders stünde es um den Führer gegenüber der Gruppe. Bliebe nurmehr zu erwägen, ob nicht die Form des menschlichen Zusammenseins ebenfalls besser als ein Kristallisieren gekennzeichnet ist als mit dem Bild des Aufprägens von außen. Das Ja auf diese Frage enthält *in nuce* das Anliegen der Gruppendynamik.

Le Bon und seine Jünger hielten sich an die überaus bequeme dualistische Formel des Gegensatzes zwischen Geist und Materie, wobei sie unvermerkt in klassischer Tradition den Körper (= Masse) zum Gefängnis oder zum Denkmal der Seele (= des Führungsgedankens) werden ließen.

Hebt man den Führer von der Gruppe seiner Gefolgsleute ab, dann ist er auch gar kein Führer mehr, es sei denn dem Namen nach. Wo er aber eine Ordnung schafft und unterhält, tut er dies aus der Gruppe heraus und als ein Bestandteil dieser Gruppe, nicht aber von außen her. Das Bild des knetbaren Teiges ist demnach zur Darstellung der Erscheinungen des menschlichen Zusammenseins höchst ungeeignet. ‹Wir glauben hier im einzelnen sowie im ganzen die Nachwirkung jener Epoche zu sehen, wo die Nation dem Sensualismus hingegeben war, gewohnt, sich materieller, mechanischer, atomistischer Ausdrücke zu bedienen; da denn der forterbende Sprachgebrauch zwar im gemeinen Dialog hinreicht, sobald aber die Unterhaltung sich ins Geistige erhebt, den höheren Ansichten vorzüglicher Männer offenbar widerstrebt› – so GOETHE über den Mißbrauch des Wortes ‹Material› in der organischen Morphologie.

4. DER ANGEBLICHE URMENSCH

Setzen wir neu an, dann lautet unsere erste Aufgabe dahin, daß wir mit der Vorstellung brechen, ‹die Masse› sei sozusagen die urtümliche und ursprüngliche Form der menschlichen Sozietät. In der Tat rekonstruiert LE BON die Entstehung der Kulturen aus einem Anfangszustand der ‹Barbarei›, in der er ‹einen zusammengewehten Haufen von Menschen verschiedenster Abstammung, zufällig vereinigt durch Wanderungen, Überfälle und Eroberungen› sieht. ‹Von verschiedenem Blut, verschiedener Sprache und ebenso verschiedenen Anschauungen, hält diese Menschen kein anderes Band zusammen als das halberkannte Gesetz eines Häuptlings. In ihrem verworrenen Haufen finden sich die psychologischen Merkmale der Masse im höchsten Maß. Sie zeigen den Zusammenhang für den Augenblick, den Heldenmut, die Schwächen, die Triebhandlungen und die Gewalttätigkeiten. Nichts ist bei ihnen von Dauer.› Dieses von LE BON entworfene Bild ist schlechthin unrealisierbar. Welche bizarre Laune des Schicksals sollte – *nota bene:* unter primitiven Lebensbedingungen – Menschen gänzlich verschiedener Abstammung und Sprache zu einem Haufen zusammengeballt haben? Fast scheint es so, als würde hier die Fremdenlegion zum Vorbild der ‹barbarischen› Lebensordnung. LE BON übersieht in folgenschwerer Weise, daß der menschliche Primitivverband zweifelsohne die Großfamilie ist, nicht einmal die vom Vater-Häuptling beherrschte Kleinfamilie der römischen Institutionen (*‹patria potestas›*). Die Ausgangslage, die sich LE BON vorstellt, ist aber auch nur um ein geringes weniger grotesk als die des EMPEDOKLES, der einzelne Glieder aus der Erde hervorkommen sah: ‹Ihr entsprossen viele Köpfe ohne Hälse, Arme irrten für sich allein umher, ohne Schultern, und Augen schweiften allein herum, der Stirnen entbehrend› (fr. 57).

Der falsche Anfang ist das Verhängnis vieler Menschenbilder des ausgehenden 19. Jahrhunderts gewesen. FREUD akzeptierte die in sexueller Promiskuität dahinlebende Urhorde, wie sie L. H. MORGAN im Stadium des Urkommunismus geschildert hatte. Die Masse erschien ihm ‹als ein Wiederaufleben der Urhorde›, wobei er die Hypothese einführte, daß ‹der Urmensch in jedem einzelnen virtuell enthalten› sei. Für LE BON steht am Anfang der verworrene Urhaufen von höchster Massenhaftigkeit. Beide Konzeptionen erweisen sich bei einiger Überlegung als völlig unmöglich. Gemeinsam ist den beiden Vorstellungen das unausgesprochene Axiom, daß Ordnung nur aus Unordnung, aus dem Verworrenen, aus dem Chaos entstehen kann. Die Gültigkeit dieses Axioms ist aber im Organischen sowohl als auch im Sozialen höchst zweifelhaft. Ordnungen leiten sich hier stets von Ordnungen her. Teilgestalten mögen sich aus undifferenzierten Ganzheiten ausgliedern, mitunter mag Ordnung sogar verlorengehen, keinesfalls aber gebührt der Unordnung oder der chaotischen Masse das Attribut der Urständigkeit. Diese Feststellung ist darum wichtig, weil sowohl FREUD als auch LE BON dazu neigen, den Ordnungsverlust als eine Rückkehr zu früheren Zuständlichkeiten aufzufassen, als ob Degeneration und Regression notwendig gleichbedeutend wären, wobei man überhaupt noch fragen kann, ob echte Regression in der Tat je möglich sei.

Neben die unfruchtbare Metapher, die das Wort ‹Masse› enthält, tritt bei LE BON eine blind-mechanistische Konzeption der menschlichen Anfangszustände. Verbindet man diese beiden Vorstellungen mit der dritten unbesehenen Voraussetzung seiner Theorie, der Lehre von der Vernünftigkeit der Einzelindividuen, dann ergibt sich eine ideologische Position, deren Bedeutung nicht in ihrer sachlichen Richtigkeit liegt, sondern darin, daß sie dem Intellektuellen in einer Welt der fraglich gewordenen Selbstverständlichkeiten Rechtfertigungen vortäuscht. Tatsächlich unterzieht sich LE BON an keiner Stelle seines Buches der Mühe, die intellektuelle Überlegenheit des Einzelindividuums auch nur zu diskutieren. Es kommt ihm anscheinend gar nicht in den Sinn, daß er mit seiner Behauptung eine Sachfrage aufwirft, bezüglich deren auch eine völlig gegenteilige Meinung denkbar ist: ‹Ein Volk ist klüger und beständiger als ein Fürst und hat ein besseres Urteil, und nicht ohne Grund vergleicht man Volkes Stimme mit Gottes Stimme – sieht man doch allgemein die öffentliche Meinung bei der Voraussage kommender Dinge Wunder tun. Fast könnte man glauben, daß sie durch eine geheime Kraft Heil und Unheil vorausschaue› – heißt es bei MACHIAVELLI in den *‹Discorsi›* (1509).

Kann man sich aber nicht auch ganz allein in einer kritischen Situation höchst töricht benehmen? Aus dem brennenden Haus mag dann etwa wertloses Zeug gerettet werden, während wichtige Dinge zurückbleiben. Der ‹Panik› vermag auch der einzelne zum Opfer zu fallen, indem er sich hastend den an sich möglichen Ausweg abschneidet. Durchaus denkbar ist auch die einsame Orgie des Trunk- oder Rauschsüchtigen, die sich bis zur Selbstvernichtung steigern kann. Sowohl der gewöhnlichen Torheit als des exaltierten Wahns ist das Einzelwesen sicherlich in mindestens eben dem Maße fähig wie die Gruppe; als recht fragwürdig erscheint aber seine Befähigung zur echten Besonnenheit. Läßt sich denn der Dialog des Denkens überhaupt führen, wenn diese vornehmste menschliche Kunst nicht zunächst im Wechselgespräch mit einem wirklichen Partner und im Rahmen einer lebendigen Gruppe erlernt wurde? Nicht umsonst fragen wir andere um Rat, wenn wir allein mit einem Problem nicht fertig werden. Diese Erfahrungen sind von so alltäglicher Natur, daß sie kaum der wissenschaftlichen Beschäftigung würdig erscheinen mögen; trotzdem muß an sie erinnert werden, weil der Denkansatz LE BONS nicht einmal ihre Möglichkeit enthält. Recht besehen ist aber das Phänomen des Rat-Einholens sehr viel interessanter als das der Panik im brennenden Theater, da es sich ungleich häufiger ereignet und da sich in ihm zugleich wesenhaftere zwischenmenschliche Beziehungen darstellen als im aufgeregten Tumult.

Gilt es, den Eigenheiten des menschlichen Zusammenseins sachlich gerecht zu werden, dann eignen sich die manchmal leisen und fast immer sehr viel ruhigeren Situationen der produktiven Zusammenarbeit weit eher zum Ausgangspunkt als die dramatischen Verwirrungen und die Fälle des Scheiterns von Gemeinschaftsbemühungen. Die Schilderungen LE BONS und seiner Jünger beziehen sich fast ausschließlich auf die Desorganisation von Gruppenstrukturen und auf deren Versagen. Jede Ordnung kann scheitern. Eilt der Gedanke aber von dieser Tatsache zur Behauptung, daß die Ausrichtung mehrerer oder vieler Menschen auf ein gemeinsames Ziel immer törichten oder wahnhaften Charakter annehmen müsse, dann ergibt sich ein radikal falsches Bild. Daß diese Vorstellung überhaupt auch nur für einen Moment ernst genommen werden konnte, ist höchst verwunderlich. Auf diese Weise nötigt uns aber die große Anzahl der Nachbeter LE BONS die Frage auf, wie denn das Verhältnis des abendländischen Intellektuellen zu den Gemeinschaftsstrukturen seiner Kultur derart in Unordnung zu kommen vermochte, daß er glauben konnte, sich auf die Rolle des völlig Vereinsamten zurückziehen zu müssen. Mit dem Hinweis auf die kritische Zersetzung der verbindlichen Selbstverständlichkeiten mag diese Frage vorläufig als beantwortet gelten. Damit stellt sich freilich auch die Vermutung ein, daß der als ‹Vermassung› diagnostizierte Zustand unserer Kultur sehr viel richtiger als ein Zustand der ‹Vereinsamung› zu beschreiben sei. Die Gruppe ließ sich nurmehr unter dem Aspekt ihrer gelegentlichen Entartung sehen, weil man sich ihr entfremdet hatte.

Abermals bietet sich eine parallele Wendung im FREUDschen Denken zum Vergleich an: auch dieses verwechselt nämlich die gelegentliche inzestuöse Entartung der Familie mit der eigentlichen Dynamik des familiären Zusammenhalts. FREUD und LE BON müssen nebeneinander gesehen werden, da sie – jeder für sich – eine der beiden Grundlagen der menschlichen Sozialordnung mißdeutet haben. FREUDS Familie hält das blinde Lustverlangen eben dadurch zusammen, daß es sie im Grunde nicht respektiert, wobei denn eine Zwangsordnung zustande kommt. LE BONS Gesellschaft lebt ebenfalls von einer blinden Triebhaftigkeit her, die gerade dann – nämlich im Massenereignis – sichtbar wird, wenn die Grundlagen dieser Gesellschaft erschüttert sind. In beiden Fällen und so auch in vielen anderen Äußerungen zu diesem Thema findet sich die Behauptung eines es-haften, von Natur aus a-sozialen Kerns im Menschenwesen. Beide

Autoren neigen auch dazu, diesen Kern im Rückenmark oder zumindest in den phylogenetisch[4] älteren Hirnpartien zu lokalisieren. Dem ist noch hinzuzufügen, daß auch LE BON von Hause aus Mediziner ist und daß auch ihm das Leben vordringlich im Spiegel seines Siechtums erscheint. Der Unterschied zwischen Arzt und Mediziner will in dieser Formulierung beachtet sein.

Gibt es somit hinreichend Grund, um FREUD und LE BON für einen Augenblick nebeneinanderzustellen, so darf doch auch nicht unerwähnt bleiben, daß der Schöpfer der Psychoanalyse den Schöpfer der Massenpsychologie als Denker gewaltig überragt. Wo FREUD mit den Begriffen mühsam ringt und wo er seiner eigenen Menschlichkeit schmerzlich zusetzt, bleibt LE BON ein flüssiger Schriftsteller, der es sich und seinen Lesern leicht macht. Will man sein historisches Verdienst abschätzen, so ist wohl nur der Impuls, den er der Sozialwissenschaft gegeben hat, restlos anzuerkennen. Sehr bedenklich bleibt dabei aber, daß LE BON an seinen eigenen Thesen niemals zu zweifeln scheint. An die Stelle einer echten Prüfung tritt hier das Agitieren für eine Ideologie. Die Masse, so heißt es, legt keinen Wert auf Beweisführung und scharfsinnige Distinktion – LE BON hat der Masse seiner Leser diese beiden auch nicht zugemutet. Die Masse als bequemer Sündenbock für die Masse – so lautet letztlich das Realergebnis der LE BONschen Rhetorik. Man kann sich nur schwer des Verdachtes erwehren, der Autor habe seine Leser gar nicht ernst zu nehmen vermocht. Daß seine Leser ihn trotzdem völlig ernst nahmen, gehört zu den bedauerlichsten Ereignissen der sozialwissenschaftlichen Forschungsgeschichte. Die grundsätzliche Verkennung der menschlichen Natur ist immer gefährlich.

---

4 Unter *Phylogenese* versteht man die Entwicklungsgeschichte der Art, des Stammes, im Gegensatz zur *Ontogenese*, der Entwicklungsgeschichte des einzelnen Lebewesens. (Anm. d. Red.)

II. DIE ERFINDUNG DER GRUPPE

1. Der Mensch im Plural

Spricht man von Massen auf der einen Seite und von dem einzelnen auf der anderen, so bleibt die Aufzählung der menschlichen Daseinsweisen durchaus unvollständig. Wir leben in Familien und in Gruppen. Wir erleiden eine sehr bedeutsame Einbuße an menschlicher Fülle, wenn wir des Haltes in diesen strukturierten Gebilden verlustig gehen, sei es in der beziehungslosen Vereinsamung oder in der massenhaften Desorganisation. Erfolgt das eine, so läßt auch das andere nicht lange auf sich warten. Kurz und prägnant formuliert daher schon FRANCIS BACON am Beginn der Neuzeit: *‹magna civitas, magna solitudo›*, während DAVID RIESMAN von einer ‹einsamen Masse›[1] spricht. Es geht darum, wie Menschen sich selbst in bezug auf die Gemeinschaft sehen, um Erlebnisstile also.

Die isolierende Verfälschung des individuellen Menschenbildes ist unabdinglich mit der anonymisierenden Auslöschung des Individuums in der Masse gekoppelt. Dabei handelt es sich aber in der Deutung der eigenen Befindlichkeit um nicht mehr und nicht weniger als um die Zurückweisung *der* Kultur-Erfindung der Menschheit. Ich meine damit, wie noch auszuführen sein wird, nicht die Familie; sie hat *homo sapiens* gewiß nicht erfunden. Seine große Entdeckung besteht aber in der flexiblen, zielorientierten Gruppe.

Arbeitsteilige und gemeinschaftliche Anstrengung ist auch aus dem Tierreich bekannt; hier lebt aber das Wesen für seine Funktion, es ist erblich auf diese hin fixiert. Erst die menschliche Gruppe vermag ihre eigene Aufgabe selbst zu definieren. Die Aufgaben einerseits und die zu ihrer Bewältigung erforderlichen Funktionen andererseits werden damit verfügbar und zugleich auch von der Gruppe sowohl als auch von ihren einzelnen Angehörigen abhebbar. Der Akzent liegt deshalb in der Behauptung einer schlechthin menschlichen Erfindung auf dem Worte ‹flexibel›. Das bedeutet zweierlei: einmal, daß wir jeder Gruppe gegenüber ein gewisses Maß an Freiheit bewahren können, und zum andern, daß wir Mitglieder mehrerer Gruppen gleichzeitig zu sein vermögen. Hierin unterscheidet sich die menschliche Gruppe von der tierischen Herde ganz grundsätzlich. Darum erscheint es auch falsch, von einem menschlichen Herdeninstinkt zu sprechen. Instinkthaft ist der Bezug auf die Familie, d. h. auf eine um das schutzbedürftige Kind herum entwickelte Ordnung, die im Erlebnis der gegenseitigen Kindschaft der Gatten ihren sublimsten Ausdruck findet.

---

1 DAVID RIESMAN, *The Lonely Crowd.* New Haven 1950 (deutsch: Die einsame Masse. Berlin 1956 und rde Bd. 72/73. (Anm. d. Red.)

Die Familie läßt sich gar nicht entdecken, da sie kein außerhalb ihrer selbst gelegenes Bedürfnis befriedigt; sie ist Selbstzweck und niemals Mittel zu einem anderen Zweck. Eben in diesem Sinne ist jedoch die Gruppe im Prinzip nicht Selbstzweck, sondern eine Vorkehrung, mit deren Hilfe sich die verschiedensten Ziele erreichen lassen. Als erfindbar können aber nur Verhaltensformen und Einrichtungen gelten, deren Dienlichkeit sich im Hinblick auf von dieser Erfindung unabhängige Bedürfnisse erweist. Wir machen uns das am Beispiel des Wagenrades oder des Raketenantriebes leicht klar. In beiden Fällen handelt es sich um Lösungen des Fortbewegungsproblems, die als solche und damit in ihren Möglichkeiten nur erkannt werden konnten, weil das Problem der Fortbewegung bereits – und ganz unabhängig von diesen spezifischen Vorrichtungen zu seiner Meisterung – bestand. Wollte man jedoch in analoger Weise hinsichtlich der Familie argumentieren, dann gälte es ein nicht-familiäres menschliches Daseinsproblem namhaft zu machen, dem diese Einrichtung gerecht würde. Die Familie ist, so könnte man nun auch sagen, im Entwurf ihr eigenes Problem und damit zugleich auch ihr eigener Zweck. Gerade das meint aber die Behauptung eines instinkthaften Familiensinnes. Es soll dabei freilich nicht übersehen werden, daß die Institutionalisierungsformen des Familiensinnes echte Erfindungen sind, die außer-familiären Belangen der Gemeinschaft Genüge tun. Da gibt es z. B. den Anspruch auf Rangordnung, der sich in der für die Ehe zulässigen Zahlenproportion – Monogamie oder Polygamie – einen Ausdruck schaffen kann. Die alte Bemerkung, daß kein Mann zwei Frauen haben könne, ohne einem anderen eine vorzuenthalten (Dr. Johnson zu Boswell), gewinnt nämlich eine neue Bedeutung, wenn das die eigene Macht erweisende Vorenthalten zum Zweck wird.

Die These von der flexiblen Gruppe als einer oder gar *der* menschlichen Kulturerfindung läßt sich nur dann ernsthaft verfechten, wenn man bereit ist, in der Gruppe eine Aktionsform zu sehen, die sich an Erfolgen auszuweisen vermag. Es geht somit genau um die von Le Bon in Abrede gestellte Behauptung einer leistungsmäßigen Überlegenheit der Gruppe.

Versuch einer Übersicht

Der Behandlung der hier auftauchenden Sachfrage sei die Erinnerung vorausgeschickt, daß Le Bon die Gruppe gar nicht kennt; er sieht diese vor lauter Masse nicht. Wir wollen, um nicht in einen analogen Fehler zu verfallen, die folgenden Begriffsbestimmungen vornehmen: Klammert man familiäre Bindungen zunächst aus, so präsentieren sich uns Menschen im Plural entweder als ‹Mengen› oder als ‹Klassen›. Eine Klasse umfaßt sämtliche Träger der zum Definitionsmerkmal erhobenen Eigenschaftskombination; in diesem Sinne läßt sich

z. B. die Klasse der Volkswagenbesitzer bilden. Die Angehörigen dieser Klasse kennen einander natürlich zum größten Teil gar nicht, sie haben auch in der Regel nur sehr wenige gemeinsame Interessen. Es gäbe aber immerhin Möglichkeiten, diese gemeinsame Klassenzugehörigkeit für das Verhalten jedes einzelnen von ihnen relevant werden zu lassen. Der Kuriosität halber sei z. B. angenommen, daß sich die Klasse der Volkswagensparer der Vorkriegsjahre mit Vergütungsansprüchen an die Klasse der Wagenbesitzer von heute wenden könnte. In diesem Falle dürften sich die beiden zunächst nur statistischen Klassen in Verbände umwandeln; sie gäben sich damit eine zur Verfechtung ihrer gemeinsamen Interessen tauglich erscheinende Zusammenhangsordnung bzw. eine Aktionsstruktur. Etwas Ähnliches könnte sich zwecks Erlangung steuerlicher Begünstigungen für diese bestimmte Wagenklasse ereignen, wobei weder in diesem Falle noch im zuvor ersonnenen eine persönliche Fühlungnahme der Klassen- oder Verbandsangehörigen erforderlich wäre. Weitaus die meisten Verbandsmitglieder würden einander auch weiterhin niemals von Angesicht zu Angesicht sehen.

Der Verband erscheint demnach als eine Klasse, deren Definitionsmerkmal handlungsrelevant geworden ist. Man könnte auch von einer aktivierten Klasse sprechen. Diese Situation kann sich einstellen, sie muß es aber nicht. Wo in Anlehnung an Karl Marx von Klasse und Klassenbewußtsein die Rede ist, bekundet sich die Aufforderung zum verbandsmäßigen Zusammenschluß bzw. dazu, das gemeinsame Beschreibungsmerkmal (‹Fabrikarbeiter› z. B.) handlungsrelevant werden zu lassen.

Von der Klasse als einer abstrakten Gemeinschaft läßt sich die Menge als eine konkrete Gemeinschaft unterscheiden. Das Wort bezeichnet alle Personen, die zur gleichen Zeit am gleichen Ort – z. B. in einer U-Bahnstation – anwesend sind. Dabei handle es sich aber nur um ein reines Nebeneinander, nicht also um ein Miteinander oder ein Zueinander. Abermals können wir uns Fälle ausmalen, in denen die Gemeinsamkeit des Ortes und der Zeit handlungsrelevant werden könnte, derart nämlich, daß sämtliche Anwesende durch ein Ereignis gemeinsam betroffen werden. Man denke z. B. an eine Störung im Lichtnetz. In dieser Situation kann es entweder zur Ausbildung einer unstrukturierten, johlenden und drängenden Masse kommen oder zu einer Strukturierung der anwesenden Menge im Sinne einer Gruppe. Die letztere Entwicklung beginnt in dem Moment, wo sich Ansätze zu einer Rollenverteilung erkennen lassen. Die Spielgruppe, die sich in einer öffentlichen Parkanlage aus der Menge der anwesenden Kinder herausbilden kann, stellt ein anderes Beispiel für diesen Übergang dar. Ein Schema mag den Zusammenhang der Begriffe, wie sie hier definiert wurden, veranschaulichen.

Die vorgenommenen Begriffsbestimmungen dürften eine Minimaltypologie der menschlichen Plurale erlauben. Feinere Unterscheidungen sind natürlich möglich; ich glaube aber nicht, daß man mit weniger als den aufgezeigten 6 Kategorien auskommt. Gerade daran krankt der Le Bonsche Ansatz, der Masseneigenschaften, sowohl Grup-

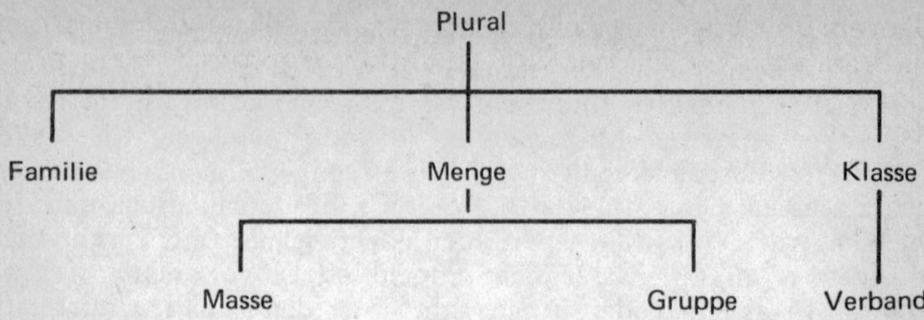

pen als auch Verbänden zuschreibt. Dies erscheint darum besonders fatal, weil die Masse keineswegs die häufigste und jeweils wahrscheinlich die kurzlebigste Form des durch eine Problemsituation aktivierten Plurals ist. Die Plötzlichkeit des eine Menge zur Handlung herausfordernden Situationsumschwunges, die manche Katastrophen kennzeichnet, mag für den Kristallisationsprozeß einer Gruppe zu wenig Zeit übriglassen und sie mag damit ein Massenchaos begünstigen. Ereignisse dieser Art sind aber selten.

Uneigentliche Massen

Faßt man Demonstrationszüge, Protestversammlungen und Bittprozessionen ins Auge, dann hat man es eigentlich schon gar nicht mehr mit Massen zu tun. Beinahe immer läßt sich in diesen Fällen ein Organisationskern nachweisen, der dem Ganzen eine mehr oder weniger deutliche Struktur verleiht. Den Veranstaltern solcher Massenaufwallungen ist zwar mitunter daran gelegen, diese als ‹spontane› und ungeplante Manifestationen der ‹Volksseele› erscheinen zu lassen; der sozialwissenschaftliche Analytiker wird hier aber auf der Hut sein. Er weiß, daß es in vielen Theatern eine wohleinstudierte *Claque* gibt. Ich frage mich allen Ernstes, ob spontane Massen überhaupt in der politischen Geschichte der letzten 200 Jahre eine nennenswerte Rolle gespielt haben. Revolutionen scheinen mir dabei überhaupt nicht in Frage zu kommen, da sich ihre Generalstäbe meist schon lange im voraus konstituieren. Daß aber die im Zuge des Aufstandes beobachtbaren Gewaltakte und Sachbeschädigungen tatsächlich im Programm der Veranstalter nicht vorgesehen waren, läßt sich zumindest bezweifeln. Im allgemeinen schrecken revolutionäre Führer ja auch als Einzelindividuen nicht vor Bombenanschlägen und der Mitvernichtung ‹Unschuldiger› zurück. Warum sollten wir uns dann aber die Masse als im Prinzip grausamer oder triebhafter vorstellen als dieses oder jenes menschliche Einzelwesen?

Um Wertfragen möglichst gar nicht erst aufkommen zu lassen, schlage ich vor, die Masse als eine aktivierte Menge anzusprechen, in der sich (noch) kein ordnendes und integrierendes Rollensystem entwickelt hat. Fast immer wird die Masse dabei als ein Übergangsstadium von relativ kurzer Dauer aufzufassen sein. Entfällt der Aktivierungsgrund, dann zerbröckelt sie wieder zur Menge; bleibt er für längere Zeit bestehen, dann erweist sich die Masse als eine Gruppe in *statu nascendi*. Diesem Sachverhalt trägt LE BONS Schilderung dadurch Rechnung, daß in ihr die Masse ‹nach dem Führer schreit›. Sobald dieser Wunsch aber eine Erfüllung findet, läßt sich die aktivierte Menge auch nicht mehr als Masse bezeichnen.

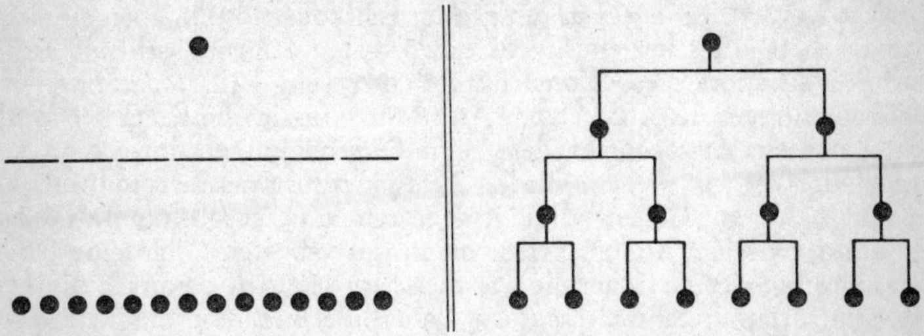

Abb. 2: Zwei Gruppen-Strukturen in schematischer Darstellung

Bei schärferer Betrachtung ergibt sich nun allerdings, daß LE BON zwei durchaus verschiedene soziale Konfigurationen in seinem Massenbegriff zusammenfaßt. Das sind einmal die aktivierten und noch unstrukturierten Mengen vom Typus der Panik, zum andern legt er aber eine Trennungslinie durch strukturierte Gruppen, nämlich zwischen Anführer und Geführte, wobei letztere als ‹Masse› aufgefaßt werden. Auf diese Weise versagt sich LE BON den Gruppenbegriff; er macht damit die Masse zu einem nahezu ubiquitären (i. e. überall vorhandenen) Phänomen. Genau in diesem Punkt hat aber auch die Kritik der sog. Massenpsychologie mit den Hinweis einzusetzen, daß der Anführer als ein ‹Organ› der Geführten von diesen nicht loszulösen ist. Seine Besonderheit gründet in einer Rolle, die als solche überhaupt nur gedacht werden kann, wenn ihr Partnerrollen entsprechen. Im primitivsten Fall mag es sich um eine einzige ausgezeichnete Rolle (den Anführer) und um eine Mehrheit untereinander nicht differenzierter Partnerrollen (Gefolgsleute) handeln. Diese Systemstruktur dürfte aber nur recht selten anzutreffen sein. Viel wahrscheinlicher ist eine Ausdifferenzierung der Gefolge-Rollen, zu der es etwa dann kommen kann, wenn der Anführer seine Unterführer bestimmt und mit Spezialaufgaben betraut oder wenn die Gefolgsmänner ihrerseits Vertrauensleute designieren, die den Kontakt mit dem Anführer vermitteln. Damit wird aber der Punkt, durch den die LE BONsche Trennungslinie zu legen wäre, durchaus zweifelhaft. Abbildung 2 zeigt diese beiden Strukturtypen. Als gänzlich inadäquat würde im voll ausdifferenzierten System eines Regiments die Frage anmuten, ob die Feldwebel noch der ‹Masse› zuzuzählen seien oder etwa nur die Schützen. Offenbar ist hier der Terminus Masse überhaupt nicht in sinnvoller Weise verwendbar.

An dem nunmehr erreichten Punkt unserer Überlegung läßt sich der grundsätzliche Irrtum LE BONS schärfer bezeichnen als bisher: Er besteht in der willkürlichen Zerschneidung des Ordnungsgefüges einer Gruppe – hie Führer und dort Geführte –, wobei die letzteren sodann einem (noch) völlig ordnungslosen Sozialgebilde als ‹Masse› gleichgesetzt werden. In dieser gedanklichen Fehlkonstruktion spiegelt sich das Erleben einer beziehungslos gewordenen Führungsschicht. Tatsächlich scheitert diese Konstruktion aber sehr bald an konkreten Beobachtungen, da es nun vom Anführer plötzlich heißt, er sei mitunter nur ein Angeführter, dem seine Entscheidungen durch die Gefolgsleute vorgeschrieben würden. Das ist richtig gesehen und falsch gedeutet. Als auf Gegenseitigkeit abgestellt erweist sich nämlich jede Relation zwischen Rollen. Selbst im Primitiv-System, dem eine Differenzierung der Gefolgerollen noch fehlt, läßt sich demnach die LE BONsche Trennungslinie gar nicht ziehen, da durch sie das Reziprozitäts-Verhältnis zwischen Anführer und Gefolge schlechthin negiert würde.

Die Rede von Massen und Vermassung entstammt, wie ich glaube, einer Unfähigkeit, das Wesentliche sozialer Gebilde gedanklich zu erfassen. Es bedarf dazu des Begriffs der Gegenseitigkeits-Relation zwischen Rollen. Seit PARETO [2] darauf hinwies, daß es sich im sozialen Geschehen öfter um Interdependenz-Verhältnisse handelt als um einseitige Ursache-Wirkung-Zusammenhänge, liegt diese so dringend erforderliche Denkkategorie bereit. GEHLEN hat diesen Sachverhalt sehr scharf herausgearbeitet: ‹Anthropologisch ist Reziprozität als Steuerung des Verhaltens vom Verhalten der anderen her eine ganz fundamentale Kategorie.› Im Anschluß an LÉVY-STRAUSS bezeichnet er Gegenseitigkeit, Tausch und Symmetrie als die ‹unmittelbaren Gegebenheiten des sozialen Lebens›.

Niemand, mag er nun da oder dort im Leben stehen, kann agieren, ohne sein eigenes Handeln beständig an dessen Resultaten zu verfolgen und sich damit vom Gegenstand seines Handelns her kontrollieren zu lassen. Das gilt von den scheinbar einfachsten Vollzügen, dem Gehen und Kneten, nicht weniger als vom Zusammenspiel mit Menschen. Die Reziprozitätskategorie kennzeichnet daher auch – ausnahmslos! – alle wesentlichen Beiträge zur Biologie und Soziologie handelnder Wesen, so etwa v. WEIZSÄCKERS ‹Gestaltkreis›, die ‹Bedeutungslehre› v. UEXKÜLLS [3] und das ‹*feedback*-Modell› der Kybernetiker. Dabei wird auch klar, daß jeder Handlungsentwurf bereits seinen Erfolg und seine Gegenwirkung als Erwartung vorwegnimmt, um sich an der Diskrepanz zwischen dem beobachteten

---

2 Über den italienischen Volkswirt und Soziologen VILFREDO PARETO (1848 bis 1923) und sein System vgl. FRIEDRICH JONAS, Geschichte der Soziologie. III: Französische und italienische Soziologie. rde Bd. 306/307, S. 121 ff. (Anm. d. Red.)

3 Vgl. rde Bd. 13, S. 105 ff. (Anm. d. Red.)

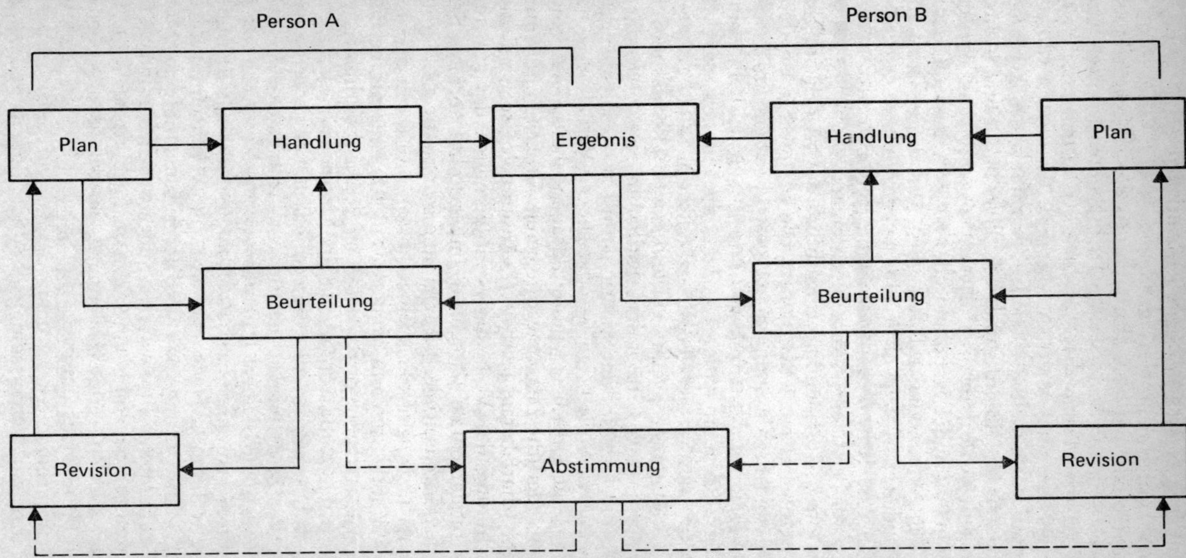

Abb. 3: Ein kybernetisches Modell der Kooperation zwischen zwei Personen

Erfolg und der gehegten Erwartung zu formen.

Der Sachverhalt läßt sich in schematischer Weise leicht veranschaulichen, wenn wir von dem schon in der aristotelischen Handlungslehre (‹Nikomachische Ethik› III, 2; 1111 ff) entwickelten Begriff des ‹Plans› (Vornahme, ‹*prohairesis*›) ausgehen. Man gelangt dann in die Nähe eines von G. A. MILLER, E. GALANTER und K. H. PRIBRAM (1960) entwickelten Modells, demzufolge das Ergebnis einer Handlung stets im Hinblick auf den der Handlung zugrundeliegenden Plan beurteilt wird (Abb. 3). Dieser Vorgang kann entweder zu einer Veränderung der Handlung oder zu einer Revision des Planes führen. Der Akteur mag z. B. einsehen, daß das gesetzte Ziel mit den vorhandenen Mitteln überhaupt nicht zu erreichen ist und daß er sich daher mit einem bescheideneren Erfolg zufrieden geben muß.

Wenn zwei Personen (A und B) miteinander kooperieren wollen, bedarf es einer ‹Abstimmung› hinsichtlich der an den individuellen Plänen vorzunehmenden Revisionen. Die entsprechenden ‹*feedback*-Schlaufen› sind in Abbildung 3 nur gestrichelt, da ihre Etablierung nicht im Vermögen des einzelnen Akteurs steht; sie setzte eine Verständigung (‹Kommunikation›) voraus, die ein gewisses Maß der Anerkennung des Partners impliziert. Selbst in Fällen der antagonistischen Auseinandersetzung (Wettkämpfe, Rechtsstreitigkeiten, Kriege) haben sich Instanzen der Abstimmung als notwendig erwiesen, z. B. die gemeinsame Akzeptierung von Spielregeln, eines Schiedsrichters oder der Satzungen des Kriegsrechts.

Wo Menschen auf Menschen Einfluß nehmen, ist die Gegenseitigkeitsrelation im Spiel; das gilt schon vom Verkehr mit Ausdrucksgesten und Worten, und erst recht, wenn Anregungen ausgetauscht werden. Gruppen haben nie anders funktioniert, auch wenn die Beschreibung ihres Funktionierens zu Zeiten diesem Sachverhalt keine Gerechtigkeit widerfahren ließ. Die gegenseitige Treuebindung zwischen Führer und Gefolgsmann besteht somit nicht nur als eine dem Verhältnis auferlegte Norm, sondern auch als eine gültige Beschreibung der Wesensvoraussetzungen eines solchen Verhältnisses. Als späte Frucht der Aufklärung denkt die Massenpsychologie LE BONS aber gar nicht mehr in den Kategorien der Gegenseitigkeit und der reziproken Steuerung; so hat sie denn schließlich zwar die Teile in der Hand, ‹fehlt, leider!, nur das geistige Band›. Dieses Fehlen wird darum so bedrohlich, weil Psychologie und Soziologie über ihre im engeren Sinne fachwissenschaftlichen Verpflichtungen hinaus auch eine Verantwortung gegenüber der Selbstdeutung des Menschen in einer bestimmten Kultur wahrzunehmen haben. Sie sind an der Gestaltung des Lebensgefühls einer Zeit maßgeblich beteiligt; freilich besteht auch hier eine echte Reziprozität, der zufolge sich eben dieses Lebensgefühl hinwiederum in Psychologie und Soziologie ausdrückt. Der Massenpsychologie kann daher der Vorwurf nicht erspart werden, das Ihre zur Vereinsamung des Individuums und zu dessen Angst vor der Vermassung beigetragen zu haben.

Die Anstrengung des Begriffs, der wir uns zu unterziehen hatten, erleichtert die Beantwortung der vorhin aufgeworfenen Sachfrage nach der leistungsmäßigen Überlegenheit der Gruppe über das Individuum. Le Bon mußte diese Möglichkeit radikal verneinen, da seine Masse als eine durch unsachgemäße Analyse ‹enthauptete› Gruppe der spezifischen Integrationsmöglichkeiten einer Gruppe beraubt ist. Sie ähnelt dem Knie, das nach Morgensterns scherzhafter Aussage einsam durch die Welt geht und von dem man wohl kaum einen Rekord im Dauerlaufen erwarten darf. Verzichten wir aber auf die willkürliche Trennungslinie, dann können wir sofort auf die feine Bemerkung des Aristoteles im dritten Buch der ‹Politik› (1281 b) zurückgreifen. ‹Die Ansicht, daß es immer noch besser sei, wenn die Menge den Ausschlag gäbe als die Minderzahl der Vornehmsten, scheint sich als Lösung zu ergeben und läßt sich bis auf einen gewissen Grad verteidigen, enthält sogar vielleicht etwas Wahres. Die Menge nämlich, in der zwar jeder einzelne kein tüchtiger Mann ist, kann doch in ihrer Gesamtheit etwas Besseres sein als jene, nicht der einzelne in ihr, sondern alle zusammen, wie etwa ein Mahl, zu dem viele Leute Beiträge geleistet haben, besser ausfällt, als eines, das auf Kosten eines einzigen zugerichtet wird. Denn, da es viele sind, so kann jeder einen Teil an Tüchtigkeit und Klugheit besitzen, und die Menge kann, wenn sie zusammengetreten ist, gewissermaßen einen einzigen Menschen bilden mit vielen Armen und Beinen und einem vielfachen Wahrnehmungsvermögen, und ähnlich verhält es sich mit den Charaktereigenschaften und dem Denken.› Das sehr ähnliche Zeugnis Machiavellis wurde vorhin schon (vgl. S. 18) wiedergegeben.

Mit der Behauptung, daß die flexible, ziel-orientierte Gruppe eine und vielleicht *die* menschliche Kulturerfindung darstelle, haben wir die Richtigkeit der aristotelischen Vermutung *implicite* unterstellt: Das Agieren in Gruppen mußte sich, so nehmen wir an, häufig genug bewähren, um als ein weitgehend situations-invariantes Mittel abstrahiert zu werden.

Das einfachste Beispiel eines solchen Leistungsvorteils stellen Gruppenleistungen vom Typus des Hebens und Tragens dar. In seiner ‹Experimentellen Massenpsychologie› (Berlin 1920) hat W. Moede die Kraftleistungen mehrerer Personen beim Seilziehen mitgeteilt. Seinen Daten (Abb. 4) läßt sich eine Funktion anpassen, die den Leistungsbetrag (L in kg) mit dem Logarithmus der Anzahl (n) der Personen in Zusammenhang bringt. Für n = 1 (d. h. log n = 0,00) erhalten wir als erstes Glied der Gleichung einen Betrag von etwa 59 kg; er entspricht der durchschnittlichen Leistung einer einzelnen Person. Drei Personen leisten nicht ganz dreimal soviel (160 kg statt 177 kg), acht Personen bereits erheblich weniger als das Achtfache (248 kg statt 472 kg). Die Einbuße resultiert aus den Schwierigkeiten einer genauen Koordination des Kräfteeinsatzes bezüglich Richtung und Zeitpunkt. Die Güte der Koordination findet

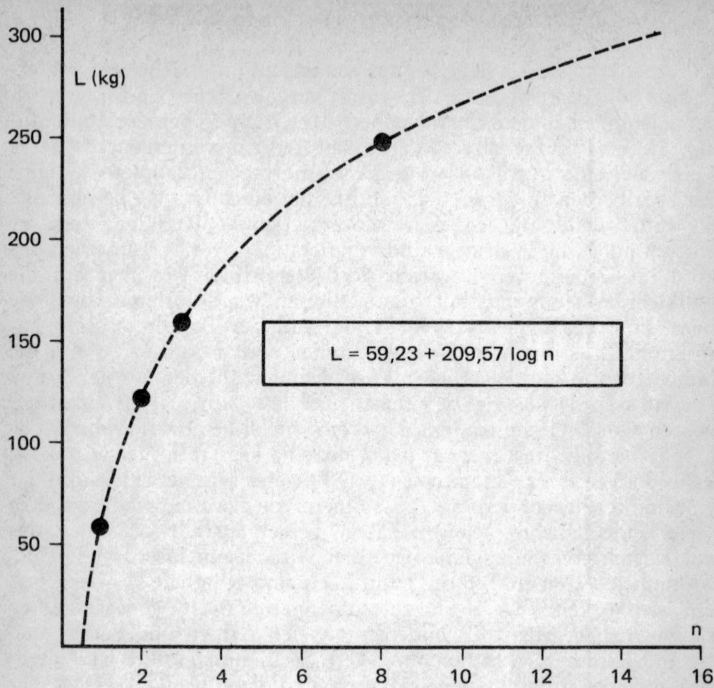

Abb. 4: Die Kollektivleistung von n Personen beim Tauziehen (nach W. Moede)

ihren Ausdruck in der Höhe des Koeffizienten, mit dem der Logarithmus von n in unsere Gleichung eingeht. Er könnte auch einen negativen Wert annehmen, dann nämlich, wenn es sich um ein sportliches Gegeneinander von zwei oder mehreren Personen handeln würde und nicht um ein Miteinander, d. h. um ein Ziehen ‹am gleichen Strang›.

Trotz der sich in der Praxis des Miteinander ergebenden Einbußen ist festzustellen, daß acht Personen mehr als viermal so viel leisten als eine Person und daß sie damit zweifellos eine Reihe von Aufgaben zu bewältigen vermögen, an denen ein einzelner scheitern würde. Man denke nur an das Heranschleppen der zum Bau der Cheopspyramide benötigten 2,3 Millionen Steinblöcke, von denen jeder einzelne im Durchschnitt 50 Zentner wog (H. Kühn, 1958), oder an den Transport der sieben Meter hohen Alabasterstatue des Pharaos auf dem Relief von El Berscheh (um 2000 v. Chr.), den 88 Sklaven in vier Kolonnen bewerkstelligen. Sie bedürfen eines Koordinators, der ihnen – auf dem Oberschenkel der Statue stehend – die Zeichen zum Einsatz gibt (Abb. 5). Es handelt sich hier um

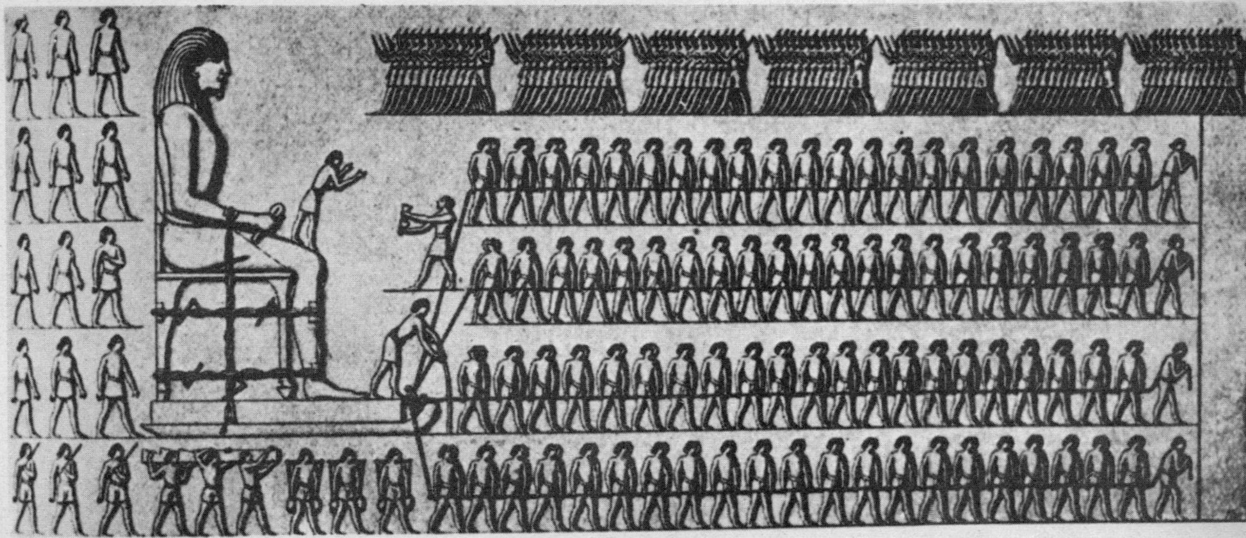

Abb. 5: Die Zusammenfassung physischer Kräfte

eine einseitige Steuerung, nicht um eine gegenseitige Abstimmung, wie sie unser kybernetisches Modell (Abb. 3) vorsah. Denkbar ist aber auch eine Reziprozität; so scheinen zahlreiche Arbeitslieder ursprünglich dazu bestimmt gewesen zu sein, durch ihren Rhythmus die Bewegungen vieler Arbeitender aufeinander abzustimmen.

Durch die Erschließung nicht-animalischer Energiequellen hat die Zusammenfassung menschlicher Körperkräfte im großen und ganzen an Bedeutung verloren – es sei denn, wir hätten es mit einem Kraftwagen zu tun, der in den Straßengraben oder in eine Schneeverwehung hineingeraten ist. Prinzipiell aber bleibt diese simpelste Form des Gruppenvorteils wichtig, denn sie illustriert den von ARISTOTELES antizipierten ‹einzigen Menschen mit vielen Armen und Beinen›. Die gleiche Metapher verwendet SPINOZA (‹Ethik› IV, 18; 1675): ‹daß nämlich alle (Menschen) mit allen derart übereinstimmen, daß die Vernunftkräfte und die Körper aller gleichsam eine einzige Kraft und einen einzigen Körper (*unam quasi mentem unumque corpus*) bilden›. Der englische Philosoph THOMAS HOBBES hat 1651 ein Bild dieses Über-Wesens seiner Schrift über den Staat, dem ‹Leviathan› (Hiob 41,25), vorangestellt. Im Text heißt es dazu (Kap. 17): ‹Wenn sich Menschen so zu einer Person vereinigen, bilden sie einen Staat, der Lateiner sagt *civitas*. So entsteht der große Leviathan oder – wenn man lieber will – der sterbliche Gott, dem allein wir unter dem ewigen Gott Frieden und Schutz verdanken ... Der Staat ist eine Person, deren Handlungen eine große Menge Menschen – kraft der gegenseitigen Verträge eines jeden mit einem jeden – als ihre eigenen anerkennt.› Älter als der Staat, diesem aber in wesentlichen Zügen ähnlich, ist die Gruppe.

Interessanter gestalten sich die Probleme, wenn wir uns den Leistungen vom Typus des Suchens zuwenden. Von diesen ist bei ARISTOTELES offenbar mit dem Hinweis auf die ‹Klugheit› und das ‹vielfache Wahrnehmungsvermögen› der Gruppe die Rede. Die schlichte Behauptung, der Urmensch habe auch diesen Gruppenvorteil aus seinen Erfahrungen abzuleiten vermocht, dürfte kaum sonderlich überzeugend wirken, da unsere eigenen Erfahrungen in diesem Punkt recht zwiespältig sind. Selbst im Sprichwort heißt es zwar einmal ‹Viele Pfennige machen einen Taler›, zum andern aber auch ‹Viele Köche verderben den Brei›. Der Beweis dafür, daß es überhaupt einen Gruppenvorteil zu entdecken gab, läßt sich jedoch in zwingender Weise führen. Wir werden dabei eines statistischen Naturgesetzes gewahr, das schlechthin verblüffend ist.

Eine Suchaufgabe

Eine Vorlesungsdemonstration, deren ich mich gern bediene, veranschaulicht die Gegebenheiten in bequemer Weise. Das Experiment selbst geht auf POFFENBERGER (1932) zurück. Die in Tabelle 3 vorgelegten Daten beziehen sich auf 7 Versuchspersonen, deren Aufgabe darin bestand, 10 Figuren mit nur geringfügig verschiedenem

Flächeninhalt der Reihe nach zu ordnen. Die Figuren selbst gibt Abbildung 6. Die Reihe ist so gestuft, daß von der kleinsten (E) bis zur größten (C) jede folgende Figur nur etwa 5 % größer ist als die vorausgehende. Die wesentliche Schwierigkeit der Aufgabe besteht natürlich in der Notwendigkeit einer Transposition der verschiedenen geometrischen Formen auf eine gemeinsame Form, bezüglich deren sich die Flächeninhalte vergleichen lassen. Der Autor sowohl als auch die meisten seiner Leser gerieten sicherlich in ernsthafte Verlegenheit, wenn sie diese Aufgabe mit Metermaß, Papier und Bleistift zu bewältigen hätten. Ist man dazu aufgefordert, die nötigen Entscheidungen mit freiem Auge zu treffen, dann stellt sich ein erhebliches Unsicherheitsgefühl ein. Verlegenheiten ähnlicher

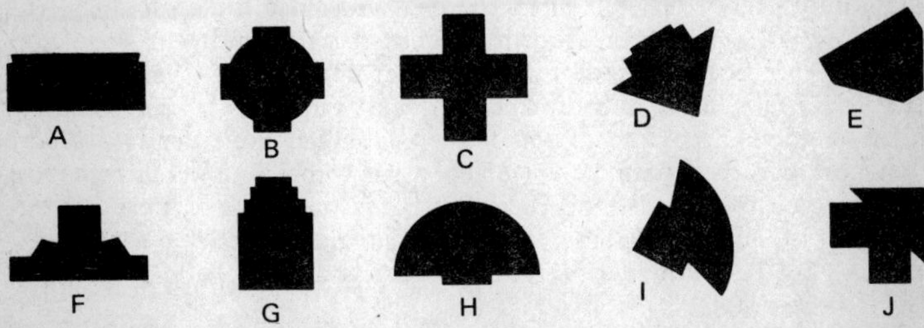

Abb. 6: Vergleichsfiguren verschiedenen Flächeninhaltes (nach Poffenberger)

Versuchs-personen	Vergleichsobjekte										Rho
	C	H	A	B	G	I	D	J	F	E	
	1	2	3	4	5	6	7	8	9	10	
a	3	6	1	5	2	4	9	10	7	8	0,67
b	1	5	6	3	4	2	10	9	8	7	0,66
c	4	3	8	1	7	5	2	9	6	10	0,44
d	4	5	7	2	1	9	8	3	10	6	0,36
e	3	2	4	10	9	5	7	1	6	8	0,25
f	4	8	6	1	7	2	10	3	5	9	0,19
g	6	4	9	8	3	2	1	10	7	5	−0,03
Summe	25	33	41	30	33	29	47	45	49	53	
R_7	1	4,5	6	3	4,5	2	8	7	9	10	0,79
R_{20}	1	3	5	2	6	4	7	8	9	10	0,92

Tabelle 3: Ergebnisse des Versuches der Reihung von 10 Figuren nach ihrem Flächeninhalt. (Der Rangplatz ‹1› bezeichnet die größte Figur.)

Art kann man seinen Versuchspersonen dadurch bereiten, daß man sie z. B. sehr wenig voneinander verschiedene Gewichte (gleichen Aussehens) in eine Reihe ordnen läßt (Gordon, 1928).

Tabelle 3 zeigt die von unseren sieben Versuchspersonen gelieferten Rangordnungen, von denen keine einzige völlig ‹richtig› ist, d. h. der tatsächlichen Rangreihe genau entspricht. Ein bequemes Maß für die Entsprechung zweier Rangreihen gibt uns der SPEARMANsche Koeffizient der Rangkorrelation:

$$\text{Rho} = 1 - \frac{6\,\Sigma\,(R_{IS} - R_{JS})^2}{n\,(n^2 - 1)},$$

wobei R_{IS} den durch die Versuchsperson I dem Objekt S zugewiesenen Rangplatz bezeichnet und R_{JS} den diesem Objekt von der Versuchsperson J erteilten. In unserem Fall sei R_{JS} der objektive Rangplatz der Vergleichsobjekte (Figuren). Die Summe der Quadrate der Rangdifferenzen erstreckt sich über sämtliche n Vergleichsobjekte[1]. Der völlig richtigen Zuordnung entspräche somit ein Wert von Rho = + 1,00, während eine gegenüber der richtigen genau umgekehrte Rangordnung sich durch einen Wert von Rho = −1,00 zu erkennen gäbe. Zwischen diesen beiden Grenzen liegt der Null-Wert von Rho, der etwa dann zu erwarten wäre, wenn eine Versuchsperson die Vergleichsobjekte ohne Bezug auf das objektive Kriterium rein zufällig in eine Rangreihe brächte. Wie aus Tabelle 3 ersichtlich, kommt die Leistung der Versuchsperson g diesem Falle recht nahe (Rho = −0,03).

Eine synthetische Gruppe

Sieben Versuchspersonen, die unabhängig voneinander die gleiche Aufgabe durchführen, stellen selbstverständlich noch keine Gruppe dar. In unserem Experiment kommt es auch gar nicht zur Bildung einer Gruppe. Wir wollen aber an den Leistungen der Einzelindividuen eine sehr einfache Operation vornehmen, die im Falle einer Gruppenbildung ebenfalls hätte erfolgen können. Wir synthetisieren sozusagen eine Gruppe, und zwar dadurch, daß wir die von den einzelnen Versuchspersonen gelieferten Rangreihen in eine einzige zusammenfassen. Dies ist in der drittletzten Zeile der Tabelle geschehen. Das Ergebnis besteht in einer Rangreihe, die der objektiven Reihenfolge der Vergleichsobjekte besser entspricht (Rho = 0,79) als jede der von den Einzelindividuen getroffenen Anordnungen. Die synthetische Gruppe hat die wahren Verhältnisse somit richtiger erfaßt als jedes ihrer Mitglieder für sich. Im Durchschnitt bemißt sich die Richtigkeit der individuellen Rangordnungen gleich:

$$\text{Rho} = \frac{0{,}67 + 0{,}66 + 0{,}44 + 0{,}36 + 0{,}25 + 0{,}19 - 0{,}03}{7} = 0{,}36,$$

das ist nicht einmal halb so gut wie die Leistung der synthetischen Gruppe (Rho_G = 0,79). Ähnliche Ergebnisse treten in Versuchen die-

1 Zur Berechnung von Rho vgl. Anhang S. 187.

ser Art fast immer auf, d. h. solange die Durchschnittsrichtigkeit größer als Null ist, liegt die Richtigkeit der synthetischen Gesamtlösung wesentlich höher als die Durchschnittsrichtigkeit.

Nur beiläufig sei daran erinnert, wie verblüffend gut die Leistung unserer Versuchspersonen im Durchschnitt doch eigentlich ist. Das Wahrnehmungssystem bewältigt hier eine Aufgabe, der unsere *ratio* nur mit Mühe gerecht zu werden vermöchte. Es führt sehr komplizierte geometrische Transformationen durch und benötigt dazu im allgemeinen nur eine erstaunlich kurze Zeit. Man kann vielleicht von impliziten Denkleistungen sprechen, deren Möglichkeit auch heute noch der Psychologie durchaus rätselhaft ist. Ich erwarte die Antwort auf Fragen dieser Art von einem theoretischen Ansatz, der das Gehirn mit einer riesenhaften Elektronen-Rechenmaschine vergleicht. Erwägungen dieser Art gehören aber nicht eigentlich in den Rahmen unserer Untersuchung.

Die Bildung einer synthetischen Gruppe ist ein Kunstgriff der Darstellung, durch den die einer echten Gruppe mögliche Strategie verdeutlicht werden soll. Man kann sich leicht vorstellen, daß sieben Personen, die gemeinsam das gestellte Problem (Rangreihung der Figuren) lösen wollen, im wesentlichen genauso vorgehen, wie dies hier geschehen ist. Es bedarf dazu nur zweier Verfahrensregeln: Jedes Mitglied der Gruppe arbeitet zunächst für sich, am Schluß werden aber die Resultate der Einzelpersonen vereinigt bzw. gemittelt. Zur tatsächlichen Anwendung gelangt dieses Verfahren etwa dann, wenn ein Preisrichterkollegium von N Personen aus n eingereichten Entwürfen den besten auszuwählen hat. Um eine Durchschnittsrichtigkeit von Rho sicherzustellen, die größer als Null ist, bedient man sich einer aus ‹Kennern› und ‹Fachleuten› zusammengesetzten Jury. Wir wollen dabei zunächst annehmen, daß die einzelnen Preisrichter ohne gegenseitige Beeinflussung (Diskussion) zu ihren persönlichen Urteilen gelangen, die dann alle am Ende gemittelt werden. In diesem Falle ist uns allerdings die ‹objektive› Rangordnung der zu beurteilenden Entwürfe (oder Leistungen oder Geschmacksqualitäten von Weinsorten oder der Schönheit junger Mädchen) nicht bekannt, daher läßt sich auch die Richtigkeit des Jury-Urteils nicht zahlenmäßig erfassen. Das Verfahren ist jedoch, wie sich leicht erkennen läßt, dem Modellfall unseres Experiments nachgebildet. Die Fortsetzung der vorhin wiedergegebenen Aristoteles-Stelle lautet daher auch: ‹Deshalb beurteilt auch die Menge musikalische und dichterische Werke richtiger als ein einzelner, nämlich der eine diesen, der andere jenen Teil davon und alle zusammen das Ganze.› Die Behauptung wurde vermutlich durch die im antiken Athen üblichen künstlerischen Wettkämpfe – z. B. der Dramatiker – veranlaßt, bei denen der Beifall der Zuschauer über den Sieg entschied. Platon (‹Gesetze› III, 700 e) hatte das Verfahren sehr getadelt; es sei so ‹als ob es in der musischen Kunst auch nicht die geringste Richtigkeit gebe und ein Werk daher am gerechtesten nach der Lust des dadurch Erfreuten – sei es nun ein Besserer oder ein Schlechterer – beurteilt werde›. Die klassische Diskussion geht auch heute weiter, wenn sich z. B. Fernseh- und Rundfunk-Anstalten die Frage vorlegen, inwieweit sie sich an den demoskopisch erfaßten Publikumsvorlieben orientieren sollen (und dürfen), die bekanntlich weder den akustischen Konstruktionen noch den Texten des (kritischen?) Unbehagens gehören.

Der Fehlerausgleich

Man wird einwenden, daß die aristotelische Behauptung keineswegs als erwiesen gelten könne; sie ist aber auch in dieser ganz allgemeinen Form nicht möglich. In ihr fehlt die vorhin eingeführte Voraussetzung, daß in der Menge der Beurteilenden die Durchschnittsrichtigkeit der Urteile größer als Null sei. Sofern dieses Postulat aber erfüllt ist, läßt sich bei Problemen der Beurteilung in der Tat immer damit rechnen, daß die Gruppenleistung der Durchschnittsleistung der Gruppenmitglieder überlegen sein wird: $Rho_G > D_{Rho}$. Dieses Phänomen ist selbst aber gar nicht von soziologischer Natur, es handelt sich vielmehr um eine rein statistische Naturgesetzlichkeit. Ihre Deduktion bedarf bloß der Annahme, daß die Urteilsfehler der einzelnen Versuchspersonen einander (näherungsweise) die Waage halten. Wir ersehen dies z. B. an der Einstufung der Figur G. Sie wird von einer Versuchsperson (d) an die erste Stelle gesetzt, dafür aber von einer anderen (e) an die neunte; die Versuchspersonen a und b setzen sie an die zweite bzw. vierte Stelle, während die Versuchspersonen c und f sie an siebenter Stelle einordnen. Keine einzige Versuchsperson hat dieses Objekt somit richtig placiert; im Durchschnitt ergibt sich aber beinahe genau die richtige Einstufung:

$$\frac{2+4+7+1+9+7+3}{7} = \frac{33}{7} = 4{,}7$$

Nicht ganz so günstig liegen die Dinge bei den Figuren an den beiden Enden der Reihe, weil bei der Schätzung der Figur mit dem objektiven Rangplatz 1 (C) naturgemäß keine niedrigeren Werte als 1 und bei der Figur mit dem objektiven Rangplatz 10 (E) keine höheren Werte als 10 auftreten können. Der Fehlerausgleich tritt auch in diesen Fällen ein, aber er führt zu einem gegenüber dem richtigen Wert deutlich verschobenen Mittelwert (3,6 bei Figur C und 7,6 bei Figur E). Im Prinzip ist hier jedenfalls ein Sachverhalt ausgewiesen, der sich ‹entdecken› läßt, oder genauer, dessen man inne werden kann, auch wenn er sich einer gültigen Formulierung zunächst entziehen sollte.

Ich halte die Überlegenheit der Gruppe in Sachen der Urteilsbildung in dem Sinne für erfahrbar, daß mehrere Einzelpersonen gelegentlich merken konnten, die Gesamtheit aller Schätzungen sei richtiger als die meisten Einzelschätzungen. Es mag sich dabei um Entfernungsschätzungen oder um die Beurteilung der Ergiebigkeit von Sammelstellen gehandelt haben. Dem läßt sich allerdings entgegenhalten, daß eine Menge beziehungsloser einzelner diese

Beobachtungen nie hätte anstellen können. Will man die Sachlage daher rekonstruieren, so benötigt man dazu ein soziales Gefüge, innerhalb dessen die Entdeckung der urteilsmäßigen Gruppenüberlegenheit stattfinden konnte. Die Familie genügt dieser Forderung.

Unsere Ausgangsthese, daß nämlich die flexible, zweckorientierte Gruppe eine Kulturerfindung des Menschen sei, ist selbstverständlich eines direkten Beweises nicht fähig. Es handelt sich ja um einen Versuch der Rekonstruktion sowohl urzeitlicher als auch allgemeinmenschlicher Zuständlichkeiten. Begnügen wir uns aber mit dem Nachweis der Möglichkeit unserer These, dann ist dazu nur erforderlich, daß ihre Voraussetzungen möglich und plausibel erscheinen. Diese lauten:

a) Es gibt die statistische Tatsache des Fehlerausgleichs.

b) Es gab in der menschlichen Urzeit ein Gefüge, innerhalb dessen die Operation der Urteilszusammenfassung stattfinden konnte, d. i. die Familie.

Als andeutungsweiser Ersatz für die fehlenden historischen Quellen mag der Umstand angesehen werden, daß in den uns bekannten ältesten Familienstrukturen Führungsentscheidungen nicht von einem einzelnen Anführer, sondern von einer Mehrzahl von Personen gefällt wurden. ZIMMERMAN entwickelt dieses Bild aus den vorhandenen historischen Quellen hinsichtlich der Urfamilie des klassischen Altertums und der germanischen Stammesgeschichte. Er gebraucht dafür den Typen-Namen *‹trustee-family›*, der sich wohl am besten mit ‹Genossenschafts-Familie› wiedergeben läßt. Seine Untersuchungen zeigen sehr deutlich, daß die Zentralisierung der Gewalt in der Person eines einzigen Oberhauptes, wie sie uns etwa aus der römischen Institution der *‹patria potestas›* bekannt ist, erst eine spätere Entwicklungsstufe der Familie darstellt. Dieses Stadium dürfte erst dann und dort erreicht werden, wo die Einzelfamilie sich in einen aus mehreren Familien bestehenden Großverband eingliedert. In diesem Falle gibt es aber bereits einen außer-familiären Führungsrat, z. B. den ‹der Alten›, den *senatus*. Der kollektive Führungsmodus findet sich auch bei den heute antreffbaren Primitivkulturen (etwa den Pygmäen) nicht selten.

Bei genauerem Zusehen erweisen sich die beiden aufgeführten Voraussetzungen der Gruppenerfindung als unvollständig, da aus ihnen noch nicht hervorgeht, daß diese Erfindung nur vom *homo sapiens* gemacht werden konnte. Wir formulieren daher:

c) Ein Verständigungssystem (Sprache) stand zur Verfügung, mit dessen Hilfe sich nicht nur im direkten Bezug auf Gegebenheiten hinweisen ließ (wie etwa durch Warn-, Werbe- und Droh-Rufe), sondern im indirekten Bezug über diese berichten.

Erst mit der Entlastung des Kommunikationsmittels vom konkreten *hic et nunc* wird die Operation der Urteilszusammenfassung überhaupt möglich.

3. Die Zusammenfassung von Einzelleistungen

Die bisherigen Erörterungen über den Ursprung der menschlichen Gruppe – zum Unterschied von der Familie – münden in die Behauptung zweier Wurzeln der Gruppe. Je nachdem ob es sich um Aufgaben vom Typus des Tragens und Hebens oder von dem des Suchens handelt, stehen zwei Formalprinzipien zu Gebote, das mechanische Prinzip der Kräfte-Addition (Tragen und Heben) und das statistische Prinzip des Fehlerausgleichs (Suchen und Beurteilen). In beiderlei Hinsicht erweist sich die Gruppe ihren einzelnen Mitgliedern – oder zumindest der Mehrzahl dieser – überlegen. Von einer dritten Wurzel wird später noch im Zusammenhang der Leistungen vom Typus des Bestimmens die Rede sein.

Wer zu viel beweist, beweist gar nichts; das heißt in unserem Falle: Sollte auch nur eine einzige Gruppe namhaft gemacht werden können, die sich irgendeinmal als weniger leistungsfähig als die Mehrzahl ihrer Mitglieder gezeigt hat, dann erschüttert dieses Vorkommnis die Gültigkeit unserer Ableitung. Diese Einsicht zwingt uns zur Klarstellung der Bedingungen, unter denen der *im Prinzip* bestehende Gruppenvorteil auch *aktuell* realisierbar ist. Die dazu erforderlichen Überlegungen sollen erst später durchgeführt werden (vgl. S. 177 ff). Ihre Dringlichkeit leuchtet ein, da ja Le Bon nicht müde wird, von seiner Masse zu behaupten, daß diese als Gesamtheit der Mehrzahl ihrer Mitglieder in intellektueller Hinsicht, d. h. bei Aufgaben vom Typus des Suchens und Beurteilens, unterlegen sei. Wir werden also die Frage zu beantworten haben, wann und unter welchen Umständen eine konkrete Gruppe tatsächlich so gut funktionieren kann, wie dies an sich und *in abstracto* möglich erscheint. Ich glaube, daß mit dieser Fragestellung das zentrale Anliegen der Gruppendynamik getroffen ist. Von einem vollständigen Funktionsbild der Gruppe wird man auch die Aufweisung der Fälle erwarten dürfen, in denen die Gruppe genauso schlecht funktioniert wie eine Le Bonsche Masse. Bis dahin ist aber noch vieles zu erwägen.

Wir halten zunächst inne, um uns noch einmal zu vergegenwärtigen, daß der Gruppenvorteil hinsichtlich der Aufgaben vom Typus des Suchens aus einem Modell deduziert wurde, das gar keine Gruppe im eigentlichen Sinne war. Sieben Versuchspersonen führten, jede für sich, dieselbe Aufgabe, das Ordnen der Figuren, mit dem Ergebnis durch, daß dabei einzelne Versuchspersonen besser abschnitten als andere. Es verschlüge auch nichts, wenn sie alle ihre Aufgabe ungefähr gleich schlecht gelöst hätten, solange nur der die Güte ihrer Leistung messende durchschnittliche Rho-Wert (D_{Rho}) positiv ist. Den wesentlichen Schritt haben aber in unserem Modell nicht die Versuchspersonen selbst getan, es war vielmehr der Versuchsleiter, der die Einzelurteile zusammenfaßte und mittelte und der auf diese Weise eine Gruppe synthetisierte, die *realiter* niemals bestand. Dabei ergab sich eine Rangordnung der Figuren, die richtiger war als die irgendeines ‹Gruppen›-Mitgliedes. Man kann sich nun leicht überlegen, was bei einer von den sieben Versuchspersonen selbst vorgenommenen Zusammenfassung ihrer Einzelurteile hätte ‹schiefgehen› können. Nehmen wir z. B. an, der Versuchsperson a wäre es gelungen, die übrigen Gruppenmitglieder davon zu überzeugen, daß die von ihr produzierte Lösung die richtige sei. Mit der Akzeptierung dieser Rangreihe hätte die Gruppe als Ganzes nur einen Leistungswert von Rho = 0,67 erreicht – an Stelle von Rho_G = 0,79. Noch schlimmer hätte sich naturgemäß ein rhetorischer Erfolg der Versuchsperson g ausgewirkt (Rho = – 0,03). Vielleicht hätte man sich auch aus nicht näher zu spezifizierenden Gründen darauf geeinigt, bloß die beiden Lösungen, die der Versuchspersonen a und b, in Betracht zu ziehen und zu mitteln. Auch dieses Verfahren bliebe in seinem Ergebnis (Rho = 0,68) hinter der Optimalleistung zurück. Als Möglichkeit nicht auszuschließen ist auch, daß die Versuchspersonen angesichts der Verschiedenheit der von ihnen erstellten Rangordnungen das Problem für unlösbar erklärt hätten. Das Gruppenurteil könnte dann dahin gelautet haben, daß die zehn Figuren alle gleich groß sind und daß somit jeder von ihnen der gleiche Rangplatz (R_S = 5,5) zuzuschreiben sei. Dieses Urteil ist zwar falsch, aber es wäre immerhin noch besser gewesen als die von den Versuchspersonen c bis g produzierten Lösungen (Rho = 0,50).

Dem Versuchsleiter, der die Lösungen sämtlicher Gruppenmitglieder in gleicher Weise berücksichtigte, ist demnach eine durchaus produktive Leistung nicht abzusprechen. Man hätte, mit anderen Worten, das Problem der Urteilszusammenfassung auch sehr viel weniger gut entscheiden können. In der Tat gibt es überhaupt kaum ein besseres Verfahren als das von ihm gewählte. Der Beweis für diese Behauptung verlangt noch eine kurze quantitative Überlegung, die uns dadurch erleichtert wird, daß gänzlich ohne Bezug auf soziologische Fragen in einem anderen Teilgebiet der Psychologie unser Problem bereits einer Lösung zugeführt wurde.

Die Bedeutung der Anzahl

In mehr oder minder gediegenen Magazinen stößt man nicht selten auf kleine Fragebogen, mit deren Hilfe der Leser in die Lage versetzt werden soll, z. B. seine eigene Ehetauglichkeit abzuschätzen. Man braucht nur sechs, zehn oder zwölf Fragen zu beantworten und kann sich an Hand eines beigefügten Schlüssels selbst seine Diagnose stellen. Derartige Unternehmungen gehören aus zahlreichen Gründen in die Rubrik des psychologischen Unfugs oder in die Nachbarschaft der in den entsprechenden Magazinen meistens ebenfalls anzutreffenden Horoskope. Nur einer dieser Gründe interessiert uns hier: die Fragebogen sind zu kurz. Dies erhellt sofort beim Vergleich mit den in der fachpsychologischen Diagnostik verwendeten Questionnaires, die nicht selten 200 oder gar 500 und mehr Fragen enthalten. Der Grund für diesen Unterschied liegt darin, daß die Verläßlichkeit eines Instrumentes dieser Art u. a. eine Funktion der Anzahl der in ihm enthaltenen Fragen ist. Das gleiche gilt von Intelligenztests, die in der Regel aus einer großen Anzahl im Prinzip ziemlich ähnlicher Aufgaben zusammengesetzt sind. Kann nämlich der Erfolg bei einer oder der anderen dieser Aufgaben noch zufällig zustande kommen, etwa dadurch, daß die Versuchsperson ihre Lösung schon früher einmal gesehen hat, so wird dieser glückliche Zufall um so unwahrscheinlicher, je öfter er sich zu wiederholen hätte. Aus diesen Überlegungen stammt die formelhafte Beziehung, die auf die Engländer SPEARMAN und BROWN zurückgeht und die uns angibt, auf welchen Betrag sich die Verläßlichkeit (*reliability*) eines Tests erhöhen wird, wenn dessen Länge – unter Beibehaltung seines allgemeinen Charakters – vergrößert wird.

Genau die gleiche Beziehung gilt in unserem Modellbeispiel, wobei wir jedes zusätzliche Gruppenmitglied als eine ‹Verlängerung› des ursprünglichen ‹Tests› auffassen. An die Stelle der Verläßlichkeit des Tests tritt nunmehr das Richtigkeitsmaß der produzierten Rangreihen. Die SPEARMAN-BROWNsche Beziehung lautet:

$$\mathrm{Rho}_N = \frac{N \cdot \mathrm{Rho}_1}{1 + (N-1)\,\mathrm{Rho}_1},$$

wobei Rho_1 die Richtigkeit der Einzellösung und Rho_N die Richtigkeit der aus N Einzellösungen zusammengesetzten Gruppenlösung bezeichnet. Aus Tabelle 3 ergab sich eine durchschnittliche Richtigkeit der Einzellösungen von $D_{\mathrm{Rho}} = 0{,}36$. Diesen Wert wollen wir als Rho_1 in die obige Beziehungsgleichung einführen. Da wir es mit $N = 7$ Einzellösungen zu tun haben, ergibt sich die Richtigkeit der von der synthetischen Gruppe produzierten Lösung gleich:

$$\mathrm{Rho}_7 = \frac{(7) \cdot (0{,}36)}{1 + (6) \cdot (0{,}36)} = \frac{2{,}52}{3{,}16} = 0{,}80,$$

und das ist beinahe aufs Haar der tatsächliche Wert von $\mathrm{Rho}_G = 0{,}79$. Betrachten wir sämtliche Paarkombinationen, die sich aus unseren 7 Versuchspersonen bilden lassen – es gibt deren 21 –, so erhalten wir im Durchschnitt dieser synthetischen Paare eine Richtigkeit von $\mathrm{Rho}_2 = 0{,}53$; dieser Wert entspricht genau der SPEARMAN-BROWNschen Formel:

$$\mathrm{Rho}_2 = \frac{(2) \cdot (0{,}36)}{1 + 0{,}36} = \frac{0{,}72}{1{,}36} = 0{,}53.$$

Die Formel stellt somit die in unserem Modell anzutreffenden Verhältnisse sehr genau dar.

Der Beweis dafür, daß der vom Versuchsleiter bei der Synthetisierung der Gruppe eingeschlagene Weg in der Tat der richtige war, kann nunmehr als erbracht gelten. Eine wirkliche Gruppe hätte nur dann das optimale Resultat erzielen können, wenn in ihr ebenfalls die Leistungen sämtlicher Mitglieder in gleicher Weise berücksichtigt worden wären. Diese Maxime klingt durchaus ‹demokratisch›; es sei jedoch daran erinnert, daß sie nicht in der üblichen Weise aus philosophischen Annahmen abgeleitet wurde; sie entstammt vielmehr – so wenig dies auch das Ohr mancher Gesellschaftsphilosophen erfreuen mag – aus statistischen Überlegungen; sie ist, um im Jargon dieser Philosophen zu bleiben, selbst ein Produkt der Beschäftigung mit ‹Massen›. Unser demokratisch-statistisches Modell hat übrigens auch für die heikelste Frage der Demokratie Platz, nämlich die nach der Begrenzung der in die öffentliche Willensbildung einzubeziehenden Personenkreise. Konkreter: wann werden junge Staatsbürger wahlberechtigt und unter welchen Umständen kann jemand des Wahlrechts wieder verlustig gehen? Das Modell sagt uns, daß

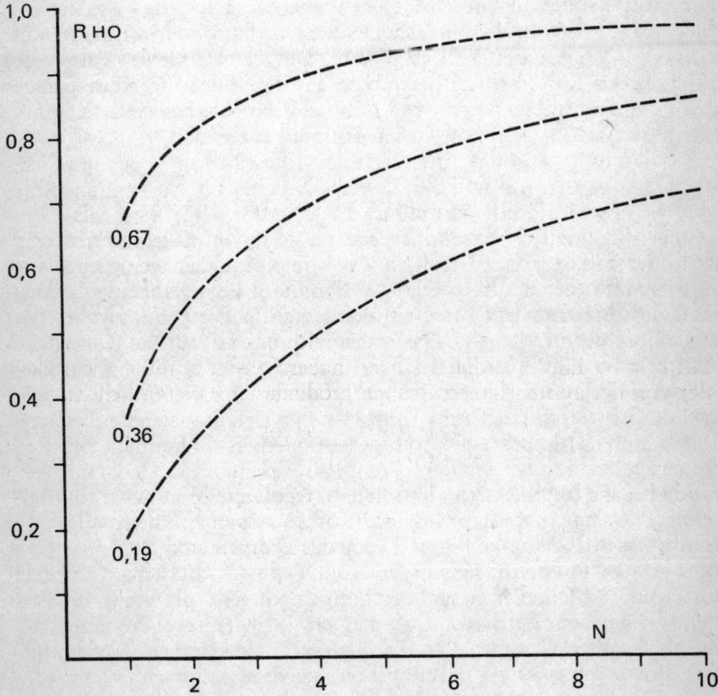

Abb. 7: Die Richtigkeit einer Rangordnung (Rho) in Abhängigkeit von der Anzahl (N) der Versuchspersonen

nur solche Gruppenmitglieder in die synthetisierte Gruppe aufzunehmen sind, deren Einzelleistungen eine über Null liegende Richtigkeit besitzen. In unserem Falle hätte die Nicht-Berücksichtigung der Versuchsperson g, deren Rho-Wert negativ war, die durchschnittliche Gruppenrichtigkeit auf $D_{Rho} = 0{,}43$ gesteigert und die voraussichtliche Richtigkeit der von der aus nunmehr $N = 6$ Mitgliedern bestehenden Gesamtgruppe auf $Rho_6 = 0{,}81$. Der Unterschied ist hier allerdings nur sehr geringfügig.

Aus der SPEARMAN-BROWNschen Relation bleibt nun noch eine letzte Folgerung zu ziehen: Die durchschnittliche Richtigkeit der Reihungsurteile der einzelnen Gruppenmitglieder kann beliebig klein sein; solange sie positiv (größer als Null) ist, läßt sich durch die Zusammenfassung einer entsprechend großen Anzahl von Urteilen (N) jede gewünschte Richtigkeit des Gruppenurteils erzielen. Eine beinahe vollständig richtige Lösung ($Rho_N = 0{,}94$) hätte sich in unserem Beispiel durch die Zusammenfassung der Einzelurteile von $N = 30$ Versuchspersonen gewinnen lassen, wobei wir allerdings annehmen, daß auch in der größeren Gruppe die Durchschnittsrichtigkeit von $D_{Rho} = 0{,}36$ erhalten geblieben wäre. Die letzte Zeile der Tab. 3 (S. 33) gibt das Resultat der Zusammenfassung von 20 Versuchspersonen; der Richtigkeitswert liegt nunmehr bereits bei 0,92; er entspricht der SPEARMAN-BROWNschen Formel ganz genau.

Abbildung 7 zeigt das Ansteigen von Rho für drei Ausgangswerte von D_{Rho} (0,19; 0,36 und 0,67), wenn N von 1 auf 10 zunimmt. Etwas weniger nüchtern formuliert besagt dieses Ergebnis, daß die Gruppe potentiell allwissend ist, sofern sie nur groß genug gemacht wird und sofern sie im Durchschnitt ihrer Mitglieder wenigstens ein Fünkchen Wissen enthält. Diese Behauptung übertreibt zwar nicht, sie steht aber trotzdem in einem deutlichen Widerspruch zu den Erfahrungen unseres Lebens. Das statistische Modell für die Leistungsfähigkeit von Gruppen ist teilweise utopisch, weil es die mit der Zunahme der Anzahl der Gruppenmitglieder ganz wesentlich ansteigenden Schwierigkeiten und Fährnisse der Urteilszusammenfassung unbeachtet läßt. Nicht viel weniger utopisch ist allerdings die Rechenaufgabe für Oberschüler: Wenn 10 Arbeiter ein Haus in zwei Wochen (= 80 Arbeitsstunden) bauen, wie lange brauchen 1000 Arbeiter? Sie werden es natürlich nicht in 48 Arbeitsminuten schaffen! Somit gilt für Leistungen vom Typus des Tragens und Hebens etwas ganz Ähnliches wie für Leistungen vom Typus des Suchens. Dennoch dürfte unser Modell nicht völlig phantastisch sein, da wir ja im Gemeinschaftsleben durchaus dazu neigen, schwierigere Probleme an jeweils größere Gruppen von Fachleuten zu übertragen. Die politische Praxis mag sogar dahin gehen, gewisse Entscheidungen von einer Befragung sämtlicher Wahlberechtigter abhängig zu machen. Eine Minimalforderung enthält jedoch die Rechtsnorm: ‹Durch zweier Zeugen Mund wird allerwegs die Wahrheit kund› (‹Faust›), die bereits auf MOSES (V. 17, 6) zurückgeht: ‹... aber auf eines Zeugen Mund soll er nicht sterben.› Tatsächlich tritt der relativ größte Zuwachs an Urteilsrichtigkeit beim Übergang von $N = 1$ zu $N = 2$ ein.

Die Gruppe als Prototyp der Besonnenheit – das ist wohl die schärfste Opposition, in die man sich LE BON gegenüber begeben kann. Diese Möglichkeit ist aber keineswegs von der Hand zu weisen, da die in unser Modell eingehende Größe N zwei Deutungen zuläßt. Es kann sich einmal, wie bisher, um die Anzahl der voneinander unabhängig vorgehenden Beurteiler handeln, zum andern läßt sich aber auch daran denken, daß ein einziger Beurteiler die gleiche Aufgabe N mal durchführt, daß er also z. B. die Figuren der Abb. 6 mehrmals nacheinander zu ordnen versucht. In beiden Fällen ist mit dem gleichen statistischen ‹Gruppenvorteil› zu rechnen, sofern nur die Unabhängigkeit der Einzelentscheidungen gewahrt bleibt. Damit erweist sich aber die suchende Gruppe als eine Simultan-Übertragung des wiederholten Überlegungsvorganges, der die besonnene Urteilsbildung kennzeichnet. Dem längeren Zeitbedarf des Sukzessiv-Geschehens im Einzelindividuum entspricht der größere Mitgliederbedarf der Gruppe, namentlich da, wo es sich um schwierigere Urteile handelt. In beiden Fällen gibt es ein Organisationsproblem hinsichtlich der Zusammenfassung der Elementarbeiträge. Hält man sich die Milliardenanzahl der Neuronen im nervösen Zentralorgan des Menschen gegenwärtig, so fragt es sich wirklich, ob nicht die Präzision der Leistungen dieses Organs als ein ungeheuer großer Gruppenvorteil anzusprechen sei. Dieser Gedankengang mag noch vor kurzem als phantastische Spekulation angemutet haben, er gewinnt jedoch heute an Plausibilität, da auch der Physiker manche seiner Probleme durch tausendfach wiederholte Primitivoperationen, nach der sog. ‹Monte-Carlo-Methode›, löst. Ich glaube, man könnte allen Ernstes vom statistischen Charakter der Besonnenheit sprechen. In diesem Sinne ist schon 1935 DASHIELL ‹die Ähnlichkeit des inter-individuellen mit dem intra-individuellen Verfahren› der Problemlösung aufgefallen, während BALES (1950) darauf hinweist, daß nach Form und Ursprung das individuelle Denken ein sozialer Prozeß sei. Diese Anschauung darf sich auf PLATONS Gleichsetzung des Denkens mit einem inneren Zwiegespräch berufen. Nunmehr eröffnet sich allerdings auch die Aussicht auf eine Verbindung der beiden Arten von Besonnenheit, der kollektiven und der individuellen, im Sinne einer gesteigerten Produktivität beider, die etwa dann zu beobachten sein könnte, wenn die Mitglieder einer Gruppe ihre eigenen Meinungen im Zuge einer Diskussion fortentwickeln.

Wie klein die Durchschnittsrichtigkeit der Urteile des Einzelindividuums bzw. der Elementarbeiträge sein kann, um doch noch in größeren Gemeinschaften sehr beachtliche Urteilsleistungen zu ermöglichen, läßt sich anhand des Radio-Experiments von H. HERZOG zeigen. Neun Sprecher im Alter von 12–58 Jahren verlasen im Mai 1931 über den Wiener Rundfunk ein und dieselbe kurze Zeitungsnotiz. Die Hörerschaft war aufgefordert worden, auf Grund dieser kurzen, etwa $2^1/_2$ Minuten dauernden Sprechprobe das Alter der Sprecher zu schätzen. Auf Grund von $N = 2700$ Einsendungen wurde sodann für jeden Sprecher das durchschnittliche Schätzungsalter ermittelt. Zwischen dem geschätzten und dem tatsächlichen Lebensalter ergab sich eine Korrelation von $r = 0{,}76$. Aus dieser läßt sich die durchschnittliche Richtigkeit der individuellen Einzelschätzungen durch einfache Umformung der SPEARMAN-BROWNschen Formel gewinnen:

$$r_1 = \frac{r_n}{N - N \cdot r_n + r_n} = \frac{0{,}76}{2700 - 2052 + 0{,}76} = 0{,}001.$$

Das Wissensfünkchen des Individuums erweist sich in der Tat als verschwindend klein, obwohl die synthetische Gruppe das Alter der einzelnen Sprecher ziemlich genau zu erfassen vermochte.

Organisatorische Schwierigkeiten

Ob eine natürliche Gruppe von 2700 Personen im Austausch ihrer Meinungen besser oder auch nur ebenso gut abgeschnitten hätte wie die synthetische Gruppe, wissen wir nicht. Daß es aber einer nicht unbeträchtlichen Organisationsleistung bedurft hätte, damit überhaupt ein Gruppenvorteil zustande komme, ist klar. Was bei den 7 Teilnehmern an unserem Figurenversuch noch relativ leicht möglich erschien, wird nunmehr zu einem sehr schwierigen Problem. In beiden Fällen konnten die Versuchspersonen eine Menge separat entscheidender Einzelwesen bleiben; es gab für sie keinen Gemeinschaftsauftrag. Unseren früheren Überlegungen gemäß läßt sich daher auch sagen, daß die Mengen nicht aktiviert wurden. Im Falle der Aktivierung durch eine alle Mitglieder der Menge betreffende Anforderung hätte es in beiden Fällen entweder zu einer Gruppe oder zu einer Masse kommen können. Der Unterschied ergibt sich aus dem Vorhandensein bzw. dem Fehlen einer verhaltensintegrierenden Ordnung.

Man geht wohl nicht fehl, wenn man sich die Wahrscheinlichkeit des Zustandekommens einer Ordnung um so geringer vorstellt, je größer die zu ordnende Menge ist. *Ceteris paribus* gehen daher Massen aus größeren Mengen leichter hervor als aus kleineren. Wo jedoch ein Übergang von der Masse zur strukturierten Gruppe stattfindet, dürfte dieser bei vielköpfigen Versammlungen längere Zeit in Anspruch nehmen und größere Mühe erfordern als bei kleineren. Mengen geringeren Umfangs gliedern sich vermutlich so schnell zu Gruppen, daß das Massenstadium kaum in Erscheinung tritt. Aus diesem Grunde verbinden wir wohl auch mit Massen jeweils die Vorstellung einer großen Anzahl, obwohl sehr straff gegliederte Gruppen mit mehreren tausend Angehörigen – man denke an eine Heeresdivision oder an die Belegschaft eines Werkes der Großindustrie – gewiß möglich sind. Gerade in diesen Fällen werden wir allerdings auch eines bisher nur flüchtig erörterten Inhalts des Begriffs ‹Masse› gewahr. Objektiv betrachtet sind große, straff gegliederte Gruppen keine Massen. Da in ihnen jedoch viele der eine Ordnung ausmachenden Verhaltens-Reziprozitäten durch Zwischeninstanzen verdeckt und daher nur wenig augenfällig zu sein pflegen, neigen die Angehörigen sozialer Großgebilde leicht dazu, sich als in einer ‹Masse› befindlich zu deuten. Erlebnismäßig ziehen sie damit die Le Bonsche Trennungslinie nach, von der vorhin im Zusammenhang mit dem Begriff der ‹enthaupteten Gruppe› die Rede war. Darin aber liegt die eigentliche Schwierigkeit des Masse-Themas: Wir können uns subjektiv als ‹Masse› fühlen, obwohl wir objektiv einer Gruppe eingegliedert sind.

Die Illusion des Masse-Seins ist für unser Zeitalter charakteristischer als dessen vielbehauptete Vermassung. Der nüchterne und sachliche Beobachter dürfte an den letzten hundert Jahren die erfolgreiche Inangriffnahme von Aufgaben der Gruppenbildung größten Stiles nicht verkennen. Unter dem Leistungsaspekt erweisen sich diese Großgebilde einwandfrei als Gruppen und nicht als Massen; dennoch hat sich in ihnen die Illusion des Masse-Seins festgesetzt. Dies versteht sich daher, daß in der Großgruppe die relative Bedeutsamkeit der meisten Einzelmitglieder sehr viel geringer sein kann als in der kleinen Gruppe. Es ist somit gerade die Kleinheit des in der Großgruppe noch ausreichenden individuellen ‹Fünkchens›, die einmal deren Bildung nahelegt und in der zum andern die Illusion des Masse-Seins gründet.

Zunächst könnte es so scheinen, als wären wir nun auf ein echtes Paradoxon gestoßen, auf ein *‹credo quia absurdum›* bzw. auf ein ‹ich glaube mich Masse, weil ich Gruppe bin›. An dem ist es aber wohl gar nicht; wir haben damit nur einen Hinweis darauf gewonnen, daß der Leistungsaspekt, unter dem allein die Gruppe bisher betrachtet wurde, nicht ausreicht. In ihm spielte die subjektive Befindlichkeit der einzelnen Gruppenmitglieder keine Rolle; diese konnte daher sogar als eine Illusion, die Illusion des Masse-Seins, abgetan werden. Der Psychologe kann sich auf solch billige Weise seines Problems ebensowenig entledigen wie der Organisator von Gruppen. Unter dem Leistungsgesichtspunkt bliebe er ein Ingenieur, und er verfinge sich damit in der aufgezeigten Paradoxie. Wollte der Psychologe aber die Verhältnisse nur unter dem Erlebnisaspekt sehen, d. h. aus dem Erleben geringer eigener Bedeutsamkeit auf seiten zahlreicher Gruppenmitglieder, so geriete er in Gefahr, die Gruppe als Masse anzusprechen. Er gelangte dann wohl auch nicht wesentlich über die Thesen Le Bons hinaus.

Dagegen bleibt zu erwägen, ob die Organisation von Großgruppen nicht eine Kunst sei, die wir noch gar nicht richtig meistern. Mit anderen Worten: Die Großgruppen, die wir bilden, befriedigen zwar meistens hinsichtlich ihrer Leistung, gleichzeitig bleibt aber das Erleben ihrer Angehörigen vielfach unbefriedigt. Der Metapher sei Raum gewährt, daß wir Maschinen konstruiert haben, die vorzüglich funktionieren, die man am liebsten aber wieder abstellen würde, weil sie zuviel Lärm machen, die Atmosphäre verseuchen und uns – kurz gesagt – ‹auf die Nerven gehen›. Ich glaube mich nicht zu täuschen, wenn ich damit den Forschungsimpuls der neueren Gruppendynamik kennzeichne: Die Maschine entstören! Die Massenpsychologie und die Vermassungs-Jeremiaden – älteren und neueren Datums – muten demgegenüber wie realitätsflüchtige Aufforderungen zur Rückkehr in die verlorene Idylle an. Diese Möglichkeit ließe sich aber nur um den Preis einer Dezimierung der Erdbevölkerung erkaufen; sie erwiese sich wohl auch dann als höchst un-paradiesisch.

III. DIE GRUPPE IM LABORATORIUM

1. Zur Psychologie der Versuchsperson

Experimente sind niemals völlig lebensnahe; darin liegt auch nicht ihre eigentliche Aufgabe, da es sich in ihnen meistens darum handelt, einzelne Bedingungen des natürlichen Geschehens konstant zu halten und andere isoliert zur Geltung kommen zu lassen. Mit Experimenten treiben wir eine pragmatische Analyse, die um so fruchtbarer ist, je enger sie sich an die begriffliche Analyse anzuschließen vermag. Genau besehen ist somit das Experiment ein veräußerlichtes und versachlichtes Denken. Als ein solches empfängt es seine Impulse von Fragestellungen, bezüglich deren das begriffliche Denken allein zu keinem bündigen Ergebnis zu gelangen wußte.

Als ein konkretes Tun unterwirft sich die pragmatische Analyse allerdings Einschränkungen, die der begrifflichen Analyse fremd sind. So kann man sich z. B. die Ereignisse ausmalen, die im Gefolge einer plötzlichen und lebensgefährlichen Bedrohung der Besucher einer Kino-Vorstellung durch einen Brand zu erwarten wären; eine experimentelle Verwirklichung dieses Gedankens ist aber ausgeschlossen. Wir sind, sozusagen, zur Harmlosigkeit verpflichtet, was u. a. auch bedeutet, daß wir unsere Versuchspersonen ihrem privaten Leben wieder so zurückzugeben haben, wie sie in unser Laboratorium kamen. Die Wirkungen, die wir setzen können, müssen daher kurzfristig reversibel und auf längere Sicht hinaus konsequenzenlos sein. Grundsätzlich wird im psychologischen Versuch gar nicht wirklich gehandelt, sondern nur mit vermindertem Einsatz agiert, eigentlich in entlasteter Weise gespielt.

Man macht sich den mit voller Notwendigkeit konventionellen Charakter des Experiments nicht immer hinlänglich klar, sonst müßte man sich über den Erlebnisstil einer Kultur wundern, in der die ‹Versuchsperson› (Vp) gedeiht. Die Erwägung ist in unserem Zusammenhang bedeutungsvoll, weil es erst möglich geworden sein mußte, den Menschen als ‹knetbar› zu denken, ehe die ‹Vp› erfunden werden konnte. Zwischen dem psychologischen Experiment und der Massenpsychologie besteht somit ein sehr wesentlicher Zusammenhang denkgeschichtlicher Art. Ihn demonstriert auch das Indianerkind, das bei einem Versuch mit Intelligenztests ‹versagt› oder zumindest völlig schweigsam bleibt, da es sich doch nicht schicke, mit seinem Wissen vor anderen aufzufallen. Hier mißlingt die Versetzung in ein abgehobenes ‹Als-Ob›, die uns so völlig problemlos scheint. Das Individuum verfügt gar nicht über sein Können, dieses bleibt vielmehr in der sozialen Lebensordnung, der das Einzelwesen angehört, gebunden, während die ‹Vp› sich aus eben diesen Bezügen vereinzelt hat. Daß es in der erlebten Ganzheit des mittelalterlichen Sozial-Kosmos nicht zum psychologischen Experiment kommen konnte, hat durchaus einleuchtende Gründe. Die Übersetzung von ‹*populus*› mit ‹Pöbel› gehört, wie mir scheint, zu den Wesensvoraussetzungen der ‹Vp›. Ich meine damit natürlich nicht, daß der ‹Versuchsleiter› (Vl) die Vp als Individuum mißachtet, das tut er ganz gewiß nicht. Er fügt sie aber – meist ohne dies zu wissen und zu merken – in die Leerstelle eines Gedankenbildes, in dem einander der ‹Gestalter› und die anonyme Passivität gegenüberstehen. Daß dabei auch Beeinflussungen der Vpn durch die Erwartungen möglich sind, die der Vl bezüglich ‹seines› Experiments hegt, haben M. T. ORNE (1962) und R. ROSENTHAL (1966) gezeigt. Diese erfolgen hauptsächlich durch Ausdrucksphänomene (Mimik, Akzentuierung einzelner Wörter und Passagen) des Vl, die dieser häufig weder intendiert noch auch nur bemerkt.

Wir müssen es uns an dieser Stelle versagen, die schon längst fällige ‹Psychologie der Vp› zu entwickeln; jedoch bedarf der Eindruck, daß es sich dabei um eine ‹Massenpsychologie› in neuer Auflage handeln würde, der Korrektur. Bis um die Jahrhundertwende ist die Vp nämlich sehr oft noch gar nicht anonym. Noch vor dem Ersten Weltkrieg findet man in den denkpsychologischen Untersuchungen der Würzburger Schule [1] die Namen der Versuchspersonen einzeln verzeichnet, fast ausnahmslos Namen vollsten Klanges in der Geschichte unseres Faches. Die Männer, die einander bei ihren Forschungsarbeiten als Versuchspersonen behilflich waren, gehörten einem Kreis von mehr oder minder Gleichgesinnten an; sie stellten somit eine Gruppe dar. Ich halte diese Beobachtung einer Verallgemeinerung für fähig, in dem Sinne nämlich, daß jedes psychologische Experiment am Menschen eigentlich in einer Gruppe stattfindet, in der zwischen Vl und Vp ein unausgesprochenes Gegenseitigkeitsverhältnis besteht. Die Vp tut mit, sie tut dies nicht selten dem Vl zuliebe; auf jeden Fall agiert sie in dem Bewußtsein, daß der Vl die Verantwortung für alles trägt, was in seinem Experiment geschieht, d. h. auch für ihr Tun. Das impliziert natürlich ein gewisses Vertrauen, das – wie eine inzwischen berühmt gewordene Untersuchung von S. MILGRAM (1963) zeigt – bedenklich weit gehen kann. Aufgabe der Vpn war es in diesem Experiment, den Lernprozeß einer anderen (angeblichen) Vp durch Strafen (elektrische Schläge) zu motivieren. Der ‹Lerner› (in Wahrheit ein Konfident des Versuchsleiters) befand sich in einem Nebenraum; er wurde in recht dramatischer Weise auf einem Stuhl festgeschnallt und hatte auf die (angeblichen) elektrischen Schläge mit Schmerzenslauten bzw. – bei steigender Intensität – mit einem wilden Klopfen zu reagieren. Zu lernen brauchte er nichts, denn seine Antworten waren jeweils vorprogrammiert. Die eigentliche Vp saß vor einem imponierenden Gerät, dessen dreißig Schalthebel die Bezeichnungen von Volt-

---

1 Die von OSWALD KÜLPE (1862–1915) in Würzburg kurz vor 1900 begründete Schule beschäftigte sich mit dem Nachweis des Denkens als einer psychischen Aktivität eigener Art, die z. B. nicht mit der Bildung und dem Auftauchen sinnlicher (etwa anschaulicher) Vorstellungen identisch ist. Dieser Schule gehörten u. a. NARZISS ACH (1871–1946), KARL BÜHLER (1879 bis 1963), ERNST DÜRR (1878–1913), KARL MARBE (1869–1953), AUGUST MESSER (1867–1937) und OTTO SELZ (1881–1944) an.

stärken (von 15 bis 450 Volt) trugen und zudem noch die Hinweise ‹leicht› (15 Volt), ‹mäßig› (75 Volt), ‹stark› (150 Volt), ‹extrem› (300 Volt) und ‹Gefahr› (375 Volt). Wenn der ‹Lerner› Fehler machte, forderte der Vl die Vp auf, jenen mit stärkeren elektrischen Schlägen zu ‹bestrafen›. Zur Probe war der Vp selbst ein schwacher Schlag (45 Volt = Stufe 3) gegeben worden.

In der Situation I (Abb. 8) war die Vp allein; 65 Prozent der Vpn leisteten hier den Aufforderungen des Vl Folge; sie gelangten

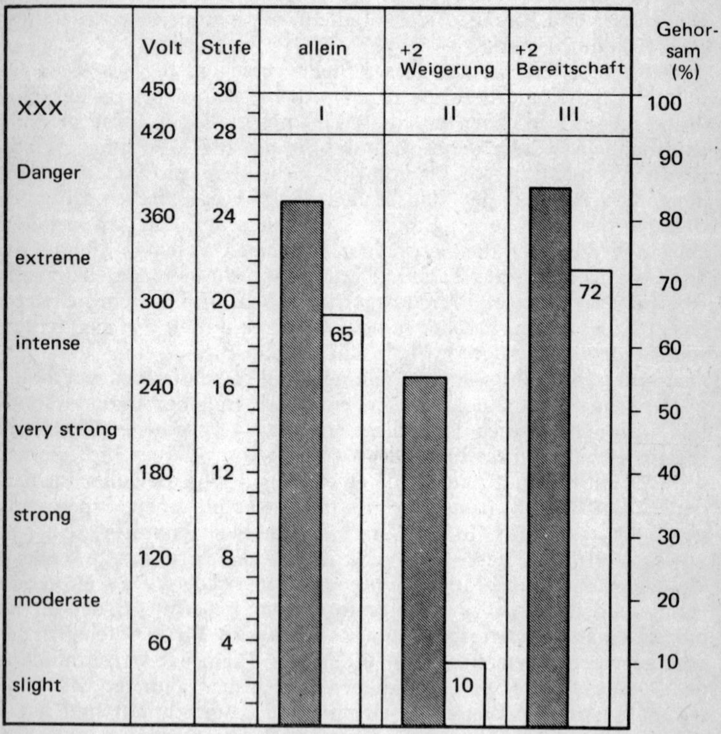

Abb. 8: Grausamkeit aus Gehorsam (nach S. Milgram)
Die schraffierten Blöcke zeigen die Stromstärken an, bis zu denen die Vpn gingen, die unschraffierten Blöcke bezeichnen die Häufigkeiten, mit denen die Vpn den Aufforderungen des Vl Folge leisteten.

im Mittel bis nahe an die Stufe 25 (375 Volt). Diese ‹Leistung› wurde auch in der Situation III nur geringfügig überboten (72 Prozent gehorsame Vpn, die im Mittel bis zu etwa 390 Volt gingen), wenn weitere zwei Vpn (abermals Konfidenten des Versuchsleiters) anwesend waren, die sich bereit erklärten, noch stärkere Schläge zu verabfolgen. Nur 10 Prozent gehorsame Vpn gab es in der Situation II, in der die beiden Konfidenten sich weigerten, stärkere Schläge zu geben; hier wurde von den eigentlichen Vpn ‹bloß› eine mittlere Stromstärke von etwa 240 Volt erreicht.

Das Experiment, dessen Veröffentlichung ungefähr in die Zeit des deutschen Auschwitzprozesses fiel, hat die Öffentlichkeit erschreckt, denn es zeigte eine Bereitschaft zur Grausamkeit, die man Durchschnittsamerikanern – und das waren die Vpn MILGRAMS! – nicht zugetraut hätte. Sie handelten in der Geborgenheit einer Versuchsanordnung und daher – nach der ungeschriebenen Konvention des Experimentierens – ohne eigene Verantwortung. Nur mit einigen Vorbehalten läßt sich das Ergebnis daher auf andere Situationen übertragen, in denen das Vertrauen auf die Verantwortung eines mit der Autorität des Staates ausgestatteten Befehlsgebers die individuelle Verantwortlichkeit des Befehlsempfängers – nach dessen Meinung – ebenfalls einschränkt oder sogar ganz aufhebt. Inzwischen spricht allerdings manches dafür, daß viele Individuen – und keineswegs nur Deutsche – im Rahmen eines Krieges bereit sind, auch Anweisungen Folge zu leisten, die im völkerrechtlichen Sinne nicht als Kriegshandlungen verstanden werden können. FREUDS Aufsatz ‹Zeitgemäßes über Krieg und Tod› (1915) eröffnet schauerliche Perspektiven: ‹Der einzelne Volksangehörige kann in diesem Krieg mit Schrecken feststellen, was sich ihm gelegentlich schon in Friedenszeiten aufdrängen wollte, daß der Staat dem Einzelnen den Gebrauch des Unrechts untersagt hat, nicht weil er es abschaffen, sondern weil er es monopolisieren will wie Salz und Tabak. Der kriegführende Staat gibt sich jedes Unrecht, jede Gewalttätigkeit frei, die den Einzelnen entehren würde.›

Der Versuchsleiter in MILGRAMS Experiment repräsentiert nicht den politischen Staat, wohl aber in den Augen der Vpn die ‹Republik der Gelehrten›, die seltsame Ausnahmesituationen zu schaffen vermag, in denen man mit verringertem persönlichen Verantwortungsbewußtsein weit über die Grenzen des Alltagskodex hinaus agieren kann. Man spielt, aber es ist ein sehr grausames Spiel.

Was im Experiment zunächst als eine Relation des Gestalters zur knetbaren Masse erscheint, erweist sich bei sorgfältigerer Prüfung als ein Spezialfall der flexiblen, zielorientierten Gruppe, die ein bestimmtes Problem dadurch zu lösen versucht, daß sie einen ihrer Angehörigen – eben den Versuchsleiter – mit der Integration der Urteile der übrigen Gruppenmitglieder – der Vpn – betraut. Auf diese Weise läßt sich z. B. die Frage beantworten, ob extreme Bedürfnislagen (etwa Hunger) die Wahrnehmung in besonderer Weise ausrichten, ob Strafen einen Lernerfolg verbürgen usw. Wir halten daher fest, daß das psychologische Experiment eine ganz spezifische Art der intellektuellen Gemeinschaftsleistung in Gruppen ist, deren Besonderheit in der nahezu extremen Ungleichmäßigkeit der Verteilung der Funktionen liegt. Einem Gruppenangehörigen, der u. U. selbst gar nicht mit den zu untersuchenden Gegenständen in Kontakt kommt, wird die Zusammenfassungsaufgabe übertragen; ihm wird auch das höchst sonderbare Recht eingeräumt, andere Gruppenangehörige in irreale Entscheidungssituationen zu versetzen. Einen völlig andersartigen Typus der intellektuellen Gruppenleistung verkörpert z. B. die Diskussion.

Ganz abgesehen davon, daß es nachgerade beschämend ist, wie wenig Gedanken wir uns als Psychologen bisher über die Soziologie der von uns angestellten Experimente gemacht haben, erweisen sich die vorstehenden Überlegungen auch als notwendig zum Verständnis der experimentellen Bemühungen auf dem Gebiete der Gruppendynamik. Das Erkenntnisziel der flexiblen zweckorientierten Gruppe liegt nämlich nun gar nicht mehr außerhalb dieser selbst; die Fragen wenden sich vielmehr reflexiv zur Gruppe zurück, wobei dann die Gruppe, die der Versuchsleiter bildet und beobachtet, als ein Teilganzes der Gruppe anzusehen ist, der er selbst angehört. Man kann auf diese Weise über die Diskussion diskutieren und mit dem Experiment experimentieren und macht damit letztlich das Menschsein dem Menschen verfügbar. Die kategoriale Meisterung dieser sehr eigenartigen Möglichkeit, im FICHTEschen Idealismus angebahnt, findet sich im System A. GEHLENS.

2. Die Wirkungen des Nebeneinander

Die Experimente selbst, von denen zu berichten ist, halten sich auf dem Niveau des naiven Realismus des ‹Man nehme›, ‹Man tue› und ‹Man wird sehen›. Sie beginnen kurz vor der Jahrhundertwende und scheinen durch eine kluge Bemerkung von KARL MARX ausgelöst worden zu sein. Im ersten Band des ‹Kapital› heißt es unter dem Stichwort ‹Kooperation›: ‹Die Summe der mechanischen Kräfte der einzelnen Arbeiter unterscheidet sich von der mechanischen Kraft, welche entsteht, wenn eine Menge von Händen, gleichzeitig und zusammen, an einer und derselben Operation beteiligt sind. Die Tätigkeit, welche sich bei dieser kombinierten Arbeit entwickelt, könnte bei Bemühungen einzelner vereinzelter Arbeiter entweder gar nicht zustande kommen, oder nur in einer viel längeren Zeitperiode, oder nur in einem sehr geringen Umfang. Hier handelt es sich nicht nur um eine Zunahme der individuellen Produktionskraft mittels der Kooperation, sondern um das Erzeugen einer speziellen produktiven Kraft der Masse ... Abgesehen von der neuen Kraftpotenz, die aus der Verschmelzung vieler Kräfte in der Gesamtkraft entspringt, erzeugt bei den meisten produktiven Arbeiten der bloße gesellschaftliche Kontakt einen Wetteifer und eine Erregung der Lebensgeister (*animal spirits*), welche die individuelle Leistungsfähigkeit der einzelnen erhöhen, so daß ein Dutzend Personen zusammen in einem gleichzeitigen Arbeitstag von 144 Stunden ein viel größeres Gesamtprodukt liefern als 12 vereinzelte Arbeiter, von denen jeder 12 Stunden, oder als 1 Arbeiter, der 12 Tage nacheinander arbeitet. Dies rührt daher, daß der Mensch von Natur, wenn nicht wie ARISTOTELES meint, ein politisches, jedenfalls ein gesellschaftliches Tier ist

... Es handelt sich hier nicht um Erhöhung der individuellen Produktivkraft durch die Kooperation, sondern um die Schöpfung einer Produktivkraft, die an und für sich Massenkraft sein muß.›

Wie steht es also um die Schöpfung dieser Produktivkraft? Zunächst ergeben sich drei einander nicht notwendig ausschließende Möglichkeiten: Die Leistungserhöhung könnte darauf zurückgehen, daß der einzelne Arbeiter die übrigen als Zuschauer auffaßt, deren Kritik er sich nicht aussetzen möchte. Zweitens ließe sich an ein Konkurrenzverhältnis zwischen den Arbeitenden denken und drittens an einen zusätzlichen Schaffensimpuls stimmungsmäßiger Art, etwa an ein Geborgensein im einheitlichen Geschehensstrom. In diesem letzten Sinne faßt z. B. MOEDE in seinem Buch – das leider in der deutschen Psychologie für lange Zeit ohne rechte Nachfolge blieb – ‹Experimentelle Massenpsychologie› (1920) das ‹Mitbewegen› als das Wesen des ‹kollektiven Grundtriebes› auf. MOEDES Untersuchungen, die um 1913 begannen, scheinen durch die Vermittlung H. MÜNSTERBERGS, der um diese Zeit an der Harvard-Universität lehrte, das Arbeitsprogramm F. H. ALLPORTS angeregt zu haben, das seinerseits zum Vorbild für zahlreiche amerikanische Experimente wurde. Von ALLPORT stammt auch der Ausdruck der ‹sozialen Erleichterung›; seinen Experimentalbefunden entspräche allerdings die Vorstellung einer teilweisen ‹sozialen Enthemmung› besser – mehrere Vpn nebeneinander (nicht miteinander!) arbeiten zwar schneller, jedoch weniger genau. Diese Interpretation scheint namentlich im Falle des Experiments angebracht, in dem ALLPORT die auffälligste soziale Leistungssteigerung beobachtete, nämlich hinsichtlich der Quantität beim freien Assoziieren. Seine Vpn (Studenten) erhielten liniierte Blätter, auf denen sie ohne Auswahl Wörter niederzuschreiben hatten, die ihnen in den Sinn kamen. Mehr als 90 Prozent der Vpn (14 von im ganzen 15) produzierten im Zusammen-Versuch mehr als im Allein-Versuch. Bestätigt wurden diese Ergebnisse durch die Untersuchungen von R. B. ZAJONC (1965 und 1966), in denen davon ausgegangen wurde, daß das soziale Nebeneinander eine Steigerung des Erregungszustandes (*‹arousal›*) der einzelnen Personen mit sich bringt. Es hängt dann im wesentlichen vom Schwierigkeitsgrad der gestellten Aufgaben ab, ob ein Mehr an Erregung auch zu besseren Leistungen führt. Namentlich bei Aufgaben, die einer bestimmten Vp schwerfallen, wird man in einer Situation gesteigerter Erregung eher mit einer Leistungsverschlechterung zu rechnen haben. In diesem Sinne läßt sich eine interessante Wiederholung des ALLPORTschen Versuches durch L. E. TRAVIS (1928) verstehen, dessen Vpn zwar ebenfalls Studenten waren, diesmal aber Stotterer, von denen 80 Prozent (8 von im ganzen 10) im Allein-Versuch flotter assoziierten. Dieser Befund entspricht der häufig anzustellenden Beobachtung, daß Stotterer für sich allein ziemlich ungestört zu sprechen vermögen. Eine Situation, die auf manche Versuchspersonen enthemmend wirkt, kann somit auf andere einen hemmungssteigernden Einfluß haben.

Als erster scheint TRIPLETT (1897) Individualleistung und die Leistung des Individuums in der Gruppe miteinander verglichen zu haben. Die Aufgabe, die er zehn- bis zwölfjährigen Kindern stellte, bestand im Aufrollen von Angelschnüren. Im Beisein anderer übertrafen dabei zwanzig von den vierzig Vpn ihre eigene Allein-Geschwindigkeit, zehn blieben hinter dieser zurück, und bei zehn Kindern zeigte sich kein Unterschied. TRIPLETTS Schlußfolgerung lautete dahin, daß ‹die körperliche Gegenwart von Konkurrenten latente Energien frei werden läßt, die ansonsten nicht zur Verfügung stehen›. Die früheste deutsche Untersuchung zu dem Thema stammt von A. MAYER (1903), der die schulischen Leistungen von Kindern (Rechnen, Auswendiglernen usw.) in den beiden Arbeitssituationen (allein und nebeneinander) verglich.

Der Wettstreit

Eine Differenzierung hinsichtlich der vorhin aufgezählten Möglichkeiten gestatten diese Versuchsanordnungen nicht, da die Gemeinschaftssituation den Anreiz zur Rivalität auch dann beinhaltet, wenn den Vpn in der Instruktion ausdrücklich nahegelegt wird, nicht miteinander zu konkurrieren. Sofern sich aber ein Faktor im Experiment nicht ausschalten läßt, kann man wenigstens versuchen, ihn durch Verstärkung herauszuheben. Diesen methodisch sauberen Gedanken hat J. F. DASHIELL (1930) zur Geltung gebracht. Seine Vpn (93 Studenten) arbeiteten unter vier verschiedenen Bedingungen: (a) allein, (b) nebeneinander in Gruppen von je 15 Mann (mit der wiederholten Aufforderung, nicht wettzueifern), (c) nebeneinander in ausdrücklicher Konkurrenzeinstellung und (d) allein, aber jeweils unter der Aufsicht zweier Studenten. Die Verrechnung der Resultate DASHIELLS erfolgt so, daß von jeder der vier Situationen angegeben wird, wie viele Vpn in dieser ihre beste (4), zweitbeste (3), drittbeste (2) und schlechteste (1) Leistung erzielten. Dabei ergibt sich leider ein recht unübersichtliches Bild, das ich durch die Einführung der in Klammern beigefügten Gewichtszahlen vereinfacht habe. Bei der ALLPORTschen Aufgabe der Kettenassoziation erzielten z. B. in der Allein-Situation 7 Vpn ihre beste Leistung, 20 ihre zweitbeste, 41 ihre drittbeste und 25 ihre schlechteste. Die Durchschnittsleistung (M) in dieser Situation errechnet sich nunmehr zu:

$$M = \frac{(7 \cdot 4) + (20 \cdot 3) + (41 \cdot 2) + (25 \cdot 1)}{7 + 20 + 41 + 25} = \frac{195}{93} = 2{,}1.$$

Dieser Wert ist mit dem allgemeinen Mittel von 2,5 zu vergleichen; er besagt somit, daß die Allein-Situation auf die Leistungsfähigkeit der Vpn einen leicht hemmenden Einfluß hat. Aus Zeile 3 der Tabelle 4 läßt sich die geschwindigkeitssteigernde Wirkung der Beobachtungssituation (M = 3,3) erkennen. Die Tabelle stellt einander vier Versuchssituationen, drei verschiedene Aufgaben (zweistellige Multiplikationen, sprachliche Analogien vom Typus ‹Fuß: Schuh = Kopf: X› – z. B. Hut – und freie Kettenassoziationen) und zwei Beurteilungsgesichtspunkte (Geschwindigkeit und Richtigkeit der Leistung) gegenüber. Die letzte Spalte (‹Spanne›) gibt die Differenz zwischen den jeweils höchsten und jeweils niedrigsten situationsspezifischen Leistungen. Dabei erweist sich die Geschwindigkeit der Leistung in weit höherem Maß als von der Versuchsanordnung abhängig (größere Spannweite!) als deren Richtigkeit. Die Situationsanregung betrifft mit anderen Worten mehr den Ablauf als den Inhalt. Je strenger inhalts-determiniert eine Leistung ist, wie z. B. die Multiplikation mit nur einem einzigen richtigen Resultat, um so geringer ist der Situationseinfluß. Die am wenigsten richtigkeits-gebundene Leistung, das Assoziieren, zeigt hingegen die stärkste Situationsabhängigkeit (hinsichtlich der Geschwindigkeit bzw. der Menge der in der Zeiteinheit produzierten Einfälle). Am stärksten antreibend wirkt die Beobachtungssituation, am wenigsten die des konkurrenzlosen Nebeneinander. Offenbar verkörpern diese vier Situationen spezifische Ansprüche, die Vpn an ihre eigene Tätigkeit stellen, wobei Konkurrenz und Beobachtung die Arbeitsgeschwindigkeit auf Kosten der Sorgfalt und Richtigkeit der Arbeit steigern.

Beurteilungs-Gesichtspunkte	Aufgabe	Situation				Spanne
		Allein	Nebeneinander ohne Konkurrenz	Nebeneinander mit Konkurrenz	Vor Beobachtern	
Geschwindigkeit	Multiplikation	2,1	2,0	2,7	3,0	1,0
	Analogien	2,3	1,9	2,6	3,2	1,3
	Kettenassoziation	2,1	1,8	2,8	3,3	1,5
	Zusammen	2,2	1,9	2,7	3,2	1,3
Richtigkeit	Multiplikation	2,7	2,5	2,5	2,4	0,3
	Analogien	2,6	2,7	2,5	2,2	0,5
	Zusammen	2,7	2,6	2,5	2,3	0,4

Tabelle 4: Die Leistungen von Versuchspersonen in vier verschiedenen Arbeitssituationen (nach DASHIELL; höhere Werte entsprechen besseren Leistungen)

Das DASHIELLsche Experiment entwirrt die durch die älteren Untersuchungen geschaffene Problemlage ganz erheblich; als seinen Hauptertrag darf man wohl die Warnung vor zu allgemeinen Begriffen verbuchen. Der Sachverhalt der ‹sozialen Anregung› ist selbst von sehr komplexer Natur; er empfiehlt sich daher kaum zur Beschreibung von Phänomenen und noch weniger für deren Erklärung.

In einer kleinen Untersuchung mit nur 16 Vpn konnte Dashiell zeigen, daß auch die Kategorie der Allein-Arbeit nicht eindeutig ist. Die Auswirkung dieser Situation auf die Leistung der Vpn hängt nämlich davon ab, ob diese unter dem Eindruck stehen, daß im Nachbarraum andere Vpn sozusagen in einem unsichtbaren Wettkampf mit ihnen arbeiten (Geschwindigkeitssteigerung), oder ob sie Grund dazu haben, sich als wirklich in einem Einzelversuch stehend zu empfinden (Richtigkeitssteigerung auf Kosten des Tempos).

Ursache, Wirkung und Wechselwirkung

Weder Dashiell noch Allport und Moede haben aus ihren Experimenten den uns heute so überaus naheliegenden Schluß gezogen, daß die Situationen des Nebeneinander und des Alleinseins erst auf dem Wege über die Anforderungen, die Versuchspersonen an ihr eigenes Leisten stellen, verhaltensprägend wirken könnten. Die ältere Forschung denkt in einseitigen Ursache-Wirkung-Relationen, während wir uns angewöhnt haben, stets nach gegenseitigen Wirkungen Ausschau zu halten. Damit hängt zusammen, daß wir die Leitbegriffe der Sozialpsychologie des ausgehenden 19. Jahrhunderts, Nachahmung und Suggestion, keineswegs mehr als sonderlich belangvoll empfinden. Angesichts der Frage, warum es in einem bestimmten Fall zur Imitation und zur Annahme einer Suggestion gekommen sei, fühlen wir uns auch mit dem Hinweis auf einen entsprechenden Trieb (den Nachahmungstrieb) oder auf eine bestimmte Veranlagung (die Suggestibilität) recht wenig befriedigt. Beide Verhaltensweisen können nämlich im Dienste sehr verschiedener Absichten stehen; so etwa, wenn Kinder einander durch beharrliches Nachahmen bis zu Wutausbrüchen reizen, oder wenn Erwachsene durch bedingungslose Willigkeit die Autorität eines mißliebigen Vorgesetzten *ad absurdum* führen.

Neben das alte Modell von Einfluß und Beeinflußtem tritt in unserer Analyse die Möglichkeit des Sich-beeinflussen-Lassens und des damit verbundenen Einfluß-Erlangens auf den Beeinflusser. Sehr richtig hat Bion daher vom Verhalten der Mitglieder einer Therapiegruppe gesagt, daß diese eigentlich nur eines nicht tun können, nämlich nichts tun. Auch wo sie sich des Agierens enthalten, leisten sie einen Beitrag zur Entwicklung der Situation. Dies gilt, wie das Phänomen des Schuldigwerdens durch Nichttun bezeugt, von jedem Reziprozitätssystem, d. h. von jeder Gruppe. Als eines der aufschlußreichsten Kriterien für das Bestehen eines solchen Systems kann vielleicht sogar die Verbindlichkeit der Inaktivität gelten. Dieser Satz läßt sich leicht im Hinblick auf die politische Mitverantwortung exemplifizieren. Daß wir die Untätigkeit nicht mehr als eine echte Ruhelage zu denken und übrigens auch nicht zu erleben vermögen, bezeichnet genau den Punkt, an dem die Vorstellungsweisen der älteren Psychologie für uns unannehmbar geworden sind. In ihr galt noch das Beharrungspostulat, demzufolge ein ‹Körper› so lange in Ruhe oder in gleichförmiger Bewegung bleibt, bis Kräfte auf ihn einwirken, ihn sozusagen anstoßen. Das ist das Reiz-Reaktions-Modell, aus dem das Bild der knetbaren Masse stammt. Nur beiläufig sei gefragt, ob die Verbindlichkeit der Inaktivität nicht dem oft beklagten Sachverhalt der Hast und Unrast des Lebens entspricht. Es handelte sich damit abermals um ein Nicht-mehr-Verstehen des eigenen Daseins in Gruppenordnungen.

Die ‹Suggestibilität› der ‹Masse›

Wieviel komplexer wir die Zusammenhänge heute sehen müssen, läßt sich im Anschluß an eines der ältesten ‹massenpsychologischen› Experimente zeigen, das den Vorzug besitzt, leicht wiederholbar zu sein. Es ist ANDERSENS Märchen von den neuen Kleidern des Kaisers, die gar nicht vorhanden waren, nachgebildet. H. CLARK (1916) forderte die Hörer einer Vorlesung auf zu melden, sobald sie den von einem eben geöffneten Fläschchen ausströmenden Geruch wahrnehmen

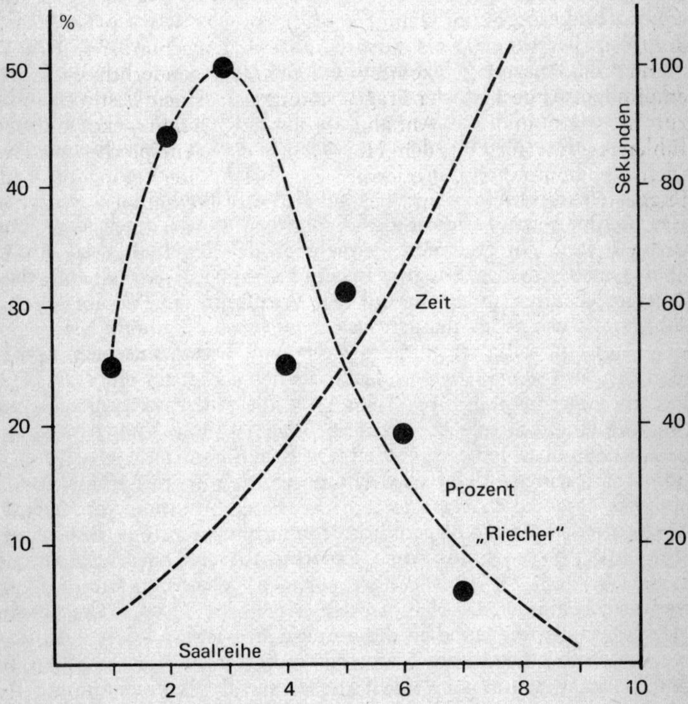

Abb. 9: Die Ausbreitung eines fiktiven Geruches in einem Hörsaal (nach CLARK)

würden. Natürlich handelte es sich um eine geruchlose Flüssigkeit. Trotzdem liefen aus den ersten Reihen des Saales die frühesten Meldungen schon nach 10 Sekunden ein. Abb. 9 zeigt einerseits den Prozentsatz der Hörer in jeder Reihe, die den Geruch wahrzunehmen glaubten, und andererseits die bis zur letzten Meldung aus jeder Reihe verstrichene Zeit. Am Reiz-Reaktions-Modell ist bloß abzulesen, daß 20 % der Vpn (33 von 168 Studenten) der Suggestion unterlagen. Man könnte also daran denken, daß die ‹Suggestibilität› dieser Vpn eine kritische Schranke überschritt. Damit ist aber noch keineswegs erklärt, wieso die Ausbreitung des nicht vorhandenen Geruches dem Diffusionsgesetz genau folgen konnte, derart nämlich, daß die zurückgelegte Strecke der Quadratwurzel der Zeit proportional ist.

Die räumliche Verteilung der ‹Riecher› über die Sitzreihen hinweg läßt erkennen, daß diese sich in einem kritischen Zwiespalt befanden. Am stärksten inklinierte die dritte Reihe zur Annahme der Suggestion (50 %), sehr viel weniger die erste Reihe (25 %) und fast gar nicht die letzten vier Reihen (je 3 %). In der ersten Reihe bestand aber auch die beste Kontrollmöglichkeit, während in den letzten Reihen vermutlich auch ein tatsächlich ausströmender Geruch nicht mehr wahrnehmbar gewesen wäre. Die Hörer in der dritten Reihe standen somit an der Kippe. Sie verhielten sich aber in Ansehung der zahlreichen Behauptungen, die man in einem Hörsaal auf Treu und Glauben hinzunehmen gewohnt ist, gar nicht wirklich unvernünftig. ‹Suggestion› bedeutet hier also bloß die Bereitschaft zur Deutung der in einem mit 168 Personen besetzten Saal stets vorhandenen Düfte im Sinne einer Anregung.

Anstelle des fiktiven Geruchs hat sich selbstverständlich auch nicht das magnetische Fluidum der Experimentatorin durch den Raum ausgebreitet. Wir erkennen vielmehr an der Regelhaftigkeit des Ablaufes, daß sich das Ereignis in einer Gruppe abgespielt hat, deren Mitglieder aufeinander und auf den ‹Anführer› am Podium sehr fein eingestellt waren. Es handelt sich daher weder um eine Masse noch auch um ein völlig irrationales Verhalten. Die getäuschten Vpn benahmen sich gemäß den ungeschriebenen Gesetzen einer zielorientierten Experimentalgruppe, wobei sie die stillschweigende Voraussetzung einer echten Reziprozität zwischen Vl und Vp machten.

Als ich selbst vor einiger Zeit das Experiment mit ‹positivem› Erfolg (31 % Suggestible) wiederholte, wurde mir im nachhinein klar, daß ich es gewesen war, der sich in dieser Situation vorbeibenommen hatte. In diesem Augenblick begann mir allerdings die Gruppendynamik des psychologischen Experimentierens einsichtig zu werden. Was sich im Täuschungsexperiment als ‹Suggestibilität› präsentiert, bekundet das Maß, in dem sich jedes einzelne Gefolgsglied der Experimentalgruppe an diese und damit auch an deren Anführer gebunden hat. Die in der Gruppensituation gesteigerte ‹Suggestibilität› trifft aber nun auch nicht mehr eine der Enthemmung fähige Neigung des Einzelindividuums, sondern einen echten Sachverhalt des Miteinander. Die den Geruch nicht wahrnehmenden Vpn in den letzten Reihen leisteten eben dadurch einen aktiven Beitrag zum Zustandekommen der Illusion; durch ihr Schweigen wurde nämlich die geringe Intensität des vermeintlichen Geruches definiert.

Zweckmäßiger als das Denkmodell der einfachen Kausation (Ursache : Wirkung, Beeinflusser : Beeinflußte, gestaltende Potenz : Masse) ist wohl das Feldmodell, das auch in der Physik (mit FARADAY und MAXWELL) vielfach an die Stelle ‹mechanistischer› Vorstellungsweisen getreten ist (EINSTEIN und INFELD)[2]. Das ‹Feld› beschreibt die Verteilung eines Zustandes in einem Kontinuum, derart, daß sich für jeden Punkt (z. B. jede Vp) in einem solchen Kontinuum (z. B. in einer Gruppe) angeben läßt, mit welcher Wahrscheinlichkeit er ein gewisses Verhalten zeigen wird. In diesem Sinne sprechen K. LEWIN und K. S. SODHI von einem ‹sozialen Kraftfeld›, in dessen Bereich die Urteilsbildung von Einzelwesen gewisse Besonderheiten zeigt. Damit wird dem Phänomen der Reziprozität und der Verbindlichkeit der Inaktivität Rechnung getragen. Mit W. KÖHLER hat sich auch die sog. Gestaltpsychologie[3] dieses Modell zu eigen gemacht. Sie übersieht dabei aber geflissentlich, daß die bloße Rede von einem Feld nicht mehr taugt als die Messungen, mit deren Hilfe dieses charakterisiert wird, wobei diese Messungen selbst sich im Prinzip nicht von den für die Rekonstruktion eines mechanischen Modells erforderlichen unterscheiden. Für die Psychologie gilt daher, daß der Feldbegriff erst dann wirklich fruchtbar werden kann, wenn die Probleme der Messung einigermaßen bereinigt sind. Die grundsätzliche Abneigung zahlreicher Fachvertreter gegen Zählung und Messung in der Psychologie trägt nur wenig zur Schaffung dieser Voraussetzung bei.

3. Das Miteinander wird sichtbar

Das CLARKsche Experiment leitet uns bei sorgfältiger Analyse von den älteren Versuchsanordnungen, in denen es um künstliche Nebeneinander-Situationen ging, zu den sehr viel aufschlußreicheren Situationen des Miteinander. Dabei bleibt noch fraglich, ob das Nebeneinander, das die Versuchsleiter zu schaffen beabsichtigten, überhaupt jemals realisiert wurde. Wahrscheinlich beziehen sich die einzelnen Mitglieder stets in differentieller Weise auf ihre Partner, auch wenn keine sprachliche Kommunikation erfolgt.

Das Sherifsche Experiment

Eine sehr hübsche Versuchsanordnung, mit deren Hilfe sich das Entstehen eines Miteinander verfolgen läßt, ist dem türkischen, jetzt in

2 Vgl. rde Bd. 12, A. EINSTEIN und L. INFELD, Die Evolution der Physik, vor allem S. 86 ff, 98 ff, 161 ff. (Anm. d. Red.)

3 Vgl. rde Bd. 17, H. J. EYSENCK, Wege und Abwege der Psychologie, S. 179 f. (Anm. d. Red.)

den Vereinigten Staaten wirkenden Psychologen M. Sherif zu danken[4]. Er verwendet das schon seit langer Zeit bekannte sog. autokinetische Phänomen, bei dem in einem völlig verdunkelten Raum ein sehr kleiner und intensitätsschwacher Lichtpunkt für kurze Zeit dargeboten wird. Da auch bei fester Fixation unsere Augenachsen niemals ganz ruhig bleiben (Nystagmus), scheint sich der Lichtpunkt, der objektiv fest steht, zu bewegen. Die Vpn besitzen in diesem Fall auch nicht die Möglichkeit, den subjektiven Charakter dieser Bewegungserscheinung zu erkennen, da es dazu eines festen Bezugssystems bedürfte. Ist außerdem die Entfernung des Lichtpunktes unbe-

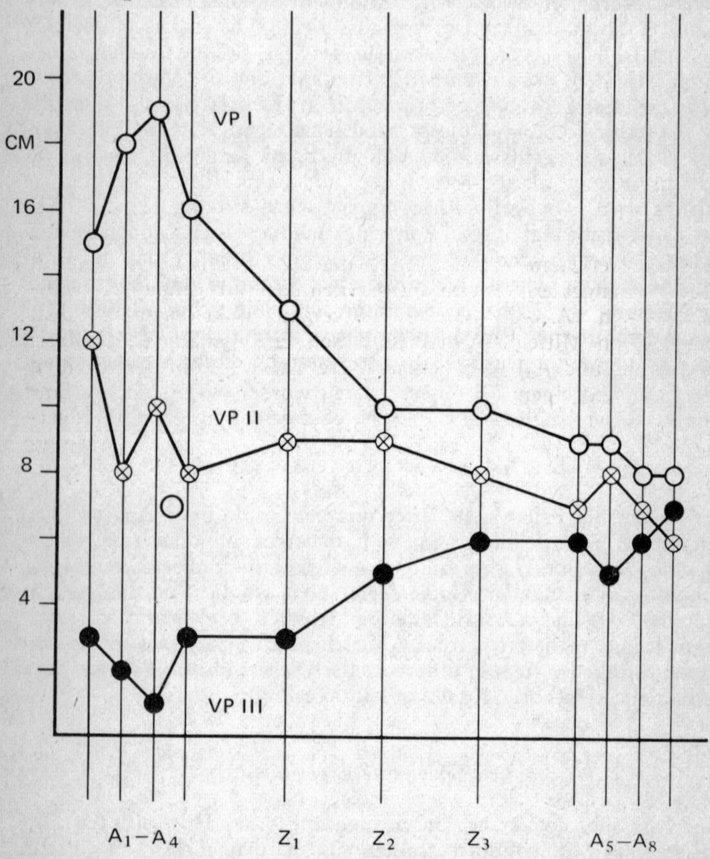

Abb. 10: Die Konvergenz der Schätzungen beim autokinetischen Phänomen

4 Vgl. rde Bd. 30, J. A. C. Brown, Psychologie der industriellen Leistung, S. 113. (Anm. d. Red.)

kannt (der Projektor befindet sich hinter einem Schirm, der erst nach Verdunkelung weggezogen wird), so fällt die Schätzung der scheinbaren Bewegungsweite des Punktes überaus schwer.

Abb. 10 zeigt die von 3 Vpn in einem eigenen Experiment des Verfassers gelieferten Schätzungen. Zunächst wurden mit jeder Vp vier Einzelversuche (A_1 – A_4) durchgeführt, sodann drei Gruppenversuche (Z_1 – Z_3), in denen jede Vp ihre Schätzung ausrief, und schließlich abermals vier Einzelversuche (A_5 – A_8). Die Ordinate gibt die Schätzungsbeträge in Zentimetern. Die zu einer Gruppe zusammengefaßten Vpn wurden im Hinblick auf einen möglichst großen Unterschied zwischen ihren Alleinschätzungen (A_1 – A_4) ausgewählt. Zwischen der ersten Gruppe der Alleinschätzungen, den drei Zusammenschätzungen und der zweiten Gruppe der Alleinschätzungen lag jeweils ein Spanne von 30 Minuten, während deren die Vpn im Sinne einer Konkurrenz dreistellige Zahlen miteinander multiplizierten. Dies hatte einmal den Zweck, eine Diskussion zu verhindern, zum andern sollten dadurch die geschätzten Zahlenwerte nach Möglichkeit verwischt werden.

In Übereinstimmung mit den Befunden Sherifs zeigt sich in diesem Experiment eine deutliche Konvergenz der Schätzungen während der drei Gemeinschaftssituationen (Z_1 – Z_3). Das Resultat dieses Vorganges erhielt sich auch in den darauffolgenden vier Einzelsituationen (A_5 – A_8). Der Konvergenzpunkt entsprach dem geometrischen Mittel der ursprünglichen Einzelschätzungen (Kreis zwischen A_2 und A_3) sehr genau. Diese Tatsache, um derentwillen das Experiment eigentlich unternommen worden war, steht im Einklang mit gewissen theoretischen Überlegungen bezüglich des Schwerpunktes von Vergleichsreihen (Theorie des Adaptionsniveaus von Helson und Johnson). Aus ihr erklärt sich die in ähnlichen Versuchen, z. B. meines Schülers S. Goldberg, bemerkte Erscheinung, daß das Ausmaß des Konvergenzverhaltens um so größer ist, je weiter die unbeeinflußten Urteile einer Vp vom Gruppenmittel abliegen. Tatsächlich hat sich ja auch im vorliegenden Fall Vp I mehr als doppelt so weit von ihrer ursprünglichen Schätzung wegbewegt (von 17 auf 8,5 cm) als Vp III (von 2,2 auf 6,0 cm).

Im Sherifschen Experiment handelt es sich um eine besonders einfache Form des Miteinander. Die Vpn diskutierten ihre Aufgabe zwar nicht miteinander, sie beeinflussen sich aber gegenseitig durch die ausgerufenen Schätzungen. Auf diese Weise geben sie einander gegenseitig Anhaltspunkte in einer an sich sehr unbestimmten Situation. Im Endeffekt einigen sie sich – ohne direkte Verabredung – bezüglich eines Sachverhaltes (der Bewegungsweite des Lichtpunktes), der als objektive Gegebenheit gar nicht besteht. Der Punkt bleibt unbeweglich. Hier wird somit innerhalb einer sehr kleinen Gruppe eine Behauptung über die Konstitution der gemeinsamen Umwelt formuliert, die unbeschadet ihrer Falschheit eine gewisse Verbindlichkeit besitzt. Die Gruppe trägt, wie man auch sagen könnte, eine neue Ordnungstatsache in das Bild ihrer Welt.

In einer echten, nicht durch Versuchsvorschriften so weit eingegrenzten Situation würden die Vpn freilich sehr bald herausgefunden haben, daß sich der Punkt wohl überhaupt nicht bewegt. Es hätte dazu nur der Erlaubnis bedurft, außer der Bewegungsweite auch die Bewegungsrichtung zu nennen. Dabei ist zu erwarten, daß die von einer Vp wahrgenommene Bewegung (z. B.: geradlinig nach rechtsoben) unvereinbar ist mit der von einer anderen Vp gesehenen Bewegung (z. B.: kreisförmig). Läßt man über diese unterschiedlichen Beobachtungen eine Diskussion zu, dann ist deren Resultat in den meisten Fällen – wie eigene Versuche des Verf. gezeigt haben – eine Einigung auf den wahren Sachverhalt, daß nämlich der Punkt stillsteht.

Die Erinnerung daran, wie entzückend harmlos der Hergang der Dinge im Experiment ist, dürfte kaum erforderlich sein. Offenbar stand für die Vpn gar nichts auf dem Spiele; sie hätten also, so sollte man denken, bei ihren weit auseinanderklaffenden Anfangsschätzungen bleiben können. Daß sie dies nicht taten, verlangt eine Erklärung. Um diese zu finden, müssen wir auf eine bisher noch nicht erörterte Eigenheit des Versuchsergebnisses zurückgreifen. Wie kommt es nämlich, daß sich im wiederholten Einzelversuch (A_1 – A_4) die Schätzungen jeder einzelnen Vp innerhalb sehr enger Grenzen (15–19 cm, 8–12 cm, 1–3 cm) halten? Warum verteilen sie sich nicht über die ganze Skala von 1–19 cm und eventuell noch darüber hinaus? Selbst in der Illusion herrscht eine gewisse Ordnung. Ohne daß sie sich dessen eigentlich bewußt werden, haben die Vpn – jede für sich – ein unbestimmt fluktuierendes Erlebnis normiert. Der Punkt benimmt sich nunmehr, sozusagen, in verläßlicher Weise. Damit ist diese neue Situation einigermaßen bewältigt. Das ist an sich nicht besonders wichtig, jedoch spiegelt sich darin unser immerwährender Anspruch auf eine geordnete Umwelt. In der ersten Gemeinschaftssituation (Z_1) erweisen sich diese individuellen Ordnungen nun freilich als sehr zweifelhaft. Von hier aus verläuft die Entwicklung aber in Richtung auf eine neue Ordnung, die darum besonders verläßlich ist, weil sie von mehreren geteilt wird. Die Konvergenz entspricht demnach einem Vorgang, den der typisch menschliche Anspruch auf eine geordnete Umwelt motiviert. In der ersten Gemeinschaftssituation findet eine Konfrontation statt, auf Grund deren sich zumindest bei den beiden extrem voneinander abweichenden Vpn (I und III) das bedrückende Gefühl eines möglichen Irrtums einstellt. Man reduziert dieses, da das eigene Urteil ohnedies nicht sonderlich fest verankert ist, durch eine schrittweise Annäherung.

Im Augenblick könnte man in diesem Zusammenhang auch an das Problem der ‹richtigen› Rocklänge denken, mit dem sich viele Frauen gelegentlich eines drastischen Modewechsels auseinanderzusetzen haben. Wer ‹Mini› trägt und plötzlich sehr viel ‹Maxi› sieht, paßt sich allmählich an. In Einzelfällen mag es allerdings zu Protesthaltungen, d. h. zu einer weiteren Verkürzung der Rocklänge, kommen. Die Entwicklung ist z. Z. (Herbst 1970) zum großen Leidwesen der Modesalons noch nicht ganz zu übersehen, aber auf Grund des Versuches mit dem autokinetischen Effekt dürfte man wohl voraussagen, daß sich die generelle Mode im Mittelbereich, vielleicht recht genau beim geometrischen Mittel – das wäre dann wohl ‹Midi› –, einpendeln wird. Zu fragen bliebe, ob nicht die prachtvolle Haartracht unserer stilbewußten Männlichkeit – gewiß ohne dies zu beabsichtigen – den Anstoß zur modischen Regression der Damenwelt gegeben hat. Auch das wäre eine Form der Konvergenz von Bestimmungsleistungen; man trifft sich anno 1870. An dieser Stelle unserer Überlegungen stört uns die spielerische Harmlosigkeit des Experiments kaum mehr, da jetzt ein Schluß auf ein ähnliches Gehaben in belangvolleren Situationen möglich wird.

In seiner ‹Methodologie der Sozialwissenschaften› (rde Bd. 339/40/41) beurteilt K. D. Opp (1970) den Bericht über das Verhalten mehrerer Personen beim autokinetischen Phänomen als verhältnismäßig arm an Informationsgehalt. Der Autor übersieht dabei freilich, daß es nicht nur genaue Wiederholungen (Replikationen) des Versuches, sondern auch Variationen (z. B. der Anzahl der Vpn und der Anzahl der Situationen) gibt, die zu übereinstimmenden Ergebnissen geführt haben. Außerdem kennen wir eine Reihe anderer Versuchsanordnungen, in denen sich ebenfalls ein ganz erheblicher Konformitätsdruck gezeigt hat. Am bekanntesten ist ein von S. E. Asch (1952) stammendes Experiment, in dem es darum ging, von drei Linien (a, b und c auf der rechten Seite von Abbildung 11) diejenige auszuwählen, deren Länge der Linie X (auf der linken Seite der Abbildung) entspricht.

X

Fehler	VPn	
	allein	beeinflußt
0	35	13
1–3	2	15
4–6	–	8
7–9	–	10
10–12	–	4
n	37	50
Anzahl	3	192
Mittel	0,08	3,84

a b c

Abb. 11: Konformitäts-Verhalten in einer Versuchsanordnung von S. E. Asch

Die Unterscheidbarkeit der Vergleichslinien wird dabei so gewählt, daß im Normalfall, d. h. wenn Vpn allein mit der Aufgabe befaßt werden, nur sehr wenige Fehler (im Mittel 0,08 bei 12 kritischen Versuchen mit verschiedenen Linien) vorkommen. Stellt man eine einzelne ‹naive› Vp mehreren instruierten Vpn gegenüber, die einstimmig bei 18 Versuchen 12mal falsche Antworten geben – z. B. also die Linie b an Stelle der Linie c der Linie X zuordnen –, dann steigt die Fehlerzahl im Mittel auf 3,8. Die naiven Vpn machen sich unrichtige Urteile zu eigen und rationalisieren diese manchmal mit dem Hinweis, daß sich die Linien auf der rechten Seite vielleicht nicht im gleichen Abstand vom Betrachter befinden. Offenbar ist auch in dieser recht belanglosen Situation die Bewahrung einer antikonformistischen Haltung nicht ganz leicht. Man könnte ja in der Tat unrecht haben...

Wie Asch zeigen konnte, muß die Majorität der zu falschen Urteilen instruierten Vpn gar nicht besonders groß sein; der mittlere Fehler steigt von 0,08 in der Allein-Situation auf 0,33 beim Paar (eine naive gegenüber einer instruierten Vp), auf 1,5 in der Triade (eine naive Vp gegenüber zwei instruierten Vpn) und erreicht bereits in der Vierergruppe (mit drei instruierten Vpn) den Maximalbetrag von 4,0. In diesem Fall produzieren die naiven Vpn – College-Studenten, *nota bene* – im Schnitt 33 Prozent Fehler und 67 Prozent richtige Urteile.

Eine interessante Ausweitung des Experiments von Asch hat R. S. Crutchfield (1955, 1962) beschrieben. Gefordert wird dabei die Beantwortung von Einstellungs- und Wissens-Fragen, bei denen jeder Vp die angeblichen Antworten von vier anderen Vpn durch Lichtsignale auf einer Anzeigetafel zur Kenntnis gebracht werden. Bei 21 kritischen Urteilen brachten es von 50 Offizieren einzelne bis auf 17 Fehler; das Mittel lag bei 7,6 Fehlern (d. h. bei 36 Prozent majoritätskonformen, aber falschen Antworten). Man weiß inzwischen (F. Barron, 1969), daß in ihrem Denken sehr eigenständige, sog. ‹kreative› Personen am wenigsten dazu neigen, dem Konformitätsdruck nachzugeben; der Fehlerprozentsatz liegt bei ihnen (d. h. bei in der Forschung bewährten Wissenschaftlern) bei etwa 14 Prozent.

Die Zwangslage, in die man bei solchen Experimenten gerät, erinnert an eine recht hinterhältige Praxis des Alltags. Ich meine den Fall, wo innerhalb eines sozialen Gebildes – z. B. einer Hausgemeinschaft – Spendenlisten umgehen, in die jeder seine Gabe einzutragen hat. Als günstig erweist es sich dabei, mit Personen zu beginnen, von denen verhältnismäßig hohe Beiträge zu erwarten sind.

Die Normierung von Sachverhalten

Wir halten kurz inne, um einen Grundgedanken der Gehlenschen Anthropologie einzufügen: Der Mensch als das nur minimal durch Instinkte in seiner Welt festgelegte Wesen schafft sich seinen eigenen Halt in dieser durch die Normierung von Tatbeständen. Zum Teil vermag er die Richtigkeit der vorgenommenen Setzungen am Erfolg seines eigenen Agierens zu ermessen. Auf diese Weise überzeugen wir uns z. B. von der Gleichheit zweier Strecken, deren eine vor uns vertikal steht, während die andere horizontal verläuft. Ohne eine handlungsmäßige Kontrolle würden wir – einer bekannten optischen Täuschung folgend – die vertikale Länge überschätzen. Es gibt nun aber sehr viele Fälle der Urteilsbildung, in denen uns die Möglichkeit der aktiven Kontrolle nicht zu Gebote steht. Wie sollte man z. B. herausfinden können, ob junge Männer mit 17, 18 oder erst mit 24 Jahren ‹erwachsen› werden oder ob die Heirat zwischen Blutsverwandten vierten Grades bedenklich ist oder nicht? Vielleicht könnte man die Entscheidung überhaupt vermeiden und sich auf das sokratische Bekenntnis des Nichtwissens zurückziehen, wobei man allerdings teilweise auf die Fiktion des Lebens in einer geordneten Welt zu verzichten hätte. Viel wahrscheinlicher ist eine ihrem Wesen nach durchaus produktive Gruppenleistung, durch die der pragmatischen Bestätigung entzogene Sachverhalte eine normative Fixierung erhalten. Wir verankern uns als soziale Wesen durch gegenseitige Abstimmung unserer Urteile in der Welt. Meistens tun wir noch ein übriges, um die getroffene Festsetzung zu sichern, wir statten diese nämlich mit dem Prädikat der ‹Selbstverständlichkeit› aus.

Betrachtet man das Laboratoriumsexperiment unter einem gewaltigen Vergrößerungsglas, so zeigen sich in ihm die Ansätze zu einer normativen Regelung an sich unbestimmter Sachverhalte. Mehr läßt sich nicht erwarten. Das Experiment besitzt jedoch auch seinen eigenen Wert, indem es eine Möglichkeit aufweist, die sich für die Kulturanalyse nutzbar machen läßt. Die gegenseitige Abstimmung der Urteile unserer drei Vpn erfolgte ohne Zwang und ohne direkte Verabredung einfach dadurch, daß jeder der drei Partner die drei verschiedenen Meinungen als gleichberechtigt akzeptierte und miteinander vereinigte. Daß diese Kombinationsleistung nicht auf explizitem Wege, rechnerisch, erfolgte, kann bei der Kürze der zur Verfügung stehenden Zeit als sicher gelten. Die nachträgliche Befragung der Vpn ergab für diese Vermutung auch keinerlei Anhaltspunkte. Außerdem erfolgte die Urteilskombination ja nicht nach dem Schema der einfachen Bildung eines arithmetischen Durchschnitts

$$(AM = \frac{a + b + c}{3}),$$

sondern nach dem rechnerisch sehr viel umständlicheren des geometrischen Mittels ($GM = \sqrt[3]{a \cdot b \cdot c}$). Für diese Behauptung ist eine einzige Gruppe natürlich nicht beweiskräftig; die an 15 Gruppen von je drei Personen gewonnenen Resultate sprechen aber sehr stark zugunsten dieser Annahme, die sich auch darauf berufen kann, daß die freie Schätzung der Mitte zwischen zwei quantitativ verschiedenen Reizen sehr oft – wie dies übrigens auch dem FECHNERschen Gesetz der Psychophysik[5] entspricht – auf das geometrische Mittel führt. Der subjektive Mittelwert zwischen zwei Lichtquellen mit einerseits 10 und andererseits 1000 Kerzenstärken liegt z. B. nicht bei 500, sondern bei 100 Kerzenstärken.

Der etwas fachwissenschaftlich geratenen Argumentation kurzer Sinn ist jedenfalls, daß wir eine gewaltlose und nahezu spontane Urteilsvereinigung in der Gruppe für möglich halten. Damit lassen wir

5 Vgl. EYSENCK, a. a. O., S. 178. (Anm. d. Red.)

aber das Denkmodell des ‹Knetens›, der Suggestion und der Nachahmung weit hinter uns. Hinzuzufügen ist nunmehr bloß, daß sich verschiedene Gruppen auf durchaus verschiedene Endwerte einigen können. Diese Konsequenz ergibt sich aus der Abhängigkeit des Endwertes der Schätzungen vom geometrischen Mittel der Anfangswerte.

Leistungen vom Typus des Bestimmens

Als von der ‹Erfindung der Gruppe› die Rede war, stützten wir uns auf zwei erfahrbare Formen des Gruppenvorteils, die näherungsweise Addition der physischen Kräfte bei Leistungen vom Typus des Tragens und Hebens und den Fehlerausgleich bei Leistungen vom Typus des Suchens. Neben diese beiden tritt jetzt eine dritte Vorteilskategorie hinsichtlich der Leistungen vom Typus des Bestimmens. Wo die Suche nicht zu einer Stabilisierung der Gegebenheiten führt – in Situationen also, von denen das Wort *‹quot homines, tot sententiae›* gilt –, vermag die Gruppe eine Lage definitorisch zu fixieren.

Ich neige zu der Auffassung, daß diese dritte Art des Gruppenvorteils von fundamentalerer Natur ist als die beiden anderen, da diese kaum zur Geltung kommen könnten, wenn die Problemlage nicht schon durch die Gruppe in einem Bestimmungsakt fixiert worden wäre. Dies läßt sich an dem hypothetischen Fall veranschaulichen, daß die sieben Vpn des Figurenexperiments zwischen verschiedenen Möglichkeiten der Stellungnahme zu ihrem Problem zu wählen gehabt hätten. Als Alternativen hätten etwa die folgenden in Frage kommen können:

1. Akzeptierung der vom angesehensten Gruppenmitglied gelieferten Rangordnung.
2. Eine Losentscheidung darüber, wessen Rangordnung akzeptiert werden soll.
3. Zurückweisung der Aufgabe in dem Sinne, daß alle 10 Figuren für größengleich gehalten werden.
4. Erstellung einer gemeinsamen Rangreihe auf Grund der durchschnittlichen Rangordnung sämtlicher Partner (optimale Strategie).
5. Bildung eines Komitees von drei Personen, die sich auf eine dann von der Gruppe zu akzeptierende Rangordnung einigen sollen.

Angesichts dieser Alternativen hätte es nun in den Überlegungen der Gruppe zu einer Konvergenz kommen können, die dem Vorgang im Sherifschen Experiment prinzipiell nicht unähnlich gewesen wäre. Allerdings ließe sich der Ablauf in diesem Falle nicht so leicht veranschaulichen, da die Ordnung der aufgezählten fünf Alternativen in einer Dimension (entsprechend den Längenschätzungen in Zentimetern) auf Schwierigkeiten stößt.

Sehr viel einfacher liegen die Dinge in der folgenden Situation: Nach dem Stücklohn bezahlte Arbeiter schaffen nebeneinander. Den zwischen ihnen bestehenden Unterschieden des persönlichen Tempos, der Geschicklichkeit und des Fleißes entsprechend produzieren sie in der gleichen Arbeitszeit ungleich viel. Eine allgemeine Erfahrung geht aber nun dahin, daß sich in einer solchen Gruppe sehr bald eine Norm einstellt, auf die hin die produktiven Leistungen der Mitglieder konvergieren (ROETHLISBERGER und DICKSON, COLLINS u. a., HARRELL), wobei es auch in der Regel nicht an sehr deutlichen und manchmal handgreiflichen Ermahnungen fehlt, durch die der ‹übernormal› Schaffende gebremst und der ‹Faulpelz› angespornt wird. Normen dieser Art bezeichnen aber oftmals nicht die in der Tat ‹normale› Leistungsfähigkeit des Durchschnittsarbeiters; sie müssen vielmehr als gruppenspezifische Bestimmungen angesichts objektiv nicht mit Sicherheit zu entscheidender Sachverhalte aufgefaßt werden. Bis zu einem gewissen Grade läßt sich sogar voraussagen, wo die entsprechende Norm in der Gruppe liegen wird, sofern man nur die individuellen Leistungen der Gruppenmitglieder kennt. Die Regel vom geometrischen Mittel, das jeweils kleiner ist als das arithmetische Mittel derselben Beträge, erweist sich auch hier als verwendbar.

An einer großen Anzahl von Arbeitsgruppen in Fabriken konnte S. SEASHORE (1954) zeigen, daß in Gruppen mit starkem inneren Zusammenhalt (‹Kohäsion›) die Arbeitsleistungen der einzelnen Mitglieder ziemlich nahe beieinander liegen. Die Gruppen sind daher unter dem Leistungsaspekt verhältnismäßig homogen, d. h. die Streuung der Leistungen innerhalb der Gruppen (s_i) ist vergleichsweise gering, erheblich geringer jedenfalls als in Gruppen mit schwacher Kohäsion. Dafür aber unterscheidet sich jede einzelne kohäsive Gruppe stärker von anderen kohäsiven Gruppen, d. h. die Streuung zwischen den einzelnen Gruppen (s_z) ist größer. Zur schematischen Veranschaulichung mag Abbildung 12 dienen, die fünf Gruppen mit starker Kohäsion (A–D) fünf anderen mit geringer Kohäsion (E–H) gegenüberstellt. Jede dieser Gruppen besteht aus fünf Arbeitern, deren Leistungsmaß (X) zwischen 11 und 20 Punkten variiert. Im Mittel stehen die 25 Angehörigen der weniger kohäsiven Gruppen denen der hoch-kohäsiven Gruppen nicht nach ($M_x = 15{,}5$); unterschiedlich sind bloß die Streuungen der Leistungen in den einzelnen Gruppen. Wo der Zusammenhalt stark ist, bildet sich – wie man sagen könnte – eine deutliche ‹Individualität› der Gruppe heraus, die sich von der anderer, ebenfalls festgefügter Gruppen abhebt. Zur operationalen Feststellung der Kohäsion können dabei z. B. die Urteile der Gruppenmitglieder über ihre eigene Gemeinschaft verwendet werden. Drücken sie sich vorwiegend in positiver Weise aus, dann besitzt das Gebilde selbst wohl einen erheblichen Zusammenhalt. Man bleibt ihm auch ungern fern. Erfahrungsgemäß haben solche Gruppen verhältnismäßig geringe Fehlzeiten, sofern diese durch leichtere Erkrankungen (Verkühlungen z. B.) bedingt sind.

Zu fragen bleibt natürlich auch bei Abbildung 12 nach Ursache und Wirkung, danach also, ob eine geringe Binnenstreuung (s_i) die starke Kohäsion verursacht – sicher fördert sie diese – oder ob stärkere Kohäsion zu einer Angleichung der Leistungen führt. Auf Grund der vorliegenden Erfahrungen läßt sich auch ein Kausalzusammenhang dieser Art nicht ausschließen.

Einen Versuch zur Nutzbarmachung des Konvergenzprinzips und

X	Kohäsion: stark					Kohäsion: gering				
	A	B	C	D	f	E	F	G	H	f
11	●				1		●			1
12	●	●			2	●		●		2
13	●	●			2	●			●	2
14	●	●			2	●	●			2
15	●	●	●		3		●	●	●	3
16		●	●	●	3		●	●	●	3
17			●	●	2	●		●		2
18			●	●	2	●			●	2
19			●	●	2		●		●	2
20				●	1			●		1
M	13	14	17	18	15,5	14,8	15,0	16,0	16,2	15,5
s_i	1,4	1,4	1,4	1,4	2,5	2,3	2,6	2,6	2,1	2,5
$\overline{s_i}$	1,4					2,4				
$\overline{M}$	15,5					15,5				
s_z	2,1					0,6				

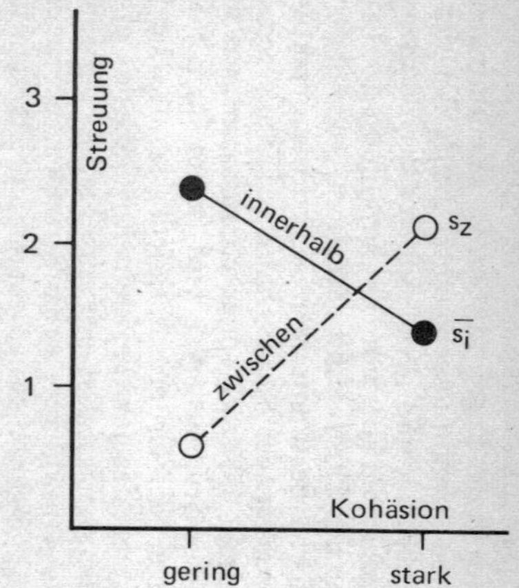

Abb. 12: Die Verteilung der Einzelleistungen in Gruppen mit unterschiedlicher Kohäsion

damit gleichzeitig zur Beeinflussung gruppenspezifischer Normen stellt die russische Methode der ‹STACHANOFF-Arbeit› dar. Daß die Leistung späterhin besonders ausgezeichneter Arbeiter mitunter sehr weit über den Durchschnitt herausragt, berechtigt keineswegs immer zu der Annahme einer gefährlichen und ungesunden Übersteigerung des Leistungsanspruchs; solche Leistungen weisen nicht selten auf die Existenz allgemein anerkannter, aber sachlich nicht begründeter Gewohnheitsnormen hin. Auf Grund des SHERIFschen Experiments würden wir freilich erwarten, daß der im Extrem Schaffende sich durch Produktionsverringerung der in seiner Gruppe eingestellten Norm anpassen würde. Gerade in diesem Punkt schaltet sich aber die mit dem Begriff des STACHANOFF-Arbeiters verbundene Unternehmer-Taktik ein; sie besteht vor allem darin, daß dem Normbrecher nicht nur die regulären finanziellen Vorteile seiner Mehrarbeit zugänglich gemacht werden, sondern weit höhere Kompensationen durch ‹Ehrengeschenke›, Auszeichnungen usw. Auf diese Weise trachtet die Werksleitung der Konvergenztendenz entgegenzuwirken. Sie fixiert den Maximalwert und hofft, daß dadurch die Leistungswerte der übrigen Gruppenmitglieder aufwärtsgezogen werden. Inwieweit ein solches Vorgehen ethisch zu rechtfertigen ist, braucht hier nicht untersucht zu werden; für uns genügt der Hinweis auf eine durchaus ernsthafte Parallele zu dem völlig harmlosen Laboratoriumsexperiment. Abermals sei angemerkt, daß die Erklärung der STACHANOFF-Wirkung im Sinne einer suggestiven Einflußnahme des ‹Leistungshelden› auf seine Kameraden weder erforderlich noch auch nur plausibel ist.

Einen anderen Weg zur Steigerung der Produktivität haben L. COCH und J. R. P. FRENCH Jr. (1948) gezeigt. Arbeiter einer Pyjama-Fabrik, denen die schwierige wirtschaftliche Situation ihres Unternehmens klargeworden war, faßten den Beschluß, ihre tägliche Arbeitsleistung erheblich zu erhöhen. Zumindest für ein halbes Jahr hielten sie sich tatsächlich auf einem um etwa 18 Prozent höheren Niveau. Der Versuch einer Replikation dieses Resultats in einer norwegischen Fabrik (FRENCH u. a., 1960) vermochte allerdings nicht zu befriedigen. Sehr positive Ergebnisse berichtet jedoch W. KELLNER (1961) aus einer Reihe industrieller Betriebe, in denen von Arbeitnehmern Bestimmungsleistungen getroffen wurden. Sie bestätigen KURT LEWINS (1947) Beobachtung, daß es häufig leichter ist, Verhaltensänderungen durch Gruppendiskussionen zu erreichen, an deren Ende eine Bestimmungsleistung erfolgt, als dadurch, daß man einzelnen Personen ‹gut zuredet›. Dabei ist allerdings die Voraussetzung, daß die Gruppen selbst ein ziemlich starkes Gefühl des Zusammenhalts (Kohäsion) besitzen oder im Lauf der Zeit entwickeln müssen. Nicht zu übersehen ist, daß in einem solchen Sozialgebilde nicht nur Produktionssteigerungen beschlossen werden können, sondern auch Produktivitätssenkungen, Arbeitsniederlegungen, Qualitätsminderungen usw. Die Gruppe besitzt zwar das Machtmittel der Bestimmungsleistungen – das eben, was im politischen Raum als ‹Solidarität› bezeichnet zu werden pflegt –, aber sie kann es auch in destruktiver

Weise einsetzen, wie ihr das die Ideologen des Anarchismus nicht selten empfehlen (G. HILLMANN, 1970).

Selbstverständlichkeit und Naturgemäßheit

Erkennt man den Gruppenvorteil bei Leistungen vom Typus des Bestimmens an, so setzt man sich dem Einwand aus, daß in Normen (als den Resultaten eines Bestimmens) eigentlich nur Naturgegebenheiten explizit gemacht werden, die ihrerseits als Resultate eines Suchens aufzufassen wären. Das Argument mag z. B. dahin lauten, daß die Einehe gar keine Norm sei, sondern eine der Natur des Menschen entsprechende Gegebenheit, die gefunden werden konnte, aber nicht bestimmt zu werden brauchte. WESTERMARCK spricht daher von einem ‹monogamen Instinkt› des Menschen. Wir haben hier einen Spezialfall der nahezu allgemeinen Regel vor uns, daß die innerhalb eines Sozialsystems selbstverständlichen Anschauungen auch als naturgemäß gelten. Die Selbstverständlichkeit wird dadurch unumstößlich; die Sicherung ist absolut.

Obwohl ich persönlich an der Einehe nicht Kritik zu üben wünsche, möchte ich doch die Überlegung einschieben, daß die Aufhebung des Unterschiedes zwischen Funden (bei Leistungen vom Typus des Suchens) und Normen (bei Leistungen vom Typus des Bestimmens) nicht gerechtfertigt und sogar u. U. bedenklich ist. Man kann sich nämlich auch in einer irrigen Sicherheit wiegen und wird eine etwaige Erschütterung durch den Wandel der Normen als einen Übergang der Welt ins Chaos empfinden. Dieses Erlebnis war im Jahre 1918 nicht selten, als in Deutschland und Österreich die monarchistische Staatsform durch eine republikanische ersetzt wurde. Normen hatten gewechselt – nicht wenige Bürger dieser Länder empfanden den Vorgang aber so, als ob die natürliche, gottgewollte und im Grunde einzig mögliche Ordnung zerschlagen worden wäre. In ihrem Bewußtsein bestand eine unverbrüchliche Gleichung zwischen ‹selbstverständlich› und ‹naturgemäß›, die zu festigen die Monarchie sich hatte sehr angelegen sein lassen.

Dem vorstehenden Beispiel nicht ganz unähnlich, wenn auch von sehr viel leichter zu durchschauender Art, ist der Fall des Wechsels der Zeitnormen beim Übergang von der ‹Normalzeit› zur ‹Sommerzeit›. Sehr leicht ertappt man sich da bei dem Gedanken, ‹in Wirklichkeit› sei es nun nicht acht Uhr, sondern erst sieben Uhr. Auch das Argument, daß es unstatthaft sei, an der ‹natürlichen› Zeit etwas zu verändern, klingt bisweilen an. Zum Vergleich läßt sich auch die weitverbreitete Vorstellung von einem natürlichen Wert der Zahlungsmittel, z. B. der Mark oder der Cowry-Muschel, heranziehen. Daß es sich hier seit eh und je um Leistungen vom Typus des Bestimmens handelt, bleibt dem Erlebnis der meisten Teilnehmer an diesem Bestimmungsprozeß (im Spiel von Preis, Angebot und Nachfrage) völlig fremd. Millionen von Wählern horchen in den USA daher auf, wenn die jeweilige Oppositionspartei davon spricht, daß ‹der Dollar› heute nur mehr fünfzig Cents wert sei.

Der Mensch in der Gruppe bestimmt Normen und ist sich dieser seiner Leistung nur sehr selten bewußt; er neigt vielmehr dazu, die von ihm bestimmten Normen als Sachverhalte anzusprechen, die schon immer da waren und die es nur zu finden galt. Er ist in der Regel auch dazu bereit, den Hinweis auf die Nicht-Natürlichkeit vieler Selbstverständlichkeiten mit dem Urteil zu quittieren, daß sein Urheber ein avantgardistischer Umstürzler, Ketzer, weltfremder Gelehrter oder noch Schlimmeres (z. B. unmoralisch oder vom fremden Wesen angekränkelt) sei. Daran hat sich wohl auch nicht viel geändert seit den Tagen, als die griechischen Sophisten die These von der Nicht-Natürlichkeit vieler Selbstverständlichkeiten in die abendländische Denkgeschichte einführten. Indem sie sich fragten, ob die Namen der Dinge – Selbstverständlichkeiten höchsten Grades also – diesen von Natur aus (‹Physei›) zukämen oder bloß auf Grund konventioneller Setzungen (‹Thesei›), haben sie das Thema unserer gegenwärtigen Erörterungen mit aller nur wünschenswerten Schärfe herausgestellt. Es ging um den Unterschied zwischen Finden einerseits und Bestimmen andererseits.

Am Problem des grammatikalischen Geschlechts von ‹Sonne› und ‹Mond› (Hofstätter, 1963) läßt sich die Sachlage leicht veranschaulichen. Rainer Maria Rilke, der sich offenbar an den romanischen Sprachen orientierte, hat in einem Brief (Februar 1920) einmal gemeint, es müsse im Deutschen eigentlich ‹der große Sonn› (in Analogie zu *‹le soleil›*, *‹il sole›*) und ‹die Möndin› (wie z. B. *‹la lune›*, *‹la luna›*) heißen. Tatsächlich handelt es sich aber um Bestimmungsleistungen, die nur in einem sehr geringen Maße auf unterschiedliche Vorstellungen zurückgehen. In einer Untersuchung des Verfassers beschrieben Studenten der Universität Palermo ihre ‹männliche› Sonne (*‹il sole›*) mit Hilfe eines ins Italienische übersetzten Polaritätsprofils fast genauso wie norddeutsche Studenten die ‹weibliche› Sonne der deutschen Sprache. Das Ähnlichkeitsmaß beläuft sich auf $Q = 0{,}92$ bzw. im Fall von ‹der Mond› und *‹la luna›* auf $Q = 0{,}91$ (Tab. 5). Dabei wurde die Konnotation von ‹weiblich› im Deutschen jedoch stärker betont ($Q = 0{,}64$) als im Italienischen die zu *‹femminile›* ($Q = 0{,}36$). Höhere Affinitäten fanden sich allerdings in beiden Spra-

Die Sonne	Der Mond	Affinitäten			*Il sole*	*La luna*
0,64	0,25	weiblich	0,94	*femminile*	0,36	0,40
0,70	–0,12	männlich	0,92	*maschile*	0,80	–0,24
–0,77	–0,15	Angst	0,91	*paura*	–0,62	–0,18
–0,18	–0,36	Hass	0,88	*odio*	–0,18	–0,49
0,86	0,18	Liebe	0,78	*amore*	0,79	0,06
–0,22	0,40	Einsamkeit	0,77	*solitudine*	–0,42	0,20
–	0,28	Sonne	0,92	*sole*	–	0,06
0,28	–	Mond	0,91	*luna*	0,06	–

Tabelle 5: Der Sprachvergleich mit Hilfe des Polaritätsprofils

chen zu ‹männlich› (Q = 0,70) bzw. zu ‹*maschile*› (Q = 0,80). Ganz unrecht hatte Rilkes Sprachgefühl somit nicht, jedoch ist der grammatikalische Effekt sehr gering. ›Sonne‹ und ‹*sole*› entsprechen einander so gut wie z. B. ‹weiblich› und ‹*femminile*› (vgl. die Werte in der Mittelspalte der Tabelle).

Im Alltag bedürfen wir einer großen Anzahl von Bestimmungsleistungen, um Erlebnisse der Ungewißheit oder sogar Gefahren zu vermeiden. Von der Sache her gesehen können sie so willkürlich sein wie das Gebot des Rechtsfahrens im Straßenverkehr, an dessen Stelle man sich ebensogut auf eine Linksfahrordnung hätte einigen können. Wichtig ist bloß die gemeinsame Akzeptierung von Normen. Die extreme Konsequenz aus dieser Situation hat Sir Francis Bacon im ‹*Novum Organum*› (1620) aufgezeigt: ‹Selbst wenn alle Menschen in der gleichen Weise verrückt würden, vermöchte sich dieser mit jenem recht gut zu verstehen.› Aus Ideologien stammende Fälle des kollektiven Wahns – z. B. die Verfolgung von Minoritäten und den Hexenwahn – kennt die Geschichte leider zur Genüge, trotzdem kann ich mir eine ‹Kultur› ohne Bestimmungsleistungen nicht vorstellen. Die Krise ihrer Selbstverständlichkeiten ist die Krise unserer eigenen Kultur, die eine wirklich generelle Akzeptierung von Bestimmungsleistungen nicht mehr scheint gewährleisten zu können.

Die platonische Erkenntnislehre, für die es nur das Finden (oder auch Erinnern des im mythischen Vorstadium Geschauten) gibt, nicht aber das Bestimmen, verleiht den Selbstverständlichkeiten die Dignität von ‹Ideen›, die geschaut, nicht aber geschaffen werden können. Genau an dieser Stelle aber hat sich, so scheint mir, die philosophische Tradition den Zugang zu einer gegenstandsgerechten Sozialpsychologie verbaut. Man ersieht dies an der Dürftigkeit des uns überlieferten Handlungsbegriffes, der das Agieren nur im Gehäuse fester Bezüge (am simpelsten: als ein Reagieren) kennt und der den Künstler für ewig zum Nachahmen verdammt. Keineswegs zufälligerweise verbindet sich im Rahmen der platonischen Restauration mit der Negation der Gruppenleistung vom Typus des Bestimmens auch die Vorstellung der durch einen Führer knetbaren Menschenwesen. Über lange Strecken hin enthält ja die ‹*Politeia*› Platons nicht mehr als immer wieder neue Anweisungen für ein solches Kneten; sie gehört deshalb mit ihrer Verachtung ‹der Vielen› (*Polloi*) zu den geistigen Voraussetzungen der Massenpsychologie Le Bons.

Die an das harmlose Laboratoriumsexperiment Sherifs anknüpfenden Erwägungen haben uns etwas weiter geführt, als ursprünglich beabsichtigt. Es erschiene mir auch recht kümmerlich, wollte man die Autorität Platons unter Zuhilfenahme eines sich sachte im verdunkelten Raum bewegenden Punktes in Frage stellen. Der Versuch zeigt nur ein Phänomen, dessen Deutung ‹gefährliche› Denkansätze erfordert. Dabei haftet dem Experiment überdies noch der Schönheitsfehler an, daß es in diesem Falle ja eine von Natur aus und objektiv richtige Erkenntnis gibt, nämlich die, der Punkt habe sich überhaupt nicht bewegt. Der im Miteinander der Gruppe sich einstellende *consensus omnium* ist daher sachlich falsch, eine akzeptierte Täuschung. Dieser Sachverhalt hätte weder PLATON noch irgend jemanden sonst zu einer Revision seiner Ansichten genötigt, er besagt ja bloß, daß wir Illusionen eher für richtig halten, wenn diese auch von anderen geteilt werden. Dennoch führt uns das Experiment an die Vermutung heran, daß an sich weder beweisbare noch widerlegbare Behauptungen, bezüglich deren es zu einer sozialen Einigung gekommen ist, verbindlichen und normativen Charakter erlangen können. Das will im Auge behalten werden, wenn sowohl in der antiken Philosophie als auch in der christlichen Tradition der *consensus omnium* immer wieder als ein Kriterium der Wahrheit verwendet wird (K. OEHLER, 1961).

Die Theorie der gesellschaftlichen Institutionen vermöchte einer solchen Annahme nur dann zu entraten, wenn sie bereit wäre, die tatsächliche Verschiedenheit der institutionellen Regelungen, etwa der Familienformen, auf immanente Bestimmungsstücke (Erbanlagen für Werthaltungen, soziale Instinkte usw.) zurückzuführen. Sie sähe sich dann freilich auch dazu gezwungen, für jedes institutionelle System eine eigene ‹Rasse› zu postulieren und dem Institutionswandel einen Rassewandel zuzuordnen. Diese Alternative läßt sich zwar ersinnen – man weiß, daß sie mit Nachdruck formuliert wurde –, sie kann aber gewiß nicht als erwiesen gelten. Mir ist jedoch auch keine bündige Widerlegung dieser Hypothese bekannt. Man hat z. B. dahingehend argumentiert, daß das ‹reinrassige› dem Kulturkreis A entstammende Kind bei frühzeitiger Adoption im Kulturkreis B dessen Institutionen als selbstverständlich erlebt und u. U. die des Kulturkreises A als völlig ‹unmenschlich› ablehnt. Sogleich sieht man sich aber zu der Einschränkung genötigt, daß dieses Kind auf Grund seiner Herkunft aus dem Kulturkreis A nicht im Adoptionskreis B durch fremdartige Erscheinungsmerkmale (Hautfarbe, Gesichtsschnitt usw.) auffallen darf, da es sonst vielleicht in dessen Selbstverständlichkeiten gar nicht wirklich aufgenommen würde. Diese Bedingung ließe sich aber vom Vertreter einer Rassenhypothese zu deren Gunsten interpretieren.

Wie die Dinge heute liegen, bleibt dem Forscher wohl nichts weiter übrig, als sich mit unzureichenden Beweismitteln der einen oder der anderen Position anzuschließen. Er tut dies gewiß nicht leichten Herzens, da er sich selbst nun ganz unmittelbar in eine Gruppenleistung vom Typus des Bestimmens verwoben sieht, während er doch lieber nur an Gruppenleistungen vom Typus des Suchens teilgenommen hätte. Daß in diesem Falle auch noch konkrete Probleme der Tagespolitik anklingen, läßt sich nicht verkennen. Da der Leser nun aber ausdrücklich gewarnt ist, darf ich darauf hinweisen, daß mit der Abhebung der Gruppenleistungen vom Typus des Bestimmens eigentlich die Entscheidung gegen die platonische Ideenlehre einerseits und gegen den rassenpsychologischen Determinismus andererseits bereits gefällt wurde. In beiden Auffassungen sind institutionelle Regelungen entweder falsch (d. h. Selbsttäuschungen von Gruppen) oder richtig und damit auffindbare Sachverhalte. Bestimmungsleistungen erübrigen sich daher. Die von uns akzeptierte

Auffassung kennt demgegenüber gruppen-relevante Ordnungen, die an sich weder falsch noch richtig sind, die aber unabhängig davon als gültig bestimmt werden können.

Ein Paradoxon

Auf einem sehr hohen Abstraktionsniveau hat KENNETH J. ARROW (1951) gezeigt, daß die Einigung mehrerer Individuen bezüglich des Wertes einer Reihe von Gegebenheiten (Alternativen) in konsequenter Weise ohne den Rückgriff auf Bestimmungsleistungen kaum möglich ist. In seinem Buch ‹*Social choice and individual values*› werden fünf Bedingungen für eine Gruppenentscheidung aufgestellt, die den individuellen Einzelentscheidungen optimal – durch eine ‹*social welfare function*› – Rechnung tragen soll. Die beiden inhaltlichen Bedingungen entsprechen den Postulaten der politischen Demokratie:

1. Eine bestimmte Gruppenentscheidung ist nur zulässig (‹*fair*›), wenn sie sich aus der Gesamtheit der Einzelentscheidungen ergibt (‹*condition of citizen's sovereignty*›).

2. Es gibt kein Individuum, das durch seine Entscheidung die Gruppenentscheidung unabhängig von den anderen Individuen festlegen kann (‹*condition of non-dictatorship*›).

Dazu kommen drei Formalbedingungen, die sich harmlos genug ausnehmen:

3. Die Wertordnung soll sich über mindestens drei Alternativen (d. h. zu bewertende Gegenstände) erstrecken.

4. Eine Gruppenentscheidung von der Art, daß eine Alternative (X) gegenüber einer anderen (Y) bevorzugt wird ($X > Y$), bleibt im Falle einer Wiederholung der Entscheidung bestehen, wenn alle Relationen zwischen X und Y entweder unverändert bleiben oder sich zugunsten von X verändern.

5. Die Gruppenentscheidung für eine bestimmte Rangfolge von Alternativen (X und Y) hängt in den Einzelurteilen nur von den Relationen zwischen diesen beiden Alternativen ab; sie ist unabhängig von den Relationen zu anderen (‹irrelevanten›) Alternativen (Z).

Die fünf Bedingungen wird man leicht akzeptieren, jedoch besagt das von ARROW bewiesene ‹Paradoxon›, daß es keine allgemeine Prozedur (‹*social welfare function*›) gibt, die in allen Fällen zu einer ‹fairen› Gruppenentscheidung führt. Zur Veranschaulichung mag Tabelle 6 dienen. Drei Personen (P_1 .. P_3) haben drei Alternativen (X,Y,Z) in eine Rangordnung gebracht; versucht man das Gruppenurteil nach der Majoritätsregel zu bestimmen, dann erhält man je zwei Stimmen zugunsten von $X > Y$ und $Y > Z$, aber zugleich auch zwei Stimmen zugunsten von $Z > X$, während aus logischen Gründen die Relation $X > Z$ gelten müßte.

Soll eine Gruppenentscheidung dennoch zustande kommen, dann könnte sie das nur unter Verletzung eines der beiden demokratischen Postulate, entweder also dadurch, daß eine Person ihre Rangordnung

Person	Rangordnung	X>Y	Y>Z	X>Z	Z>X
P_1	X>Y>Z	+	+	+	–
P_2	Y>Z>X	–	+	–	+
P_3	Z>X>Y	+	–	–	+
Summe		2	2	1	2

Tabelle 6: Die Zusammenfassung von Individual-Entscheidungen

den anderen oktroyiert (‹*dictatorship*›, Verstoß gegen die Bedingung Nr. 2), oder dadurch, daß man auf die Bedingung Nr. 1 (‹*citizen's sovereignty*›) verzichtet und z. B. dem Los die Entscheidung überläßt. Das wäre aber bereits eine Bestimmungsleistung.

Eine ausführliche Diskussion der Versuche, aus dem Paradoxon einen Ausweg zu finden, haben R. D. Luce und H. Raiffa (1957) vorgelegt; wir brauchen auf sie an dieser Stelle nicht näher einzugehen, denn sie implizieren jeweils die Akzeptierung von Bestimmungsleistungen, z. B. die Bewertung der einzelnen Alternativen durch Maßzahlen (‹*utilities*› im Sinne der Nationalökonomie).

Solange es in unserer Welt Sachverhalte gibt, die sich durch Suchleistungen entweder prinzipiell nicht aufklären lassen oder zu deren Aufklärung unser gegenwärtiges Wissen noch nicht ausreicht, dürfte ein Kollektiv – mag es nun eine kleine Gruppe, ein Volk oder die ganze Menschheit sein – nur dann ohne Bestimmungsleistungen auskommen, wenn es willens wäre, sich zumindest zeitweise einer Diktatur einzelner Personen oder einer Teilgruppe zu überantworten. Daß sie Modelle und Vorbilder für gemeinsame Bestimmungsleistungen bereithält, ist vielleicht die wichtigste Aufgabe einer gemeinsamen ‹Kultur›, innerhalb deren soziale Gruppierungen funktionieren können. Sie ermöglicht die gegenseitige Abstimmung der Pläne von Einzelindividuen, auf denen das kybernetische Modell der Kooperation (Abb. 3) beruht. Den Extremfall einer nicht mehr möglichen Abstimmung berichtet die Bibel (1. Moses 11; 6–8): die Sprachverwirrung beim Turmbau zu Babel.

4. Exkurs über die Einsamkeit

Wie die Angehörigen einer Gruppe sich selbst und ihre jeweilige Befindlichkeit deuten, hängt sehr wesentlich von Bestimmungsleistungen ab, an denen sie selbst nicht teilgenommen haben. Die Wörter, mit denen wir unser Zumutesein zum Ausdruck bringen und beschreiben, sind uns überkommen; wir haben ihren Gebrauch erlernt. Wir könnten uns miteinander aber gar nicht verständigen, wenn die Wortbedeutungen nicht relativ starr festgelegt wären. Manche Geisteskranke aus dem Kreis der Schizophrenien erkennt man auch am frühesten daran, daß sie uns geläufige Wörter in unvermuteter Bedeutung verwenden. Damit erhebt sich aber die sehr viel allgemeinere Frage danach, was denn ein Wort für den bedeute, der es gebraucht, und ob diese Bedeutung mit der übereinstimme, die der Zuhörer ihm beilegt. Verstehen wir einander auch wirklich, oder bilden wir uns dies nur ein?

Um konkret zu werden, wollen wir uns fragen, ob ein Amerikaner,

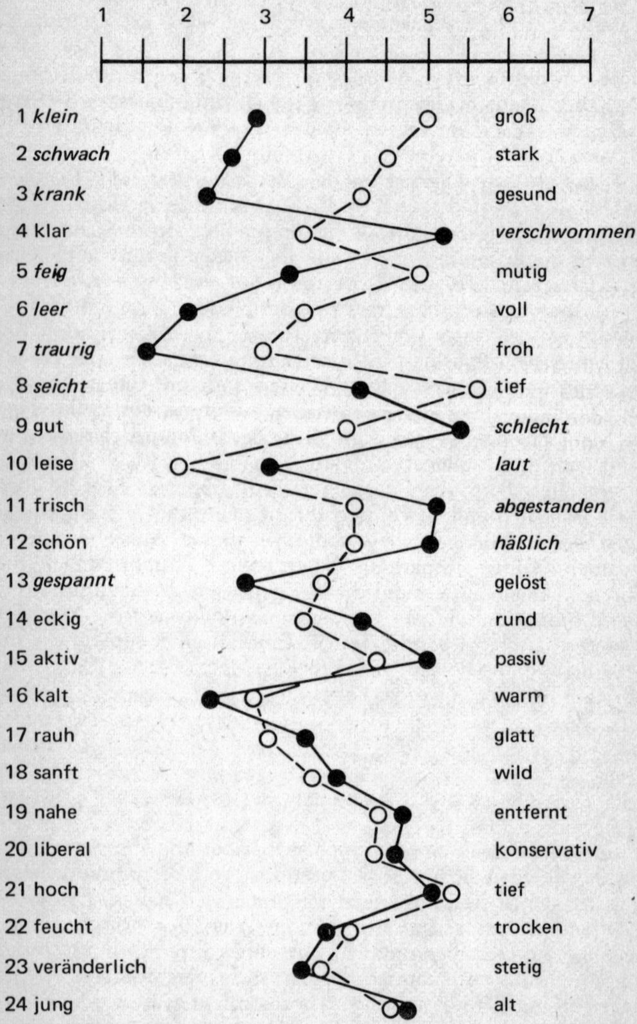

Abb. 13: Die Polaritätsprofile von ‹Einsamkeit› (offene Kreise) und *‹lonesomeness›* (ausgefüllte Kreise)

der sich etwa als einsam (*lonesome*) bezeichnet, sich auch in einem vergleichbaren Erlebniszustand befindet wie ein Deutscher, der die gleiche Aussage macht. Ich wähle dieses Beispiel, weil zu zeigen sein wird, daß dies nicht der Fall ist.

Die Methode, mit deren Hilfe dieses Ergebnis gewonnen wurde (Hofstätter, 1957) – das Polaritätsprofil –, ist uns bereits von der Analyse der Begriffe ‹Masse› und ‹Persönlichkeit› (Tab. 2) sowie aus der sprachvergleichenden Untersuchung von ‹Sonne› und *‹il sole›* (Tab. 5) bekannt. Abbildung 13 zeigt die hier verwendeten 24 Polaritäten und die durchschnittlichen Einstufungen des Begriffs ‹Einsamkeit› durch deutsche Vpn (offene Kreise) bzw. des Begriffs *‹lonesomeness›* durch amerikanische Vpn (ausgefüllte Kreise), denen eine englische Übersetzung der adjektivischen Gegensatzpaare vorgelegt worden war. Die Gegenüberstellung der beiden Profile läßt sofort erkennen, daß die amerikanische Einsamkeit (*lonesomeness*) im Vergleich zur deutschen als ‹schwach›, ‹leer›, ‹klein›, ‹verschwommen›, ‹krank›, ‹traurig›, ‹häßlich›, ‹abgestanden›, ‹feig›, ‹seicht› und ‹schlecht› empfunden wird (Polaritätsglieder in Kursivschrift).

Wir haben es mit einem Begriff zu tun, der als Schilderung einer eigenen Zuständlichkeit für den Amerikaner eine bei weitem negativere Aussage enthält als für den Deutschen. In ihm fehlt die Möglichkeit des produktiven, aus einem Gefühl der Stärke und zum Zweck der inneren Sammlung Einsam-Seins gänzlich. Zum Unterschied vom Deutschen fühlt sich der ‹einsame› Amerikaner restlos unwohl. Mit anderen Worten: er verträgt diesen Zustand sehr viel schlechter als der Deutsche; es ist auch kaum anzunehmen, daß er ihn aus freien Stücken aufsuchen würde. Tatsächlich spielen ja z. B. einsame Spaziergänge im amerikanischen Leben eine bemerkenswert geringe Rolle; beim Golfspiel ist man in Gesellschaft. Von hier aus erhellt ein nicht unwesentlicher Grund dafür, warum das Miteinander und das Nebeneinander in den Vereinigten Staaten eher und in weit größerem Umfang zu Gegenständen des wissenschaftlichen Fragens, eben der Sozialpsychologie, wurden als in Deutschland.

Gegen unsere bisherigen Überlegungen läßt sich allerdings einwenden, daß das Verfahren der kontrollierten Assoziation eine doppelte Übersetzungsleistung enthält, einmal hinsichtlich der beurteilten Begriffe (*lonesomeness* : Einsamkeit) und zum andern in bezug auf die Polaritäten (*high – low* : hoch – tief usw.).

Wir haben unsere Befunde so gedeutet, als ob die Übersetzungsunterschiede nur bei den Begriffen, nicht aber bei den Polaritäten eine Rolle spielten. Dies scheint wirklich der Fall zu sein; es bedarf aber eines Beweises, der sich aus der Tatsache ergibt, daß eine Reihe von Begriffen bei deutschen und amerikanischen Vpn zu nahezu identischen Profilen führt.

Die Korrelation[4] zwischen den beiden Profilen der Abbildung 13 beläuft sich auf Q = 0,40; die beiden ‹Einsamkeiten› sind einander somit nur in geringem Maße ähnlich. In sehr vielen Fällen, auch da, wo man es von vornherein nicht erwartet hätte, läßt sich hingegen zeigen, daß der amerikanische und der deutsche Begriff einander fast völlig gleichen: Erfolg – *success* (Q = 0,96), Liebe – *love* (0,96), männlich – *masculine* (0,93), Tragödie – *tragedy* (0,91), Held – *hero* (0,90), Diktator – *dictator*(0,88), weiblich – *feminine* (0,87), Schlaf – *sleep* (0,84) usw. Im Bereich dieser Begriffe ist die Verständigung über den Atlantik hinweg somit ohne Schwierigkeiten möglich.

Bisher ist in meinen Untersuchungen noch kein Begriffspaar aufgetaucht, bezüglich dessen das amerikanische Profil dem deutschen so wenig ähnlich gewesen wäre wie im Fall der ‹Einsamkeit›. Damit erhebt sich aber die Frage, ob es nicht deutsche Begriffe gibt, denen die amerikanische *‹lonesomeness›* ähnlicher ist als der deutschen ‹Einsamkeit›. Das Q-Maß erleichtert uns deren Auffindung. Es sind die deutschen Begriffe: ‹Angst› (Q = 0,86), ‹Langeweile› (Q = 0,79), ‹Ekel› (Q = 0,60) und ‹Ermüdung› (Q = 0,52). Diese Q-Werte liegen über dem von 0,40, der für das Verhältnis von ‹Einsamkeit› zu *‹lonesomeness›* gilt. Wollen wir daher den Zustand des sich *‹lonesome›* fühlenden Amerikaners auf deutsch nacherleben, so haben wir eher an den uns vertrauten Zustand der Angst zu denken als an unser eigenes Einsamkeitserlebnis.

Einen letzten Schritt zur Klärung der kulturell verschiedenen Einsamkeitsempfindungen tun wir damit, daß wir innerhalb jedes der beiden nationalen Sprachsysteme die Ähnlichkeitsrelationen zwischen Begriffen ermitteln. *‹Lonesomeness›* erweist sich dabei als in einem näherungsweisen Gegensatz zu den positiven Begriffen stehend, z. B.: *hero* (– 0,84), *love* (– 0,77), *success* (– 0,77), *masculine* (– 0,73), von der deutschen ‹Einsamkeit› gilt dies keineswegs: Held (– 0,03), Liebe (– 0,05), Erfolg (– 0,04) und männlich (0,10). Ohne es *expressis verbis* zu formulieren, bezeichnet sich der einsame Amerikaner als ungeliebt, erfolglos und unmännlich. Der einsame Deutsche tut dies nicht; er erlebt sich allerdings als tragisch, was wiederum beim Amerikaner kaum der Fall ist (Einsamkeit : Tragödie, Q = 0,60; *lonesomeness* : *tragedy*, Q = 0,25), wobei allerdings an die hohe Ähnlichkeit zwischen Tragödie und *tragedy* (Q = 0,91) zu erinnern ist. Man ist unwillkürlich versucht, von hier aus weiter zu spekulieren und z. B. daran zu denken, daß der einsame Amerikaner sich als der Psychotherapie bedürftig vorkäme, während der einsame Deutsche diesem seinen Zustand sehr wohl positive Seiten abzugewinnen vermöchte.

4 Zur Berechnung des Q-Maßes vgl. Anhang S. 189.

Es drängt sich auch die Frage auf, was denn der Titel des bekannten Buches von D. RIESMAN ‹*The lonely crowd*› (1950) bedeutet. Dieses heißt in deutscher Übersetzung ‹Die einsame Masse›. Die Übertragung entspricht dem Lexikon – psychologisch richtiger aber wäre wohl die Überschrift ‹Die ängstliche Masse› gewesen. Sie wäre auch – wie mir scheint – dem Inhalt des Buches besser gerecht geworden, denn als ‹*lonely crowd*› werden die Angehörigen eines kulturellen Systems bezeichnet, deren Verhalten nicht mehr durch individuell absolut gültige Wertvorstellungen – wie Pflicht und Recht – geleitet wird (‹Innenlenkung›), sondern das sich von Augenblick zu Augenblick an dem Urteil anderer orientiert, im wesentlichen also an Lohn und Strafe bzw. an Drohungen und Versprechungen.

Aus den Reaktionen relevanter anderer – der Eltern z. B. – ersehen auch kleine Kinder, ob sie sich auf dem ‹rechten Weg› befinden; vom Erwachsenen dagegen erwartet die Kultur der Innenlenkung, daß er die Normen des Verhaltens in sich aufgenommen hat und daß diese ihn daher von innen her im Sinne einer Stimme des Gewissens leiten. Das ist der Inhalt von FREUDS Introjektions-Lehre. Hat sich in einer Gesellschaft aber einmal eine Mehrzahl gleichberechtigter Wertvorstellungen etabliert (‹Pluralismus›), dann spricht u. U. das Gewissen einer Person eine ganz andere Sprache als das einer anderen. Es ist nun möglich, daß der eine mit seinem Gewissen Taten vereinbart – z. B. die Verursachung von Schäden an Personen und Sachen –, die dem anderen als durchaus kriminell erscheinen. Einen festen Halt an generellen Maßstäben gibt es damit nicht mehr. An die Stelle der zu einem bestimmten Zeitpunkt erreichbaren ‹Erwachsenheit› mit ihren besonderen Rechten und Pflichten tritt ein lebenslänglicher Lernprozeß, der immer wieder aufs neue durch Reaktionen der Umwelt gesteuert wird.

Genau diese Negation des Erwachsenen-Status als eines Privilegiums scheint mir das Hauptanliegen aller ‹Jugendbewegungen› – auch des Protests unserer eigenen Tage – zu sein. Die fragwürdig gewordene Autorität traditioneller Normen führt zu dem Vorschlag einer ‹anti-autoritären› Erziehung, die sich freilich bei näherem Zusehen als Propaganda für ein konkurrierendes, seinerseits meist sehr intolerantes und durchaus repressions-bereites Normensystem erweist. Man versucht sich auf diesem Weg die Berechtigung zu einer Umerziehung der Erwachsenen – jener nämlich mit einem ‹falschen Bewußtsein› – zu schaffen.

Beim Übergang von der ‹*inner-direction*› zur ‹*other-direction*› ergibt sich somit eine Abhängigkeit des Individuums, die man sehr wohl als eine ängstliche Besorgtheit bezeichnen kann. Die ängstliche Masse besteht aus Menschen, die im amerikanischen Sinne vereinsamt sind, weil keiner mehr mit hinlänglicher Sicherheit vom anderen weiß, wie dieser den einen oder den anderen Sachverhalt beurteilen wird. Als notwendig erscheint deshalb der Rückzug auf relativ kleine Gruppen, die durch interne Bestimmungsleistungen einen Ersatz für die in der Gesamtgesellschaft verlorengegangenen Maximen zu bieten vermögen. Die Aktualität des gruppendynamischen Themas ist ein Korrelat der ‹schlechten› Einsamkeit.

Erlebnis und Sprache

Die Menge in RIESMANS Buch ist *‹lonely›*, aber nicht *‹lonesome›*; es verlohnt sich, der Frage nachzugehen, ob zwischen den beiden Wörtern ein Unterschied besteht. Wir wollen dies im Rahmen eines weitergespannten Sprachvergleichs tun, in den wir auch die entsprechenden Termini der französischen und der italienischen Sprache einbeziehen. Wie Tabelle 7 zeigt, sind *‹loneliness›* und *‹lonesomeness›* einander recht ähnlich (Q = 0,79), jedoch kommt *‹loneliness›* der deutschen ‹Einsamkeit› näher (Q = 0,63) als *‹lonesomeness›* (Q = 0,40).

Affinität	A *Lonesomeness*	A *Loneliness*	D Vereinsamung	I *Solitudine*	D Einsamkeit	F *Solitude*
A *Lonesomeness*	–	0,79	0,70	0,53	0,40	0,34
A *Loneliness*	0,79	–	0,79	0,73	0,63	0,42
D Vereinsamung	0,70	0,79	–	0,81	0,78	0,66
I *Solitudine*	0,53	0,73	0,81	–	0,77	0,72
D Einsamkeit	0,40	0,63	0,78	0,77	·	0,77
F *Solitude*	0,34	0,42	0,66	0,72	0,77	–
Angst	0,86	0,77	0,58	0,50	0,36	0,21
Langeweile	0,79	0,44	0,47	0,29	0,17	0,16
Ekel	0,60	0,60	0,29	0,29	0,19	0,01
Ermüdung	0,52	0,23	0,40	0,29	0,29	0,35
Trauer	0,33	0,51	0,63	0,66	0,75	0,58
Tragödie	0,25	0,60	0,46	0,58	0,60	0,38
Schlaf	−0,41	−0,38	−0,02	0,02	0,26	0,40
weiblich	−0,72	−0,68	−0,43	−0,31	−0,09	−0,13
männlich	−0,72	−0,31	−0,28	−0,12	0,10	−0,08
Liebe	−0,97	−0,53	−0,46	−0,18	−0,05	−0,02

Tabelle 7: Die Semantik der Einsamkeit (A=Amerikanisch, D=Deutsch, F=Französisch, I=Italienisch)

Im Deutschen könnten wir statt von ‹Einsamkeit› auch von ‹Vereinsamung› sprechen. Obwohl die den beiden Wörtern entsprechenden Vorstellungskomplexe sehr viel miteinander gemeinsam haben (Q = 0,78), lassen sie sich doch unterscheiden. Der amerikanischen *‹lonesomeness›* entspricht ‹Vereinsamung› erheblich besser (Q = 0,70) als ‹Einsamkeit› (Q = 0,40), denn in ihr klingt ebenfalls die Assoziation zu ‹Angst› (Q = 0,58) ziemlich stark an. Auffallend schwach kommt sie bei der französischen ‹*solitude*› zur Geltung (Q = 0,21), die sich von ‹*lonesomeness*› (Q = 0,34) und ‹*loneliness*› (Q = 0,42) noch weiter entfernt, als die deutschen Termini dies tun. In der ‹*solitude*› kann man Ruhe finden (Affinität zu ‹Schlaf›, Q = 0,40), denn mit ihr ist kein Gefühl des Abscheus (Affinität zu ‹Ekel›, Q = 0,01) verbunden, das bei ‹*lonesomeness*› (Q = 0,60) und ‹*loneliness*› (Q = 0,60) deutlich zu bemerken ist.

Die durch das Polaritätsprofil gebotenen Möglichkeiten werden im Rahmen unseres Themas dadurch wertvoll, daß sie Gruppenleistungen vom Typus des Bestimmens der Analyse zugänglich machen. Es geht um nicht mehr und nicht weniger als um die Bestimmung der unmittelbaren Innerlichkeit zum Zweck der Kommunikation, des Gesprächs mit anderen und des reflektierenden Selbstgesprächs. Das an sich sehr kurze und simple Experiment SHERIFS mit dem autokinetischen Effekt reicht zwar zur normativen Bestimmung der scheinbaren Bewegungsweite eines Lichtpunktes aus, es gibt uns aber nur eine recht dürftige Vorstellung davon, wie innerhalb einer Sprachgemeinschaft etwa der Bedeutungsgehalt des Wortes ‹Einsamkeit› festgelegt wird. Dennoch lassen sich die beiden Situationen vergleichen: An sich ist ‹Einsamkeit› weder ‹klein› noch ‹groß›, weder ‹rauh› noch ‹glatt›. Man kann sich aber vorstellen, daß eine Gruppe von miteinander in Kommunikation stehenden Personen zu dem Konsensus gelangt, ‹Einsamkeit› sei groß und rauh (Deutsche) oder klein und rauh (Amerikaner). Ein subjektiver Sachverhalt wird dadurch normiert; man kann sich nunmehr über ihn und auch über das eigene Zumutesein verständigen. Indem man dies gemäß den einmal bestimmten Normen tut, verfestigt man diese weiterhin.

Etwas Ähnliches ereignete sich in einer Berufsgruppe, der ich selbst einmal angehörte, in der sich für einen mißliebigen und menschlich dürftigen Vorgesetzten der Ausdruck ‹Mufti› einbürgerte. Keiner von uns dachte dabei an einen islamischen Würdenträger; wir hatten nur für eine Weile jeder für sich versucht, das Wesen des Mannes auf eine Lautformel zu bringen. Schließlich war es soweit, daß eine Gruppenleistung vom Typus des Bestimmens gelang. Noch heute – mehr als zwei Jahrzehnte später – verständigen sich die Angehörigen unseres Kreises über andere Personen bisweilen dadurch, daß wir ihnen die Mufti-Eigenschaft in größerem oder geringerem Maße zusprechen. Der Vorfall illustriert den Ansatz zu einer gruppeneigenen Privatsprache; er ist neckisch und an sich unbedeutend; dennoch zeigt er ein Phänomen *in statu nascendi*, das – millionenfach vergrößert – sicherlich die imposanteste Gruppenleistung vom Typus des Bestimmens ist: die Sprache.

Arbeitsteilige Großgruppen schaffen sich in der Regel auch Spezialorgane zur Wahrnehmung ihrer Sprachleistungen, ihre ‹Literatur› nämlich, in der von einer Generation zur anderen Neueinstellungen erfolgen. Der ‹junge Dichter› unserer schematischen Vorstellung trägt eben dadurch zur Sprachleistung seiner Nation bei, daß er sich einer Aussageweise bedient, die nicht ganz den überkommenen Normen und ihren epigonalen Wahrern gemäß ist. *Mutatis mutandis* ist er das Mitglied der Gruppe, das sich nicht oder nur geringfügig anpaßt. Etwas Ähnliches läßt sich wohl vom Künstler im allgemeinen sagen. Es nimmt darum freilich auch nicht wunder, daß ‹die Moderne› in der Regel –anfänglich – abgelehnt wird, ja daß ihr Anspruch, Kunst zu sein, überhaupt zweifelhaft erscheint.

Gewußt hat man das schon lange, denn in den höfischen Unterhaltungen (*‹de nugis curialium›*, entstanden zwischen 1180 und 1192) des Walter Map ist bereits die Rede von ‹ihrer Moderne›, die allen Zeitaltern mißfiel: *‹omnibus seculis sua displacuit modernitas.›* Logisch nicht zu rechtfertigen wäre allerdings der Umkehrschluß: alles, was einem Zeitalter mißfällt, sei dessen *‹modernitas›*. Wir sind aber noch einmal beim Thema der Einsamkeit und zugleich auch wieder bei den Gruppen: Das Alleinsein des Neuerers würde diesen wahrscheinlich überfordern, er bedarf der Geborgenheit in einem Verband Gleichgesinnter, in dem Plural wohl, den man als ‹Avantgarde› bezeichnet. Die *‹modernitas›* ist fast immer ein bündisches Phänomen.

5. Der Außenseiter in der Gruppe

Der Künstler ist ein Außenseiter, der als solcher aber eine ganz bestimmte Funktion in der Gruppe hat. Er ist ein notwendiges Ärgernis, durch das die Bestimmungsleistungen der Gruppe davor bewahrt werden, in der Belanglosigkeit zu erstarren. Die Gruppe begibt sich dieser Möglichkeit allerdings, wenn sie den Künstler auf die Bewahrung des Hergebrachten verpflichtet oder ihn unter das Drohwort von der ‹entarteten Kunst› stellt. Abermals handelt es sich um die Verkennung des Unterschiedes zwischen den Leistungen vom Typus des Suchens und denen vom Typus des Bestimmens, die zur Identifikation des Nicht-Selbstverständlichen mit dem Natur-Widrigen, Entarteten oder Falschen führt. Die Ächtung des Außenseiters wird sich daher gerade in solchen Gruppen am ehesten erwarten lassen, die von der unverrückbaren Selbstverständlichkeit der von ihnen vorgenommenen Bestimmungen am festesten überzeugt sind oder die eine solche Überzeugung am lautesten proklamieren müssen, um ihren inneren Halt nicht zu verlieren. Im ersten Fall sei an eine Intoleranz aus Überzeugung, im zweiten an eine überkompensierende Intoleranz gedacht. So sehr man dies auch aus Gründen der Menschlichkeit und im Hinblick auf die jeweils betroffenen Individuen bedauern muß, ist doch festzustellen, daß ein gewisses Maß der Intoleranz zu den (im statistischen Sinn) normalen und (im dynamischen Sinn) notwendigen Erscheinungen des Gruppenlebens gehört.

Experimente mit Diskussionen

Die Situation des Künstlers läßt sich im Laboratorium nicht nachbilden, wohl aber kann man – wie dies S. Schachter (1951) und in

Wiederholungen seines Versuches R. M. EMERSON (1954) getan haben – Gruppen zusammenstellen, in die man Personen einführt, die sich der Tendenz zur Konvergenz der Urteile nicht fügen. In den genannten Untersuchungen wurden Studenten und Gymnasiasten danach befragt, welchem von zwei Clubs sie lieber beitreten würden, einem Club zur Diskussion sozialer Fragen oder einem Club zur Erörterung journalistischer Probleme. Einbezogen wurden in die Untersuchung aber nur solche Vpn, die sich zugunsten des Sozial-Clubs und gegen den Zeitungs-Club ausgesprochen hatten. Der aufs Geratewohl herausgegriffenen Hälfte dieser Vpn wurde sodann dargelegt, daß sie trotzdem in einen Zeitungs-Club eingegliedert werden müßten, auch wenn dies nicht ganz ihren Interessen entspräche. Die andere Hälfte der Vpn kam in den gewünschten Sozial-Club. Vermutlich muß man sich bereits an dieser Stelle der amerikanischen Gleichung zwischen ‹Einsamkeit› und ‹Angst› erinnern, um überhaupt verstehen zu können, daß sich Vpn – *nota bene* Studenten! – entgegen ihren Interessen in den Zeitungsclub schicken ließen. Erreicht werden aber sollte durch diese Maßnahme, daß sich die einen Vpn (Sozial-Club) mit größerer innerer Anteilnahme an ihren Club binden würden als die anderen (Zeitungs-Club). Die Befragung der Vpn bestätigte diese Erwartung: Während 98 % der Angehörigen des Sozial-Clubs in ihm zu verbleiben wünschten, bekundeten diese Absicht nur 68 % der Angehörigen des Zeitungs-Clubs. Im Fachjargon spricht man hier von ‹stark-kohärenten› und ‹schwach-kohärenten› Gruppen, d. h. von solchen, deren Mitglieder sich an die Gruppe entweder stark oder schwach gebunden fühlen (vgl. S. 65). Als Gruppenkohärenz (oder ‹Kohäsion›) wird nach dem Vorschlag L. FESTINGERS und seiner Schule (Universität von Michigan) die Resultierende all der ‹Kräfte› verstanden, die ein Mitglied zum Verbleiben in einer Gruppe veranlassen.

Im ganzen wurden je acht Clubs der einen und der anderen Art mit im Durchschnitt 6–7 Angehörigen gebildet. In diese Clubs wurden aber auch 3 zusätzliche Mitglieder eingeführt, geschulte Hilfskräfte des Versuchsleiters, die sich aber als solche nicht zu erkennen gaben. Ihre Aufgabe bestand darin, in der ersten Gruppendiskussion spezifische Rollen anzunehmen, und zwar die des Konformisten (*‹mode›*), des Konvertiten (*‹slider›*) und des Extremisten (*‹deviant›*). Bei der ersten Diskussion des Clubs ging es um den Fall eines jugendlichen Rechtsbrechers, für dessen Behandlung Vorschläge zu machen waren. Wie erwartet, bewegten sich diese Vorschläge zwischen den Extremen einer hingebend-liebevollen Behandlung (Abb. 14, Pos. Nr. 1) und einer streng-bestrafenden (Pos. Nr. 7). Die Vpn hatten sich jeweils für eine dieser Positionen zu entscheiden und deren Nummer durch eine auf ihrem Arbeitstisch gut sichtbar aufgestellte Karte ihren Diskussionspartnern kenntlich zu machen. Es stand ihnen jedoch frei, ihre Position im Verlauf des Gesprächs zu verändern und dies durch einen Wechsel der Karte zu bekunden. In diesem Arrangement liegt eine gewisse Künstlichkeit, schaltet es doch die für viele Diskussionen so belastende Ungewißheit darüber aus, ‹wo› der

Partner eigentlich steht. Es ließe sich übrigens erwägen, ob ein ähnliches Verfahren nicht auch manchen ernsten Diskussionen zugute kommen könnte.

Der ‹Konformist› hielt sich mit seinen Meinungsäußerungen genau beim Gros der Gruppe, das sich fast immer zugunsten einer mehr liebevollen Behandlung des Delinquenten aussprach (Pos. Nr. 3). Der ‹Konvertit› begann als ein Vertreter der Extremposition ‹Strenge Bestrafung› (Nr. 7), ließ sich aber – anscheinend unter dem Eindruck der vorgebrachten Argumente – zur Majoritätsposition hindrängen. Der ‹Extremist› verblieb hingegen völlig unbekümmert bei der Extremmeinung (Nr. 7), von der sich der ‹Konvertit› hatte abbringen lassen.

Das Ergebnis dieses Versuches, das sich leicht voraussagen läßt, spricht dafür, daß die Club-Situation zumindest einen gewissen Grad der Lebensechtheit erreicht hat. Wir fassen es in vier Punkten zusammen:

a) Der Extremist wird als ein unsympathischer Mensch abgelehnt – unbeschadet seiner menschlichen Qualitäten. (Die 3 Rollen wurden unter den Hilfskräften ausgetauscht.)

b) Die Ablehnung des Extremisten ist in stark-kohärenten Gruppen (Sozial-Club) deutlicher als in schwach-kohärenten Gruppen (Zeitungs-Club).

c) Der Extremist wird von den übrigen Gesprächspartnern sehr viel öfter angeredet, sieben- bis elfmal so oft wie der Konformist und immerhin noch im Durchschnitt drei- bis viermal so oft wie der Konvertit.

d) Die Durchschnittsmeinung der Gruppe verschiebt sich im Zuge der Diskussion geringfügig, aber merkbar in Richtung auf die Position des Extremisten.

Es zeigt sich somit, daß die Rolle des Außenseiters sogar in einer an sich harmlosen und keineswegs belangvollen Laboratoriumsgruppe alles eher als beneidenswert ist. Sie ist dies um so weniger, je stärker der innere Zusammenhalt der Gruppe wird. Das ist aber nur die eine Seite des Bildes; auf der andern läßt sich nämlich erkennen, daß der Meinungsaustausch in einer Gruppe erheblich reger ist, wenn diese einen Extremisten enthält. Damit leistet dieser aber einen positiven Beitrag zum inneren Zusammenhalt der Gruppe, da – wie noch auszuführen sein wird – das Ausmaß des Meinungsaustausches innerhalb einer Gruppe deren Kohärenz proportional zu sein pflegt.

Vereinheitlichung der Meinungen

Daß der Extremist sehr viel öfter angesprochen wird als andere Gruppenmitglieder, ergab sich auch in einem Experiment von L. Festinger und J. Thibaut (1951), in dem ebenfalls der Fall des jugendlichen Kriminellen von einem Teil der Versuchsgruppen (jeweils 6 bis 14 Studenten) diskutiert wurde; die übrigen Gruppen diskutierten ein Problem der Fußballtaktik, an dem keines der Mitglieder sonderlich interessiert war. Die ‹Diskussion› erfolgte hier auf schriftlichem Wege, d. h. durch den Austausch kurzer Mitteilungen. Daß einzelne Vpn extreme Positionen einnehmen würden, war dadurch sichergestellt worden, daß diese zusätzliche Informationen über den Diskussionsgegenstand erhielten, wie z. B., daß die Mutter des Delinquenten bereits erfolglos versucht habe, diesem ein liebevolles Heim zu bereiten. Außerdem wurden in dieses Experiment verschiedene Grade des Druckes zur Meinungsuniformität eingeführt, indem von den Vpn als Endresultat entweder eine einstimmige Entscheidung verlangt wurde (starker Druck), oder indem ihnen bloß versichert wurde, nach dem Urteil von Fachleuten gäbe es eine und nur eine richtige Lösung (mittlerer Druck), oder indem sie in dem Glauben belassen wurden, der Versuchsleiter interessiere sich mehr für die Diskussion als für deren Ergebnis (geringer Druck). Vergleicht man die Streuung der Meinungen innerhalb der Gruppen vor und nach der 20 Minuten dauernden Diskussion, so ergibt sich mit zunehmendem Druck eine stärkere Konvergenz der Standpunkte und zugleich eine Tendenz zur verstärkten Beachtung des Extremisten. Allgemein gilt dabei, daß Partner um so häufiger angesprochen werden, je stärker die von ihnen vertretene Anschauung von der des Sprechers abweicht.

Sofern die Gruppe in mehr oder minder verbindlicher Weise dazu aufgefordert ist, einstimmig zu entscheiden, ist das Ergebnis des Versuches nicht sonderlich überraschend. Die gleiche Erscheinung stellt sich aber, wie das SCHACHTERsche Experiment zeigt, auch dort ein, wo keine äußere Veranlassung zur Einigung besteht. Damit sehen wir uns noch einmal genötigt, das Phänomen der Meinungskonvergenz in Gruppen – oder was man auch deren ‹Tendenz zur Uniformität› (FESTINGER) genannt hat – ins Auge zu fassen. Konvergenz liegt dann vor, wenn in einer Gruppe die Streuung der Standpunkte abnimmt; im Extremfall der Einigung auf einen einzigen Standpunkt wird die Streuung gleich Null.

Vorauszuschicken ist, daß nicht jede Diskussion zur Meinungsvereinheitlichung führt. Die Absicht dazu besteht zwar sehr oft, wenn Aussprachen anberaumt werden, jedoch stellt sich nicht selten der gegenteilige Erfolg ein, d. h. daß einander am Ende der Debatte zwei Untergruppen gegenüberstehen, die sich nicht zu einigen vermögen. Diese Entwicklung veranschaulicht Abb. 14 in schematischer Weise; sie wird als ‹Polarisation› bezeichnet. Offenbar haben wir es hier nur mit einer scheinbaren Ausnahme von der allgemeinen Konvergenz-Regel zu tun. An die Stelle der einen Gesamtgruppe drohen im Falle hochgradiger Polarisation zwei Tochtergruppen zu treten, deren eine in unserem Schema nur die Position 1–4 anerkennt, während die andere nur die Position 4–7 für überhaupt diskutabel erklärt. Dabei ergibt sich allerdings eine Schwierigkeit für die Inhaber der Pos. Nr. 4, die von beiden Teilgruppen anerkannt und zugleich beansprucht werden. Ihre Lage ist der des Neutralen zwischen zwei Kriegführenden nicht unähnlich.

Der Erfahrungssatz, daß der Meinungsaustausch in Gruppen zu

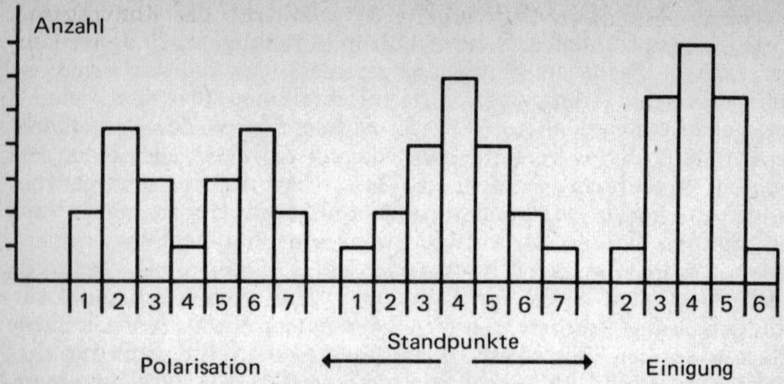

Abb. 14: Polarisation und Einigung als Resultate einer Gruppendiskussion

einer Konvergenz (Streuungsverringerung) der Standpunkte führt, hat somit zwei Realisationsmöglichkeiten. Es kann entweder zu einer tatsächlichen Konzentration kommen (Bild rechts) oder zu einer Polarisation mit anschließendem Zerfall der Gesamtgruppe (Bild links). Die Gruppe sichert ihre Einheitlichkeit in beiden Fällen, allerdings trennt sie sich im zweiten von einer Gegengruppe, bzw. sie schließt die Vertreter gewisser Anschauungen aus. Dieses Schicksal kann natürlich auch einem einzelnen Extremisten drohen, der an seiner ‹unpopulären› Position festhält. Im SCHACHTERschen Experiment gibt es gewisse Hinweise darauf, daß die gesteigerte Kommunikation mit dem Extremisten allmählich nachläßt, wobei dieser mit der Zeit anscheinend so behandelt wird, als gehöre er gar nicht mehr dazu. Er wird zwar nicht formell ausgeschlossen, aber er ist bald ‹Luft› für die übrigen Gesprächsteilnehmer. Diese verzichten nunmehr darauf, ihn in die Meinungskonvergenz einzubeziehen.

Der Konvergenzsatz – in seinen beiden Formen – beschreibt Erfahrungen mit Gruppen in befriedigender Weise. Man kann nun auch an größere Zusammenhänge denken, z. B. an das Leben einer Partei, aus der ein ‹Flügel› mitunter ausscheidet oder ausgestoßen wird. Es gibt im politischen Leben auch zahlreiche Beispiele dafür, daß Extremisten ‹kaltgestellt› werden, d. h. daß niemand mehr darauf achtet, was sie zu sagen haben. In stark-kohärenten Gruppen kann es für sie auch zu einem Rede-Verbot oder noch Schlimmerem kommen. Das ‹Totschweigen› ist eine andere Taktik mit dem gleichen Ziel.

6. Zur Theorie der sozialen Gewissheit

Eine gute Beschreibung von Sachverhalten eröffnet zwar die Möglichkeit von Voraussagen, sie enthält aber nur selten eine brauchbare

Erklärung eben dieser Sachverhalte. Wie läßt sich das Konvergenzbenehmen von Gruppen, deren Uniformitätsstreben also, verstehen? Ich glaube in diesem Punkt an FESTINGERS Theorie des sozialen Vergleichsprozesses (1950, 1954) anknüpfen zu können bzw. an meine eigenen Überlegungen zum Problem der Entscheidungsgewißheit (1956) und zu dem des ‹*Horror vacui*› (1949). Analoge Erwägungen haben E. FRENKEL-BRUNSWIK (1949) dazu veranlaßt, von einer Ambiguitäts-Intoleranz als Persönlichkeitsmerkmal zu sprechen. Die Vorgänge in der Gruppe sollen dabei aus Ansprüchen abgeleitet werden, die das Individuum stellt, die es aber als Einzelwesen nicht befriedigen kann. Auf diese Weise dürfte sich ein tieferes Verständnis für die Gruppen vom Typus des Bestimmens gewinnen lassen. Ich halte den darzustellenden Gedankengang im Prinzip auch dort für gültig, wo das Erlebnis der Einsamkeit nicht ausschließlich durch negative Attribute (wie in den USA) charakterisiert wird.

Der Erwartungshorizont

Wir gehen von der Annahme aus, daß planmäßiges Handeln und die Erstellung von Erwartungen hinsichtlich des Handlungserfolges nur dann möglich sind, wenn die Erfahrung vorliegt, daß das Individuum sich in einer nicht-chaotischen Welt befindet, in einer Welt also, die einen gewissen – möglichst großen – Ordnungsgrad besitzt. Wir alle erinnern uns noch der ersten Nachkriegsjahre, in denen die nicht-chaotische Konstitution der Welt vielen von uns zweifelhaft zu werden begann. Daraus ergab sich sehr oft eine beträchtliche Verkürzung des Erwartungshorizonts. Für morgen und für den nächsten Monatsersten verlohnte es sich noch zu planen; über ein oder zwei Jahre hinaus erschien aber das Leben zu ungewiß, als daß man sich mit einem bestimmten Einsatz hätte festlegen können. Kurzfristig rentable Geschäfte konnten damals zwar noch abgeschlossen werden – z. B. auf dem Schwarzen Markt –, ein weitschauendes Investieren, dessen Ertrag erst in mehreren Jahren zu erwarten gewesen wäre, unterblieb jedoch.

Der Begriff des Erwartungshorizonts stammt aus der Nationalökonomie (TINBERGEN), er wird aber auch in jeder anderen Lehre vom planvollen Handeln des Menschen benötigt. Wir meinen damit einfach die zeitliche Grenze, jenseits derer alle Möglichkeiten subjektiv gleich wahrscheinlich werden, so daß sich bezüglich dieser keine differentiellen Erwartungen mehr hegen lassen. Dafür ein Beispiel: Wenn ich nächsten Monat in die Nachbarstadt X fahre, erwarte ich, im Hause meines Freundes einen gemütlichen Abend zu verbringen. Sollte ich voraussagen, wie sich ein solcher Abend bei einer Reise im Jahre 1980 gestalten wird, dann vermag ich dies einfach nicht. Das Ereignis liegt jenseits meines Erwartungshorizonts. Selbst wenn wir annehmen, daß sowohl mein Freund als auch ich noch am Leben sind, ist es gänzlich ungewiß, ob er dann noch in X wohnen wird usw. Natürlich könnte ein Skeptiker einwenden, daß auch das Ergebnis einer

Reise im nächsten Monat ungewiß sei. Das läßt sich nicht in Abrede stellen, trotzdem gibt es Sachverhalte, deren ich unbeschadet solcher Zweifel hinlänglich sicher bin. Nur im Bereich solcher Sachverhalte vermag ich auch zwischen verschiedenen Aktionsplänen zu unterscheiden und überhaupt rational zu handeln.

Meine Zuversicht stammt wohl daher, daß ich innerhalb eines nicht allzu eng bemessenen zeitlichen Nah-Bereichs eine subjektive Verzerrung an den objektiven Wahrscheinlichkeiten vornehme. Geringe Wahrscheinlichkeiten werden gleich Null gesetzt; ich brauche mich daher um die entsprechenden Eventualitäten gar nicht zu kümmern und kann mir wichtiger erscheinende Ereignisse mit leidlicher Sicherheit voraussagen. Darin bestärkt mich die Beobachtung, daß die meisten Ereignisabläufe meiner Lebenserfahrung eine gewisse Stetigkeit besitzen. Ich glaube mich daher auf das Fortbestehen eines gegenwärtigen Zustandes verlassen zu können. In der Tat ist z. B. ausgerechnet worden (I. D. J. Bross, 1953), daß ein Populär-Meteorologe, der jeweils für den nächsten Tag das gleiche Wetter wie für den Tag der Prognosestellung voraussagen sollte, in 75 % der Fälle recht behalten würde; er schnitte damit nur um ca. 10 % schlechter ab als ein geschulter Meteorologe unter Zuhilfenahme der Berichte von über 100 Beobachtungsstationen und der modernsten Theorien über das Verhalten von Luftmassen. Zum andern Teil halte ich mich aber auch an besondere Anzeichen, von denen mit mehr oder minder Recht behauptet wird, daß sie Änderungen des bestehenden Zustandes vorausgehen. In diesem Sinne läßt sich z. B. die Aufspaltung einer Gesamtgruppe erwarten, wenn es innerhalb dieser zu einer starken Meinungspolarisation gekommen ist, sofern nämlich die Beeinflussungsmittel der größeren Restgruppe nicht zur ‹Kaltstellung› der Irredenta ausreichen.

Auch ohne Schaden wird man ‹klug›

Nur relativ selten ist das Individuum in der Lage, die von ihm zur Erstellung seiner Erwartungen verwendeten Anzeichen auch auf deren Verläßlichkeit zu überprüfen. Daß bei einem bestimmten Thermometerstand das Wasser im Kühler des Wagens einfrieren wird, könnte ich zwar experimentell überprüfen; aus naheliegenden Gründen sehe ich davon aber ab. Ich verwende daher im Winter ein Gefrierschutzmittel, dessen Wirksamkeit ich aber auch lieber nicht auf eine allzu genaue Probe stellen möchte. Solange ich keinen Grund zum Zweifel habe, nehme ich die Versicherungen der Hersteller dieses Mittels für bare Münze, obwohl die Vermutung möglich wäre, daß diese ein Interesse daran haben könnten, mich mehr von ihrem Produkt verwenden zu lassen, als unbedingt erforderlich ist. Die Gewißheit, auf Grund deren ich handle, ist bereits eine soziale Gewißheit; sie stammt nicht aus meiner persönlichen Erfahrung mit einfrierenden Autokühlern. Diese Gewißheit wird aber außer durch den ‹Ruf› der Erzeugerfirma auch noch dadurch verstärkt, daß sich die meisten meiner Bekannten ebenfalls an die Regeln der Firma halten. Einigermaßen beunruhigend wäre es aber, wenn in meinem Bekanntenkreis ein Mann auftauchte, der steif und fest behauptete, die halbe Menge des Gefrierschutzmittels würde ebenfalls ausreichen. Man kann sich ohne allzuviel Phantasie ausmalen, was in diesem Fall geschehen könnte: Irgendwie würden wir andern nämlich darauf warten, daß der Wagen dieses Herrn einmal wirklich – und dann ‹hoffentlich› mit den übelsten Folgen – einfriert. Die Schadenfreude läßt sich voraussehen, obwohl für sie keine andere Veranlassung besteht, als daß Herr X eine von der Meinung unserer Gruppe abweichende Anschauung vertritt. ‹Recht geschieht ihm!› – der Zusatz könnte lauten: ‹Wir haben es ihm oft genug gesagt . . .!› Der Extremist hat sich der Meinungskonvergenz widersetzt, und wir andern haben ihm dafür eine ‹wohlverdiente› Strafe heimlich gewünscht, obwohl die Situation im Grund völlig banal ist.

Worin liegt aber die Verfehlung des Mannes, der seinen Wagen hat einfrieren lassen und der sich nach dem Schaden nicht erst um den Spott zu sorgen braucht? Offenbar muß hier mehr auf dem Spiele stehen als der konkrete Anlaß. Ich vermute, daß es in diesem recht belanglosen Fall um die Vertrauenswürdigkeit der sozialen Gewißheit als solcher geht. Solange unserem Bekannten nichts passiert, stellt er eine sehr wesentliche Sicherung unseres planvollen Handelns in Frage; er stürzt uns damit in sehr unbequeme Entscheidungskonflikte. Das Maß des Grolls und des Spottes, das ihm zuteil wird, entspricht diesen Konflikten und nicht dem konkreten Ereignis, das um seiner selbst willen eher zu einem hilfsbereiten Bedauern Anlaß geben sollte.

Wir wollen unserer Phantasie noch etwas freien Lauf lassen und eine an sich plausible Fortsetzung der Geschichte ersinnen: Kurz nach dem Pech unseres Bekannten stellt sich heraus, daß dieser sich in finanziellen Schwierigkeiten befand. Er war gezwungen zu sparen und tat dies am falschen Ort, d. h. am Schutzmittel für seinen Wagen. Ergebnis: Mit einem Mal verschwindet der Groll, der ‹Außenseiter› ist uns wieder lieb und wert, man hält ihn nicht einmal mehr für einen ‹Querkopf›. Hinter dieser sonderbaren Wandlung steht die Einsicht, daß unser Bekannter ja gar nicht wirklich an seine These glaubte, daß er unsere soziale Gewißheit somit auch gar nicht wirklich gefährdete.

Ich wähle mit Absicht ein in seiner Trivialität kaum überbietbares Beispiel aus dem Leben, weil in ihm Affekte auftreten, die in keinem Verhältnis zur Bedeutungslosigkeit des Anlasses stehen. Man überlege sich nur einmal all die Situationen, in denen die Wendung ‹Recht geschieht ihm!› dem Mißgeschick eines lieben Nächsten lauter oder leiser nachgerufen wird. Fast ausnahmslos handelt es sich hier um eine Vergeltung für das Aus-der-Reihe-Tanzen, das Außenseitertum, das In-Frage-Stellen der sozialen Gewißheit. ‹Recht geschieht ihr, daß sie sich verkühlt hat; man geht zu einem Betriebsausflug nicht mit einem so tief ausgeschnittenen Kleid› . . . usw. Wie recht es nach Meinung der Germanen dem hl. BONIFATIUS geschehen wäre, wenn ihn die fallende *Donar*-Eiche erschlagen hätte, läßt sich lebhaft vorstellen.

Nicht wenige Sachverhalte, die wir zum Zweck des planvollen Handelns in bestimmter Weise festlegen müssen, sind von der Art, daß unser Wissen um sie nicht in der eigenen Erfahrung, sondern in sozialen Bestätigungen gründet. Wir verhalten uns so, als ob die Annahme, daß die Erde z. B. eine flache Scheibe sei, zutreffe, weil und wenn (*anno Domini* 1200) die meisten unserer Bekannten sie akzeptieren. Selbst unter den Beweisen für die Existenz Gottes wird herkömmlicherweise der *consensus omnium* aufgezählt, wobei denn theologisch orientierte Ethnologen nicht geringe Mühe auf den Nachweis verwandten, daß auch die primitivsten Stämme ein monotheistisches Weltbild besitzen. Der Gottesleugner gehört aber als Individuum durchaus zu den Einzelgängern, deren eventuelle Mißgeschicke mit einem ‹recht geschieht ihm ...› quittiert werden. Nicht anders ergeht es dem avantgardistischen Künstler, dessen Werke einem Brand des Ausstellungsgebäudes zum Opfer fallen. Auch wenn man derartige Denkgepflogenheiten als gedankenlos und herzlos ablehnt, kann man sich vor ihnen nicht immer bewahren.

Bestätigung des eigenen Wesens

Dieses merkwürdige Phänomen wird erst verständlich, wenn wir uns die Vielfältigkeit unserer Abhängigkeit von sozialen Bestätigungen klarmachen. Woher sollte etwa ein junger Mann wissen, ob er poetische Begabung besitzt? Stellt er seine Verse oder ‹Texte› niemals dem Urteil anderer, so bleibt ihm auch die soziale Bestätigung versagt; findet er dabei aber Ablehnung, so weiß er wenigstens darüber Bescheid, daß ihm die entsprechende Begabung fehlt. Um über sich selbst Klarheit zu gewinnen, benötigt er zumindest eine kleine Gruppe mehr oder minder Gleichgesinnter, deren Maßstäbe ihm verbindlich erscheinen. Es handelt sich um eine soziale Bestätigung im kleinsten Rahmen, im Club z. B., die für das Selbstwerterlebnis junger Künstler maßgeblich zu sein pflegt.

Eine analoge Zweckbestimmung hat der Altphilologe P. VON DER MÜHLL [1] in seiner feinsinnigen Analyse des antiken Symposions herausgearbeitet: ‹Im Beisammensein mit den anderen beim Gelage wird sich der einzelne seiner Lebenseinstellung, seiner Individualität bewußt, rühmt er sich seiner Art und Arete› (Begabung, eigentlich: Mannhaftigkeit). An anderer Stelle bezeichnet er das Symposion geradezu als die Stätte ‹der Entstehung individueller Lyrik›.

Wir benehmen uns oftmals so, als ob der Begabte auch stets um seine Begabung wissen müßte, als ob sich die Begabung als feste innere Stimme geltend machen sollte. Wie unrealistisch diese meist nicht näher durchdachte Auffassung ist, merkt man bei der

---

1 Baseler Aula-Vortrag (1926), abgedruckt in: XENOPHON, Das Gastmahl. Rowohlt Klassiker Bd. 7, 1957.

Berufsberatung junger Menschen. Die Begabungen ‹sprechen› nicht, man muß ihrer erst innewerden; zu ihrer Feststellung ist zweierlei erforderlich, das im Grunde nur eine Gruppe zu bieten vermag: eine Chance zur Bewährung in anspruchsvollen Situationen und eine Bestätigung eventueller Erfolge durch kompetente Beurteiler, d.h. durch Personen, deren Sachverstand nicht angezweifelt wird. Das Individuum bildet sich auf diesem Wege eine Meinung über sein eigenes Leistungsvermögen. Dieses läßt sich nur im Rahmen gruppenspezifischer Kategorien formulieren: Wer viel kann, leistet mehr als viele andere; deren Erfolge bzw. Mißerfolge dienen als Vergleichsmaßstab. Dabei ist zunächst noch keineswegs ausgemacht, ob die Gruppe selbst diese oder jene Leistung mehr auf Begabungen – eine einzelne oder ein ganzes Bündel von ihnen – zurückführt oder etwa auf Motivationskomponenten, den ‹guten Willen›, die Anstrengungsbereitschaft, das Engagement usw.

Bezüglich einer Reihe von Begabungen gibt es allerdings eine populär-psychologische Tradition verehrungswürdigen Alters, die den Prozeß des Bestimmens in ‹gesicherte› Bahnen lenkt. Die entsprechende Gruppenleistung wird daher oftmals gar nicht mehr auffällig. Der Begriff der ‹Intelligenz› des Einzelindividuums liegt z.B. schon seit der klassischen Antike ziemlich fest: ‹Intelligent› ist, wer sich das vorhandene Wissen auf vielen Gebieten anzueignen vermag. Tatsächlich orientiert sich ja auch der fachpsychologische Maßbegriff der Intelligenz an Schulerfolgen. Im Test-Entwurf Binets (1905) ging es um die Unterscheidung zwischen Hilfsschülern und Normalbegabten, und noch heute würde man einem Intelligenztest, dessen Ergebnisse mit den Schulnoten überhaupt nicht korrelieren sollten, erheblich mißtrauen.

Hinsichtlich vieler Begabungen haben wir die Gruppenleistungen zum Typus des Bestimmens so weit formalisiert, daß es auf die bestimmende Gruppe gar nicht mehr anzukommen scheint. Wir sind daher in Zweifelsfällen, z.B. in der Erziehungsberatung, auch geneigt, einem Repräsentanten der fiktiven Bestimmungsgruppe die Entscheidungsfunktion zu übertragen. Dies geschieht, wenn man einen Psychologen mit der Erstellung eines Begabungsbildes beauftragt. Wie komplexe Sachverhalte dabei zum Einsatz kommen, macht sich leider auch der Psychologe nicht immer hinreichend klar; es ist für ihn verlockend einfach, sich nur in der Rolle eines Suchenden zu denken, der objektive Fakten – eben eine Begabung – zu finden hat. Er übersieht dabei leicht die Verankerung dieser ‹objektiven Fakten› in Gruppenleistungen vom Typus des Bestimmens. Bekanntlich stößt der analoge Versuch auf dem Gebiet der Persönlichkeitsdiagnose bereits auf größte Schwierigkeiten. Das liegt im wesentlichen daran, daß auf diesem Gebiet die Bestimmungsleistungen der Gruppe nur mäßige Stabilität besitzen; jedenfalls sind sie nicht in der Weise vorgenommen worden, daß man auf sie – wie auf objektive Fakten – zurückgreifen könnte. Ich weiß nicht, ob sich dieser von vielen Fachkollegen erträumte Entwicklungszustand jemals wird erreichen lassen bzw. ob dessen Erreichung auch wünschenswert wäre.

Im Augenblick gilt jedenfalls, daß die Begabungsbegriffe innerhalb der abendländischen Welt leidlich präzise geworden sind, so daß man sich auch im internationalen Verkehr der Psychologie einigermaßen verständigen kann. Von Persönlichkeitseigenschaften läßt sich etwas Ähnliches kaum sagen. In den von deutschen Psychologen erstellten Gutachten stößt man noch immer auf Beurteilungen der ‹Tiefe›, ‹Echtheit›, ‹Vitalität› und der ‹Gemütswärme› eines Menschen, für die es im wissenschaftlichen Vokabularium der USA kaum Äquivalente gibt. Sehr vieles von dem, was unsere amerikanischen Kollegen hinwiederum über das *‹adjustment›* ihrer Landsleute aussagen, bleibt diesseits des Atlantik nahezu bedeutungslos.

Bestätigung des eigenen Meinens

Halten wir fest: Unsere Urteile über eigene und fremde Begabungen sind im Grunde ebenso gruppenbezogen wie das Zutrauen, das wir zu unserer eigenen Meinung haben. Wer sich etwa die Vermutung gestatten sollte, daß die Entwicklung Europas weniger tragisch verlaufen wäre, wenn NAPOLEON seine Pläne hätte durchführen können, der wird zugleich bei der Äußerung einer solchen Meinung erhebliche Vorsicht bekunden. Sehr viel sicherer fühlte er sich seiner Sache, wenn die gleiche Meinung von zahlreichen anderen geteilt würde. Auf diese Weise ist nahezu jeder Bürger der Vereinigten Staaten felsenfest davon überzeugt, daß die Unabhängigkeitserklärung von 1776 ein Glück für die Nation und für die Welt als Ganzes gewesen sei. Sieht man aber von der Selbstverständlichkeit dieser These ab, dann erweist sich deren objektive Bestätigung als keineswegs leichter als die für die günstigen Folgen eines fiktiven Sieges NAPOLEONS bei Waterloo oder MARIA THERESIAS über FRIEDRICH DEN GROSSEN oder HEINRICHS IV. über den Papst im Investiturstreit. Der Unterschied liegt nur darin, daß im einen Fall eine Gruppenleistung vom Typus des Bestimmens erfolgt ist und noch weiterhin im Zuge des Geschichtsunterrichts in der Schule erfolgt, während in den anderen die Unwiderruflichkeit der Ereignisse zu einer solchen Bestimmungsleistung wenig Anlaß bot. Das schließt aber keineswegs die Möglichkeit von Gruppen aus, deren Mitglieder samt und sonders z. B. davon überzeugt sein könnten, daß die Ermordung WALLENSTEINS eine Katastrophe für Mitteleuropa gewesen sei. Als wesentlich erscheint bloß der Umstand, daß eine Meinung innerhalb der vom Meinungsträger respektierten Gruppe ihre soziale Bestätigung findet bzw. daß es Gruppen gibt, die hinsichtlich dieser Meinung uniform sind. Je größer diese Gruppen sind, um so sicherer wird man *ceteris paribus* einer Meinung sein. Letzten Endes geht es wirklich um den *consensus omnium.*

Bei der Betrachtung von Gruppen, die für längere Zeit bestehen, stellt sich immer wieder heraus, daß in diesen ein Bestand an gemeinsamen Anschauungen vorhanden ist. Das gilt von Familie und Freundeskreis ebenso wie von Vereinen, Parteien und Religionsverbänden. Sie alle bieten soziale Bestätigung für Annahmen, die sich entweder überhaupt nicht überprüfen lassen (z. B. der Offenbarungscharakter des *Hohenliedes Salomonis*) oder deren Überprüfung für das Einzelindividuum zu riskant bzw. zu umständlich wäre (z. B. die behauptete Festigung des Charakters im Zuge des studentischen Mensurenschlagens). Man muß die Vielfalt der Annahmen recht bedenken, die außerhalb unserer individuellen Erfahrungsmöglichkeiten liegen, um der Bedeutung sozialer Gewißheiten gerecht zu werden. Die Leichtfertigkeit, mit der wir alle in Gruppen deren Selbstverständlichkeiten für sachlich richtig halten, stünde in der Tat der ‹Nie-Fertigkeit› gegenüber, die sich bei dem Versuch der sachlichen Überprüfung aller relevanten Entscheidungen ergäbe. Wir wollen uns nicht verhehlen, daß wir selbst überprüfbare Sachverhalte nicht selten ‹auf Treu und Glauben› hinnehmen, d. h. ohne diese wirklich zu überprüfen; ein gut Teil unseres Schulwissens ist von dieser Art.

Es ist leicht, das mannigfaltige Scheinwissen von Menschen zu belächeln oder zum Gegenstand pädagogischer Bemühungen zu machen; jedoch darf man dabei nicht übersehen, in wie weitem Ausmaß jede menschliche Kultur auf bloß durch *consensus* bestätigten Annahmen basiert. Diese Erwägung schreibt uns aber eine positive Bewertung des Phänomens vor. Gruppenleistungen vom Typus des Bestimmens sind wirklich Leistungen! Damit ist freilich noch nicht gesagt, daß sie sich immer und stets zum Vorteil der Gruppe auswirken. Ein solches Urteil läßt sich aber auch bei andern Leistungen nicht ohne weiteres fällen; sehr viele Erfindungen tragen in sich den Keim zu höchst gefährlichen Entwicklungen, obwohl man durchaus bereit ist, sie als Leistungen anzusprechen. Überdies wäre zu bedenken, daß ein sozial bestätigtes Scheinwissen objektiv betrachtet gar nicht falsch sein kann, da es sich – *per definitionem* – auf Sachverhalte bezieht, deren Überprüfung unmöglich ist.

Es handelt sich somit eigentlich nur darum, wem die Last des Beweises aufgebürdet wird: Hat der Vertreter einer Gruppenselbstverständlichkeit deren Richtigkeit nachzuweisen, oder kann er an dieser so lange festhalten, bis sein Widersacher ihm deren Falschheit demonstriert? Das ist aber eine akademische Frage, die Gruppen überhaupt nicht stellen; ihre Praxis beantwortet sie aber im Sinne der zweiten Alternative, wie denn auch der Beschuldigte nicht seine Unschuld nachzuweisen hat, sondern der Kläger dessen Schuld.

Höchst bedenkliche Ausnahmen wurden von dieser Regel allerdings in gewissen politischen Prozessen der ersten Nachkriegsjahre gemacht. Hier ging es jedoch nicht um die Rechtsfindung innerhalb einer Gruppe, sondern um die juridisch verbrämte Rache einer Gruppe an einer anderen bzw. nach Zerschlagung der Gegengruppe um die Verfolgung von Außenseitern. In dieser Situation wird aber schon seit eh und je ein Unschuldsbeweis des Angeklagten verlangt, da er sich nur durch diesen als ein legitimes Gruppenmitglied darzustellen vermöchte.

Verkennt man die fundamentale Bedeutung der Gruppenleistungen vom Typus des Bestimmens, so beginnt man sich über die ‹Leichtgläubigkeit› und den Aberglauben der Gruppen zu wundern, deren Selbstverständlichkeiten man selbst nicht teilt. Das ist eine der Quellen der sog. Massenpsychologie. Damit werden aber zugleich Wertfragen eingeführt, die eine sachgerechte Analyse nur erschweren. Außerdem wird hier geflissentlich mit Begriffen operiert, die – wie der Intelligenz-Begriff – selbst sozialer Bestätigung nicht entraten können. Es scheint mir daher richtiger, schlicht zuzugeben, daß der aller sozialen Gewißheiten beraubte Mensch nur in sehr beschränktem Maße handlungsfähig wäre. Er befände sich in eben jener *‹nature›*, zu der ihm ROUSSEAU zurückzukehren empfahl. Eine wahrhaft grauenerregende Utopie!

Der Vergleich mit anderen

Die wissenschaftlich fruchtbare Fragestellung zielt auf das Wie des Zustandekommens von Gruppenmeinungen. Wir gehen dabei am besten von der Tatsache aus, daß beim Fehlen sachlicher und sozialer Bestätigungen sowohl die Urteile des Individuums über seine eigenen Fähigkeiten als auch dessen Meinungen unstabil und wandelbar sind. Für Fähigkeiten und Erfolgschancen läßt sich dieser Satz durch die Untersuchungen der LEWINschen Schule zum Problem des ‹Anspruchsniveaus› belegen. Weiß man nicht bereits aus langer Erfahrung, was man sich zutrauen kann, dann schwanken die Annahmen über die eigenen Leistungsmöglichkeiten mit jedem Erfolg aufwärts und mit jedem Mißerfolg abwärts. Etwas mehr Klarheit und Festigkeit entsteht aber dadurch, daß der Versuchsleiter eine – evtl. fiktive – Aussage darüber macht, wie Vpn im Durchschnitt bei diesem Experiment (z. B. dem Führen eines Metallgriffels auf einer engen, durch Kontaktflächen begrenzten Bahn) abschneiden. Man hat nun einen Bezugspunkt, mit dem man den eigenen Erfolg vergleichen kann. Außerhalb des Laboratoriums kommt es aber sehr wesentlich darauf an, daß man die eigenen Leistungen mit denen konkreter anderer vergleicht. Dies ist mitunter, etwa im Falle der geschlechtlichen Potenz, kaum möglich; namentlich Frauen sind daher in der Beurteilung ihrer eigenen ‹Liebesfähigkeit› höchst unsicher.

In der Regel nimmt die Neigung, sich selbst an einem bestimmten anderen Menschen zu messen, mit der Größe des erlebten Unterschiedes zwischen einem selbst und dieser anderen Person ab. Der Sünder vergleicht sich nicht mit dem Heiligen, der Hilfsschüler nicht mit dem Nobelpreisträger, der Schachmeister allerdings auch nicht mit dem naiven Anfänger. Vergleiche über so weite Distanzen hinweg trügen auch nur wenig zur Bestimmung des eigenen Standortes bei. Ebensowenig läge es wohl dem Jungsozialisten, seine Meinung über KARL MARX mit der eines ultrakonservativen Großgrundbesitzers zu konfrontieren. Der Vergleich der eigenen Leistungsfähigkeit mit der anderer im Wettkampf und der des eigenen Dafürhaltens mit dem anderer in der Diskussion lockt nur da, wo sich die Unterschiede zwischen den Partnern innerhalb relativ enger Grenzen halten. Daß es aber in der Situation des Nebeneinander fast immer – und zwar spontan – zum Bezug des eigenen Leistens auf das bestimmter anderer Personen kommt, wurde schon früher angemerkt. Diesen Sachverhalt ergaben auch die Wettstreitversuche von I. C. WHITTEMORE (1925). Nachträgliche Befragung der Vpn bestätigte auch die Annahme, daß zum Vergleichspartner meistens eine Person gewählt wird, deren Leistung der eigenen nahezustehen scheint.

Der Vergleichspartner, an dem man sich mißt und mit dem man eigentlich konkurriert, ist einem meist auch sympathischer als ein Fernerstehender. Darin scheint die Zwiespältigkeit vieler Freundschaftsverhältnisse zu liegen. Das Sich-Messen verliert seinen Reiz, wenn man dem anderen nicht in etwa 50 % der Fälle unterliegt; es besäße aber von vornherein gar keinen Reiz, wenn man nicht bereit wäre, den anderen zu schätzen. Man kennt diese Situation von habituellen Diskussionspartnern und von Personen, die jede Gelegenheit zu einer Tennispartie miteinander suchen. Unbeschadet der agonischen Relation, die zwischen ihnen besteht, heben sie sich als Kleinstgruppen von all den übrigen ab, mit denen in ein Vergleichsverhältnis einzutreten sich für keinen von beiden verlohnte.

Der Ausgleich in der Gruppe

Wo Gruppen bereits bestehen, zeigen sie oft die Tendenz, ihre leistungsschwächeren Mitglieder auf das Niveau des guten Durchschnitts zu heben. Dies kann entweder durch Nachhilfe geschehen oder auch durch eine Verfälschung der Leistungs-Skala, in der Schulklasse z. B. durch Einflüstern, Abschreiben-Lassen usw. Der Kameradschaftsgeist, den Lehrer mitunter als ‹mißverstanden› zu brandmarken belieben, sorgt für eine Kleinhaltung der interindividuellen Unterschiede innerhalb der Gruppe. Lehrer täten vielleicht gut daran, sich zu fragen, ob eine zur Gruppe integrierte Klasse nicht u. U. wertvoller sein könnte als die völlig gerechte Benotung jedes einzelnen Schülers in einer Situation des bloßen Nebeneinander. Bei näherem Zusehen dürfte sich freilich ergeben, daß die Strenge, die der Lehrer den ‹unredlichen› Hilfestellungen entgegensetzt, ihrerseits als Ansporn zu erhöhter Solidarität fruchtbar wird.

Wie steht es aber um die Anerkennung der Leistungen des Klassenbesten? Sehr häufig kommt es auch hier zu Versuchen, die Außerordentlichkeit zu verringern. Der kluge Primus wird dieser Tendenz wohl auch dadurch entgegenkommen, daß er von sich in besonders großzügiger Weise abschreiben läßt. Anderenfalls hätte er nämlich mit der kaum anstrebenswerten Gegnerschaft der übrigen Klasse zu rechnen.

Diesen Punkt klärt auch ein Experiment von HOFFMAN, FESTINGER und LAWRENCE (1954) auf. In Gruppen von jeweils 3 Vpn erhielt jeder Teilnehmer eine Anzahl von Dreiecken, aus denen es ein Quadrat zu bilden galt. Dabei bestand auch die Möglichkeit, durch den Austausch von Baustücken mit einem der Partner zu einem größeren

Quadrat zu gelangen. Je größer das gebildete Quadrat, um so höher sollte die Leistung der entsprechenden Vp gewertet werden. Die Dreiecke waren so gewählt, daß die Zusammensetzung des Quadrats aus den jeder Vp gelieferten Stücken äußerst schwierig und in der für den Einzelversuch zur Verfügung stehenden Zeit von 4 Minuten kaum wahrscheinlich war. Kurz vor dem Ablauf der Frist setzte aber regelmäßig einer der drei Partner – ein verschwiegener Helfer des Versuchsleiters – sein Quadrat zusammen. Er gewann damit einen

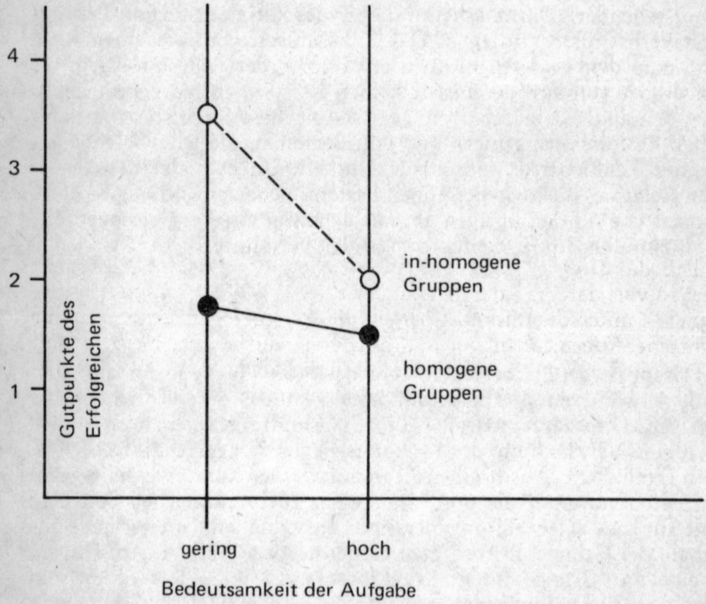

Abb. 15: Die Erschwerung weiterer Erfolge für den Erfolgreichen als Ausdruck der Nivellierungs-Tendenz in der Gruppe (nach Hoffman, Festinger und Lawrence)

erheblichen Leistungsvorsprung vor den beiden anderen Vpn. In den nun folgenden Versuchen ging es im wesentlichen um die Frage, wie sich die Partner auf den Austausch von Baustücken einigen würden. Wer ein Dreieck abgab, konnte dafür einen ‹Preis› fordern, d. h. einen Anteil an den Punkten, die der Käufer durch die Zusammensetzung des Großquadrats erwerben würde. In der Mehrzahl der auf diese Weise untersuchten Gruppen ereignete sich ein Zusammenschluß der beiden zunächst weniger erfolgreichen Partner, die den Mann mit dem Anfangsvorsprung nach Kräften davon abhielten, zusätzliche Gutpunkte zu gewinnen. Dieses Verhalten entspricht genau der Tendenz zur Kleinhaltung der Unterschiede innerhalb der Gruppe. Es trat in Gruppen, deren Mitgliedern im voraus versichert worden war, daß sie ungefähr gleich begabt seien (‹homogene Gruppen›), sehr viel stärker in Erscheinung als in ‹in-homogenen Gruppen›, die auf das Bestehen erheblicher Begabungsunterschiede hingewiesen worden waren.

Eine weitere Variation der Versuchsbedingungen bestand darin, daß der einen Hälfte der Versuchsgruppen die Aufgabe als ein ganz ausgezeichneter und bestens geeichter Intelligenztest vorgestellt worden war (hohe Bedeutsamkeit der Aufgabe), während die Instruktion der übrigen Gruppen dahingehend gelautet hatte, daß es sich hier um einen sehr zweifelhaften Intelligenztest handle, für dessen endgültige Verwerfung im Experiment Material gesammelt würde (geringe Bedeutsamkeit der Aufgabe). Das Konvergenzstreben erwies sich im Falle hoher Bedeutsamkeit der Aufgabe als stärker, d. h. die naiven Partner konzedierten dem ‹Erfolgreichen› weniger zusätzliche Gutpunkte als im Falle geringer Bedeutsamkeit der Aufgabe. Das Konvergenzstreben homogener Gruppen übertraf das der inhomogenen Gruppen. Abb. 15 illustriert diese Ergebnisse.

Experimente der geschilderten Art erlauben uns einen Einblick in die Dynamik der Bildung von Koalitionen. Am ausgiebigsten wurde der Fall der Drei-Personen-Gruppe (‹Triade›) untersucht. Man geht dabei so vor, daß man die Erfolge der Partner – z. B. bei einem Würfelspiel – unterschiedlich gewichtet; die Person A darf die von ihr geworfene Augenzahl mit 4 multiplizieren, die Person B mit 3 und die Person C nur mit 2. Eine andere Möglichkeit bieten Abstimmungen über fiktive Entscheidungssituationen, in denen die Partner ungleich viele Stimmen zur Verfügung haben (A = 4, B = 3, C = 2). Für die ‹Machtrelationen› innerhalb der Triade (T. Caplow, 1956; W. A. Gamson, 1964) gilt demnach das Schema: A > B > C; A < (B + C). Die Situation erinnert etwas an den Ausgang mancher deutscher Wahlen in der letzten Zeit: CDU/CSU > SPD > FDP; CDU/CSU < (SPD + FDP). Aus der Literatur ist zu entnehmen, daß die Koalition B + C = 5 am häufigsten auftritt (65 %), A + C = 6 weniger oft (24 %) und die ‹große Koalition› A + B = 7 am seltensten (11 %). Männliche Vpn neigen allerdings eher zur Maximierung der ‹Macht› – sie bevorzugen die Koalitionen A + B und A + C –, während weibliche Vpn mehr nach einem ‹gerechten› Ausgleich suchen, wie ihn die Koalition der beiden Schwächeren (B + C) gegen den Stärkeren (A) ermöglicht (J. R. Bond und W. E. Vinacke, 1961).

Wenn man davon ausgeht, daß sich jeder Partner eine Koalition wünscht, in der er selbst entweder der Stärkere ist oder in der er dem Stärkeren nicht allzuweit unterlegen ist, ergibt sich aus der Sicht von B eine Bevorzugung von B + C gegenüber A + B und für C eine solche von B + C gegenüber A + C, während für A die beiden Möglichkeiten A + B und A + C etwa gleichwertig wären. Da sie von zwei der möglichen Partner bevorzugt wird, hat die Koalition B + C daher die besten Chancen einer Realisierung.

Durch Vergrößerung des Maßstabes läßt sich aus den Laboratoriumsexperimenten die von Kleisthenes (um 500 v. Chr.) zum Schutz der athenischen Verfassung eingeführte Institution des Ostrakismos gewinnen. Das Scherbengericht gab den Bürgern dieser Demokratie die Möglichkeit, mißliebige Mitbürger, auch wenn diese sich gar nichts hatten zuschulden kommen lassen, auf 10 Jahre aus der Polis zu verbannen. Kein geringerer als ARISTOTELES versichert uns, daß die Opfer des Scherbengerichts in der Regel überlegene Persönlichkeiten gewesen seien. Es heißt bei ihm dann weiter: ‹Wo Überlegenheit besteht, kann sich das Argument zugunsten des Ostrakismos auf eine Art politischer Gerechtigkeit berufen› (‹Politik› III, 1284 b). Obwohl er dieses Mittel zur Erhaltung des staatlichen Gleichgewichts nicht besonders empfiehlt, vergleicht er es doch den Bemühungen des Künstlers um eine Harmonie der Teile, ‹wie denn auch der Chorleiter jemandem, der lauter und besser als die übrigen singt, nicht im Chor zu verbleiben gestatten wird›. Im Regelfall nivellieren Gruppen die Unterschiede zwischen den Meinungen und den Fähigkeiten ihrer Mitglieder. Diesem Zwecke dienen auch die beliebten Anekdötchen über ‹Prominente›, aus denen sich ersehen läßt, daß auch sie ‹nur Menschen› sind, d. h. daß sie gar nicht so weit aus der Gruppe herausragen, wie es ursprünglich den Anschein hatte.

Die Gruppe wäre gar nicht in der Lage, Sachverhalte zu bestimmen und damit das Selbstbildnis ihrer Angehörigen zu bestätigen, wenn sie die Binnenvariationen der in ihr vorkommenden Anschauungen und Leistungen nicht möglichst klein hielte. Daraus erklärt sich die Richtung des Gesprächsflusses im Falle des Vorhandenseins extremer Meinungen. Es kommt hier in der Tat darauf an, den Einzelgänger zurückzuholen, wobei man meistens bereit ist, ihm einige Konzessionen zu machen. Solange er auf seiner unpopulären Einzelmeinung beharrt, stellt er die Überzeugtheit der übrigen Gruppenmitglieder in Frage. Er ist ein ‹Ärgernis›, das es zu beseitigen gilt. Dies geschieht entweder dadurch, daß er nachgibt, oder dadurch, daß ihn die Gruppe zunächst abkapselt und evtl. sogar ausstößt.

Die Vehemenz der Entwicklung in einer dieser beiden Richtungen hängt davon ab, wie bedeutsam der Fragenkomplex ist, hinsichtlich dessen eine extreme Sonderstellung eingenommen wird. In einer kleinstädtischen Liedertafel wird der Verehrer atonaler Musik stärker und wohl auch unangenehmer auffallen als in einem Verein von Briefmarkensammlern, obwohl er u. U. auch in diesem der einzige Anhänger des Zwölfton-Systems sein könnte. Auf diese Weise wird auch die Verschwörung gegen den Erfolgreichen im vorhin besprochenen Experiment dann besonders wirksam, wenn die Vpn von der Verläßlichkeit des Intelligenztests überzeugt sind.

Ceteris paribus ist die Tendenz zur Uniformität in Tun und Meinen bei stark kohärenten Gruppen deutlicher erkennbar als bei schwach kohärenten. Dieser Variation wird das Experiment durch die Unterscheidung zwischen homogenen und inhomogenen Gruppen einigermaßen gerecht. Es handelt sich hier um das Phänomen der Solidarität, das in mehr oder weniger übertragenem Sinn bis zum Extrem des *‹Right or wrong – my country›* reicht. Man erfährt dies in Fällen, wo die gesetzestreu lebenden Mitglieder eines eng verbundenen Kreises erstaunlich weitgehen, um den eventuellen

Rechtsbruch eines ihrer Kameraden zu vertuschen oder doch wenigstens zu beschönigen. Von vornherein sind sie auch davon überzeugt, daß es sich überhaupt nur um eine unbegründete Anschuldigung handeln könne, d. h. sie wollen die Möglichkeit des unanständigen Verhaltens eines der Ihren nicht einmal in Erwägung ziehen. Dem Kläger wird dabei nicht selten entgegengehalten, daß er die Ehre der Gruppe X verletze, deren sämtliche Mitglieder über jeden Zweifel erhaben seien.

Selbstbild und Ideal

Welche Züge ihres eigenen Wesens einer Person bewußt und daher zu Merkmalen des Selbstbildes werden können, hängt sehr wesentlich von den sprachlichen Objektivierungsmöglichkeiten ab, die eine Gesellschaft ihren Angehörigen in Form einer ‹Psychologie› zur Verfügung stellt. Man denke nur an den ‹Ödipuskomplex› und an das derzeitige Modewort ‹Frustration›, das Sachverhalte akzentuiert und höchst interessant erscheinen läßt, die man früher einmal mit dem schnöden Hinweis ‹so nimm dich halt zusammen!› quittiert hätte.

Überschaubarer werden diese Zusammenhänge, wenn wir an den Fall einer Gruppe denken, die als Bestimmungsleistung ein mehr oder minder fest umrissenes Leitbild entwickelt hat. Es mag sich um junge Männer handeln, die – wie die ‹Rocker› – einem Ideal der Tatkraft und der Tätlichkeit huldigen. Man kleidet sich entsprechend, braust mit dröhnenden Motorrädern durch die Gegend und reagiert aggressiv auf jeden Versuch der Beeinträchtigung. Dem Neuling wird durch Mutproben am Rande der Legalität Gelegenheit zur Bewährung gegeben, und die anderen vermögen aus ihnen zu ersehen, ob er zu ihnen paßt oder ob durch seine Aufnahme die Einheitlichkeit der Gruppe eventuell gesprengt werden könnte. Etwas Ähnliches gilt von nahezu allen Gruppen, die sich auf längere Dauer konstituieren; sie kennen Akte der Kooptation. Ein Beispiel dafür ist das Habilitationsverfahren der klassischen Universität.

Auf seiten einer Person, die einer bestimmten Gruppe anzugehören wünscht, kann es freilich dazu kommen, daß sie zwischen ihrem Selbstbild und dem gruppenspezifischen Leitbild neben manchen Übereinstimmungen auch einige Unterschiede feststellt. Es besteht somit eine ‹kognitive Dissonanz› im Sinne L. Festingers (1957), d. h. ein Spannungszustand, der nach Auflösung drängt. Eine Reihe der dabei möglichen Alternativen zeigt das im Anschluß an B. E. Collins und B. H. Raven (1969) entworfene Schema der Abbildung 16 auf. Denkbar ist z. B. eine tatsächliche Veränderung bei der Person selbst bzw. in deren Verhalten – das wäre der ‹erzieherische› Weg, oder auch eine Umdeutung des Selbstbildes, bei der jemand entdecken könnte, daß er sich seine immer schon vorhandene Bereitschaft zu gewissen Extravaganzen bisher bloß nicht einzugestehen wagte. Möglich wäre freilich auch der ‹reformerische› Versuch einer Beeinflussung der Gruppe in Richtung auf eine Veränderung ihres Leit-

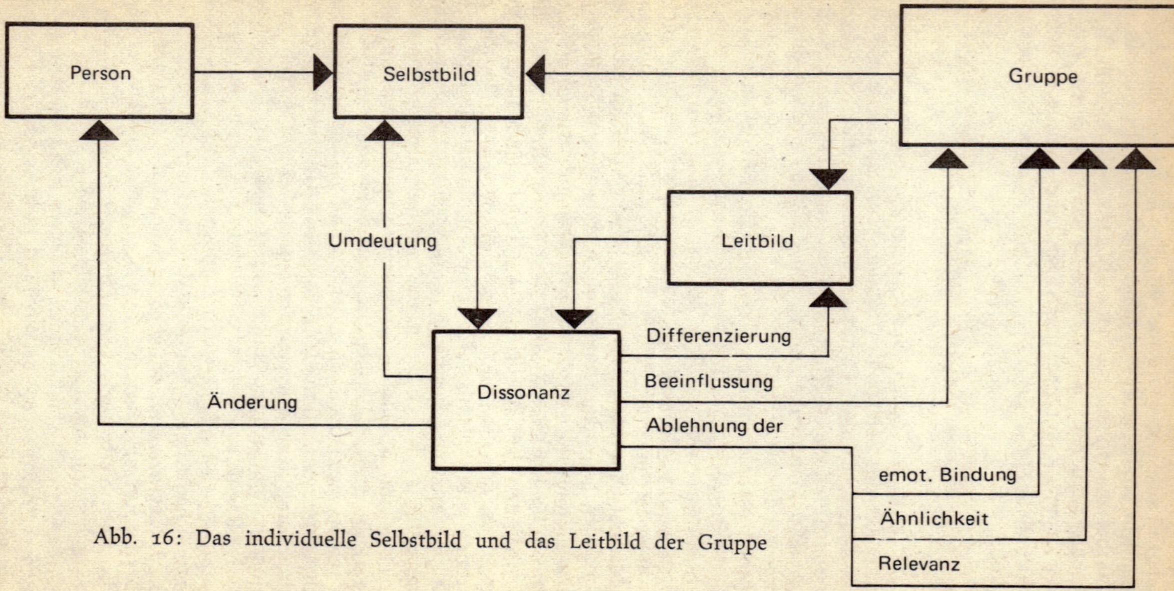

Abb. 16: Das individuelle Selbstbild und das Leitbild der Gruppe

bildes bzw. Selbstverständnisses. In Frage kommen kann auch eine Differenzierung des Leitbildes in dem Sinne, daß man innerhalb dessen zwischen wichtigeren bzw. zentralen und bloß peripheren Forderungen unterscheidet. Die gemeinsame Linksideologie einer ‹Kommune› mag jemand z. B. für sehr wesentlich halten, Promiskuität dagegen eventuell nicht (oder auch umgekehrt). Als ein letzter Ausweg aus der Dissonanz bleibt die Ablehnung der Gruppe, d. h. der Verzicht auf die Zugehörigkeit, weil man sich den übrigen Mitgliedern emotional nicht mehr verbunden fühlt oder weil man ihnen ohnedies nicht ähnlich zu sein meint oder weil die Zugehörigkeit zu gerade dieser Gruppe für einen selbst eigentlich gar nicht wichtig (relevant) ist.

Es verlohnt sich, diese Alternativen im Hinblick auf die in der letzten Zeit besonders häufigen Austritte aus den christlichen Glaubensgemeinschaften zu überdenken. Stoff für ähnliche Überlegungen böte auch das soziale Phänomen der Wehrdienstverweigerung, d. h. der Ablehnung einer Gruppenzugehörigkeit auf Grund kognitiver Dissonanzen zwischen dem eigenen (pazifistischen oder auch anarchistischen) Selbstbild und dem Leitbild ‹des Soldaten›. Diese bestehen und bestanden seit Einführung der allgemeinen Wehrpflicht wahrscheinlich immer, auch wenn es sich um Personen mit einem eher bürgerlich-konservativen Selbstbild handelt; bei ihnen kommt es allerdings eher zu Verhaltensänderungen bzw. zu einer Revision des Selbstbildes im Sinne einer Überwindung ‹des inneren Schweinehundes›. Man kennt natürlich auch Ansätze zur Beeinflussung der Gruppe von innen her, die eine Verschiebung des Leitbildes intendieren. *Mutatis mutandis* scheinen sie mir im Hinblick auf die Wesensbestimmung des ‹akademischen Bürgers› das Hauptanliegen der z. Z. im Gange befindlichen Universitätsreform zu sein. In diesem Zusammenhang dürfte bei nicht wenigen Studierenden freilich auch die Strategie der Differenzierung eine Rolle spielen; sie kann dazu führen, daß man am Leitbild des Hochschulabsolventen die Bescheinigung der Kompetenz (das Diplom also oder den Doktortitel) für wichtiger hält als die Kompetenz selbst. Durchaus problematisch sind diese Methoden der Spannungsverringerung angesichts einer Institution, die Dissonanzerlebnisse grundsätzlich nicht ausschalten kann und darf, weil aus ihnen ja die Impulse für die als ‹Bildung› bezeichneten Veränderungen der Person kommen. Abzuwarten bleibt, in welcher Weise die Hochschullehrer selbst die Dissonanz zwischen ihrem Selbstbild und dem ihnen zugewiesenen Leitbild der ‹reformierten› Universität auflösen werden; auf Grund der bisher vorliegenden Erfahrungen vermag ich keine der in Abbildung 16 skizzierten fünf Möglichkeiten ganz auszuschließen.

Kognitive Dissonanzen sind im Kontakt zwischen Einzelpersonen sowie zwischen Individuen und Gruppen kaum zu vermeiden; sie ergeben sich z. B. immer dann, wenn zwei Personen (A und B), die einander gut leiden können, plötzlich bemerken, daß sie bezüglich eines Sachverhalts (S) verschiedener Meinung sind (Abb. 17). Eine solche Konfiguration (ApB, ApS, BnS) wird als gestörte Gleichgewichtslage (‹*inbalance*›) bzw. auch als ‹inkongruent› oder als ‹dissonant› bezeichnet (F. Heider, 1958; C. E. Osgood und P. H. Tannenbaum, 1955; J. W. Brehm und A. R. Cohen, 1962). Um das System wieder ins Gleichgewicht zu bringen, ist zumindest eine Einstellungsänderung (C. A. Insko, 1967; H. J. Hummel, 1969) erforderlich; möglich wäre, daß entweder auch A den Sachverhalt ablehnt (ApS → AnS), daß B sich zu einem positiven Urteil entschließt (BnS → BpS) oder daß sich die Beziehung zwischen A und B verschlechtert (ApB → AnB). Diesen letzten Fall zeigt das Schema auf der rechten Seite von Abbildung 17. Innerhalb einer kohäsiven Gruppe

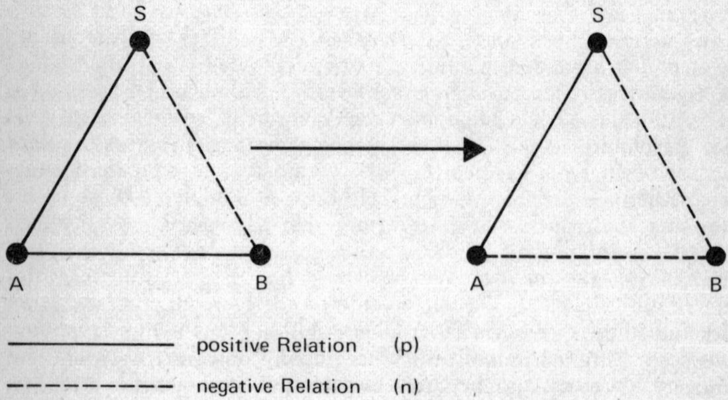

Abb. 17: Das Modell einer kognitiven Dissonanz

wird man eine solche Entwicklung nach Möglichkeit zu vermeiden trachten; man bemüht sich in einem solchen Sozialgebilde auch häufig darum, daß dessen Angehörige bei ihrer Partnerwahl im Kreis der Personen bleiben, die auch den übrigen Gruppenmitgliedern wenigstens einigermaßen sympathisch sind.

Unifikation

Ist die Uniformität des Tuns und Meinens in stark kohärenten Gruppen schon an sich deutlich ausgeprägt, so pflegt diese außerdem noch von den einzelnen Gruppenmitgliedern überschätzt zu werden. Wer etwa im Auslande nach ‹der› Einstellung seiner Heimat zu aktuellen politischen Problemen befragt wird, ertappt sich nicht selten dabei, wie er das Bild unwillkürlich verzerrt, nämlich so, als ob die meisten seiner Mitbürger ungefähr der gleichen Ansicht wären wie er selbst. Es ist noch nicht lange her, daß man aus dem Munde eines höheren Marine-Offiziers erfahren konnte, wie die ehemaligen Angehörigen der deutschen U-Boot-Waffe gewisse Fragen beurteilen. Wahrscheinlich besteht in dieser ursprünglich sehr stark kohärenten Gruppe tatsächlich noch immer eine erhebliche Uniformität des Meinens; nicht weniger wahrscheinlich ist aber, daß diese im Erlebnis des Sprechers noch imposanter ist, als sie dies etwa im Spiegel der nüchternen Ergebnisse eines Meinungsforschers wäre. Für Urteilstäuschungen dieser Art schlage ich den Terminus ‹Unifikation› vor; es handelt sich dabei im FREUDschen Sinne um einen ‹Abwehrmechanismus›, d. h. um eine unbewußte Maßnahme zur Verstärkung des Gefühls der eigenen Geborgenheit in der Gruppe bzw. der Bestätigung durch die Gruppe.

Einem von BREHM und FESTINGER durchgeführten Experiment ist es gelungen, den Sachverhalt der Unifikation im Laboratorium zu reproduzieren. Den Vpn, die sich in Gruppen zu je fünf trafen, war mitgeteilt worden, daß es in dem Versuch um ein Training in der physiognomischen Beurteilung von Charaktereigenschaften gehe. Ihre Aufgabe bestand in der Voraussage des Verhaltens ihrer Partner in einer Reihe von hypothetischen Situationen. Anschließend daran hatten sie die von den andern gelieferten vier Beurteilungen ihres eigenen Verhaltens nach deren größerer oder geringerer Richtigkeit zu klassifizieren. Ohne daß dies die Vpn merkten, wurden sie dadurch in die Lage versetzt, das Leistungsmaß ihrer Partner mitzubestimmen. Nach jeder Aufgabe gab der Versuchsleiter die Leistungsmaße sämtlicher Vpn bekannt, wobei er sich allerdings gar nicht an die tatsächlichen Klassifikationen hielt. Nach einem vorbestimmten Schema richtete er es vielmehr so ein, daß in jeder Fünfergruppe jeweils ein Mitglied immer besonders günstig abschnitt, während ein anderes bei jeder Aufgabe nur sehr geringe Leistungsmaße erreichte. Die übrigen drei Vpn erhielten nahe benachbarte Leistungsmaße im Mittelbereich.

Anhand der von den Vpn tatsächlich vorgenommenen Klassifikationen läßt sich feststellen, ob der Unifikationsmechanismus in dieser Situation wirksam gewesen ist oder nicht. Zu erwarten wäre, daß eine vom Versuchsleiter ausgezeichnete Vp die Leistungen ihrer Partner im großen und ganzen günstiger benoten würde als eine vom Versuchsleiter stets mit geringen Leistungsmaßen belegte Vp. Jede Vp würde auf diese Weise den Unterschied zwischen ihrer eigenen ‹Fähigkeit› und der ihrer Partner verringern. Das Ergebnis entspricht dieser Hypothese recht genau. Auf der Abszisse von Abb. 18 sind die drei durch den Versuchsleiter bekanntgegebenen fiktiven Urteile aufgetragen. Die Ordinate zeigt den Durchschnitt der Beurteilungen, die Vpn in jeder dieser drei Positionen ihren Partnern zuteil werden lassen. Homogene Gruppen sind abermals solche, deren Mitgliedern versichert worden war, sie besäßen alle ungefähr die gleiche Begabung. Die Unifikation tritt bei diesen Gruppen deutlich, bei den inhomogenen hingegen kaum in Erscheinung. Der ‹Gute› sieht die andern als gut, der ‹Schlechte› als schlecht: ‹Dem Reinen ist alles rein›, und der Schmierfink glaubt sich unter Schweinen. Wenn der Unifikationsmechanismus in diesem Experiment keine Rolle gespielt hätte, wäre mit einer von links nach rechts ansteigenden Kurve der Benotungen zu rechnen gewesen. Im Vertrauen auf das durch den Versuchsleiter verkündete fiktive Gruppenurteil hätten ‹die Begabten› ihre Partner als relativ unbegabt klassifizieren müssen usw.

Über das Laboratorium hinaus reicht die Erfahrung, daß erfolgreiche Gelehrte in der Beurteilung ihrer Prüflinge nicht selten ganz besonders milde sind. Wenn man in einer Gruppe, der man sich verbunden fühlt, seine Partner für begabt und rechtschaffen hält, ist es jedenfalls auch viel leichter, sich selbst diese angenehmen Attribute zuzuschreiben; andererseits spendet die Gemeinsamkeit des Versagens einen nicht unwesentlichen Trost. Im Falle einer mit ‹nicht genügend› klassifizierten Schularbeit wird man vom Empfänger dieser Note in der Regel hören, daß kaum ein einziger seiner Kameraden es auch nur auf ein ‹befriedigend› gebracht habe. Der Bericht ist

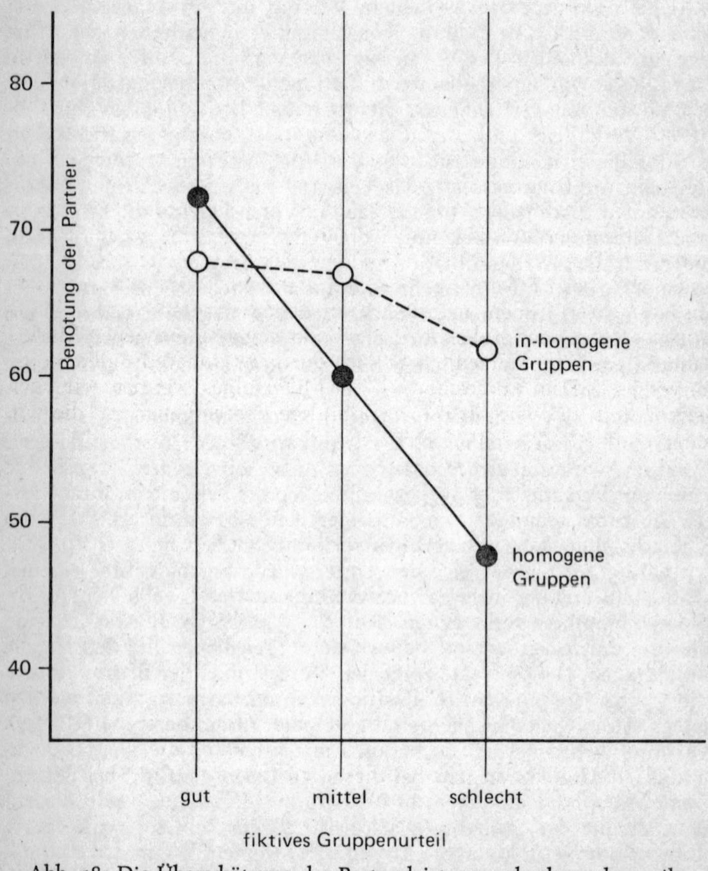

Abb. 18: Die Überschätzung der Partnerleistungen durch gut beurteilte Personen und die Unterschätzung durch schlecht Beurteilte als Ausdruck der Unifikations-Tendenz in der Gruppe (nach BREHM und FESTINGER)

objektiv meist falsch, menschlich ist er nicht unverständlich.

Der gruppendynamische Abwehrmechanismus der Unifikation verzeichnet die realen Gegebenheiten im Sinne des Lustprinzips; er steht dabei im Dienst der Abwehr des Vereinsamungserlebnisses. Es wäre ohne Zweifel recht beschwerlich, wenn man sich des öfteren einzugestehen hätte, wie stark die eigenen Meinungen und Leistungen von denen anderer abweichen. Indem man dies täte, beschlichen einen selbst wohl auch Zweifel an der Vertretbarkeit der eigenen Ansichten bzw. an der Echtheit der hinter diesen Leistungen stehenden Begabung. Im Übersteigerungsfalle kann es dann freilich auch dazu kommen, daß politische Führer sich von der Zustimmung der Geführten getragen glauben, ohne daß sie diese darum erst eigens gefragt hätten; oder daß tüchtige Vorgesetzte ihre Leute überfordern, weil sie deren Tüchtigkeit ihrer eigenen gleichachten. An sich stößt die Unifikation immer nur um ein Stück weiter in Richtung der in der Gruppe *realiter* stattfindenden Uniformierung vor. Beide Phänomene lassen sich erst dann verstehen, wenn man sich die höchst unerträgliche Situation des jeglicher sozialer Bestätigung beraubten Individuums vorstellt. Es wäre seiner selbst durchaus ungewiß.

Wir schließen unsere Erwägungen mit der Vermutung ab, daß das durch Instinkte nur in minimaler Weise gesicherte Menschenwesen sich in der Gruppe eine Möglichkeit des Geborgenseins schafft. In diesem Sinne partizipieren wir alle mit unserem Selbstgefühl sehr erheblich an den Erfolgen und Mißerfolgen der Gruppen, denen wir uns verbunden fühlen, namentlich an denen unserer Nation. Wird GOETHE geehrt oder erobert sich der Volkswagen einen neuen Markt, dann regt sich im Herzen ein an sich durchaus unberechtigter Stolz: Ja, wir . . .! Dem Eingeständnis des Mißerfolges weichen wir aber dadurch aus, daß wir für diesen Schuldige namhaft machen, die wir sodann schnellstens aus unserer Gruppe ausstoßen.

7. Der Zusammenschluss der Gruppen

Die gruppendynamischen Laboratoriumsuntersuchungen der Michigan-Schule muten z. T. recht gekünstelt an, außerdem mag man sich fragen, ob die in beinahe jedem dieser Experimente anzutreffende Irreführung der Vpn wirklich gerechtfertigt ist. Es gibt wohl so etwas wie einen persönlichen Stil des Experimentierens, und ich muß gestehen, daß mir die Erweckung falscher Annahmen in den Vpn widerstrebt. Vielleicht beurteilt man aber die von FESTINGER und seinen Mitarbeitern geschaffenen Situationen richtiger, wenn man sie als ‹Spiele› auffaßt, in denen sowohl der Versuchsleiter als auch seine Vpn sich rollengemäß und dabei bis zu einem gewissen Grade uneigentlich benehmen. Damit läßt sich jedoch auch darauf hinweisen, daß in Spiele fast immer hypothetische Voraussetzungen eingehen, die oftmals in Gestalt von Regeln formalisiert werden. In der Tat ist auch die Stimmung, die bei Experimenten dieser Art vorzuherrschen pflegt, am besten als die eines recht fröhlichen Spiels zu charakterisieren. Bevor man aber den wissenschaftlichen Wert solcher Spiele prinzipiell in Frage stellt, sollte man sich die Gründe überlegen, die z. B. Generalstäbler dazu veranlassen, ein strategisches Problem am Sandkasten ‹durchzuspielen›.

Spielen, Denken und Tun

Bei näherem Zusehen erweist sich, daß das Spiel zwar mit verringertem Einsatz operiert, dadurch aber keineswegs völlig lebensfremd zu werden braucht. Freuds über weite Strecken sehr zutreffende Bezeichnung des Denkens als eines Probehandelns mit herabgesetztem Risiko legt die Vorstellung eines Kontinuums nahe, das von der verpflichtenden Ernsthandlung bis zum realitätsfreien Tagtraum (z. B. der Reise mit dem Finger auf der Landkarte) reicht:

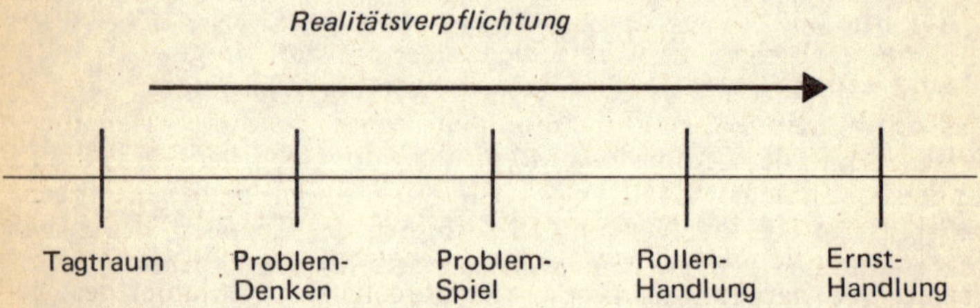

Etwa in der Mitte dieser Variationsreihe läßt sich das Problem-Spiel im psychologischen Laboratorium bzw. am Sandkasten der Offiziere oder mit den Modellkonstruktionen der Ingenieure lokalisieren; es erweist sich damit als ein Denkmittel, das dem vollen, unwiderruflichen Einsatz stärker angenähert ist als das bloße Überlegen. Noch weiter nach rechts rangiert in unserem Bilde die Rollen-Handlung des Zeremoniells, die dem Zaungast oft spielerisch erscheint, während der Innenstehende sich in ihr vorbehaltlos einsetzen kann. Rollen-Handlungen, die von den Beteiligten mit ganz besonderem Ernst ausgestattet werden, sind Rituale; hier wird schon der kleinste Formfehler bisweilen als tragisch erlebt.

Generalstäbler und Ingenieure waren wohl die ersten, die sich des Problemspiels als eines Erkenntnismittels bedienten. In absichtsloser Weise werden offenbar auch schon im Kinderspiel Kenntnisse erworben bzw. Lebensrollen eingeübt. Es liegt daher nahe, das Problemspiel auch dort einzusetzen, wo es um die Fragen des menschlichen Zusammenseins geht. Sowohl in therapeutischer als auch in diagnostischer Absicht ist dies durch J. L. Moreno geschehen (Psychodrama und Soziodrama), der an die Tradition des Stegreifspiels anknüpfte.

Eine recht brauchbare Adaptation des sozialen Rollenspiels (‹Soziodrama›) hat H. H. Jennings für Kinder im fünften und sechsten Schuljahr vorgeschlagen: Die Rahmenhandlung stellt der Bericht über eine Mutter dar, die ihr Kind zum Lebensmittelhändler einkaufen schickt. Das mitgegebene Geld sei, so heißt es, das letzte im Haushalt, da der Vater erst am nächsten Tag seinen Lohn empfange. Auf dem Weg zum Geschäft läßt sich das Kind aber auf einen Wettlauf mit einem Klassenkameraden ein, bei dem es das Geld prompt verliert. Es gilt nun also, den Verkäufer im Geschäft zu bewegen, die benötigten Lebensmittel auf Borg herauszugeben. Die dramatische Szene ist das Zwiegespräch mit dem Händler. Zunächst ergibt sich dabei schon die Frage, wer die eine oder die andere Rolle übernimmt, wer mit wem spielen möchte usw. Später läßt sich am Spielverlauf ersehen, inwieweit sich verschiedene Partner aneinander anzupassen vermögen. Außerdem klingen in dem Spiel eine Reihe von relevanten Themen an, so das Verhältnis Kind : Mutter, Geld : Verpflichtung usw.

Das Rollenspiel als Vorbereitung

In den angelsächsischen Ländern, namentlich in den USA, ist man vielfach bereits dazu übergegangen, das Rollenspiel zum Training von Berufsanwärtern und zur Vorbereitung auf Ernst-Situationen zu verwenden. Wie wird sich z. B. eine Konferenz zwischen Gewerkschaftsführern und Vertretern der Unternehmerschaft entwickeln? Sofern der zu erwartende Partner einigermaßen bekannt ist, erscheint es wohl nicht müßig, wenn man die Begegnung im voraus durchspielt. Das darf freilich nicht in der unrealistischen Manier des kleinen Angestellten geschehen, der sich am Abend vor seiner Frau damit brüstet, wie er am nächsten Morgen seinem Chef ‹einmal gründlich die Wahrheit sagen› werde. Er tut es dann doch nicht. Sollte es aber wirklich eine peinliche Wahrheit geben, die im Sinne eines reibungslosen Betriebsablaufs einmal gesagt werden müßte, dann wäre der Beschwerdeführer sicherlich besser daran, wenn er die Begegnung nicht bloß phantasiert, sondern probeweise und möglichst naturgetreu durchgespielt hätte. Sehr beherzigenswerte Ratschläge zur planmäßigen Verwendung des Rollenspieles in sozialen Konfliktsituationen gibt H. A. THELEN (1954), der sich dieser Technik mit Erfolg als Berater von Bürgerschaftsorganisationen und im Schulbetrieb bedient hat.

THELEN gehört auch zum Stabe des ‹*National Training Laboratory in Group Development*› (Bethel im Staate Maine, USA.), das einer Anregung K. LEWINS seine Entstehung (1947) verdankt. Diese Institution bemüht sich unter Leitung von L. P. BRADFORD in mehrwöchigen Kursen darum, das Gefühl der Kursteilnehmer für die Dynamik des Gruppengeschehens (namentlich in Diskussionsgruppen) zu erwecken und zu verfeinern (S. CHASE, 1952; L. P. BRADFORD u. a., 1964; E. H. SCHEIN und W. G. BENNIS, 1965; R. D. MANN, 1967; H. C. SMITH, 1967; M. ARGYLE, 1969). Man spricht auch von ‹Trainings-› oder kurz ‹T-Gruppen›. Zunächst mutet es dabei höchst merkwürdig an, wenn man sich mit 12–18 Erwachsenen zu einer ‹Besprechung› trifft, deren Gegenstand in keiner Weise fixiert ist. Mit der Zeit werden aber die Gruppe und deren Struktur selbst zum Gegenstand der Diskussion. Es geht sozusagen um eine kollektive Innenschau bzw. um eine soziale Meditation, deren Ziel eine größere Aufgeschlossenheit (*‹sensitivity›)* für die emotionalen Eigentümlichkeiten anderer Menschen ist. Dazu bedarf es allerdings einer ‹Spielregel›, die sich in zunehmendem Maße auf die Formel bringen läßt: Alles ist erlaubt. Galt dies ursprünglich nur im verbalen Bereich, z. B. also von im Alltag verpönten Bemerkungen wie ‹Sie finde ich ganz unausstehlich› oder ‹Mit Ihnen möchte ich ins Bett gehen›, so werden heute nach einem Bericht von ‹Time› (9. November 1970) zumindest an manchen Stellen – z. B. im ‹Esalen-Institut› (San Francisco) – auch dem körperlichen Kontakt kaum mehr Begrenzungen auferlegt, man berührt sich gegenseitig, küßt, führt Ringkämpfe auf und liegt eng aneinander geschmiegt (W. C. SCHUTZ, 1971).

Das mögen im Grunde verzweifelte Versuche zur Überwindung der angstträchtigen *‹lonesomeness›* sein, die den Amerikanern soviel zu schaffen macht; sie erinnern jedenfalls an orgiastische Kulte und fordern bisweilen auch ihre Opfer, d. h. den neurotischen Zusammenbruch einzelner Teilnehmer. Ich kann mich nicht ganz des Verdachts erwehren, daß hier mit dem Prestigewort ‹Wissenschaft› oft Schindluder getrieben wird. In neurotischer Hinsicht anfällige Personen möchte ich jedenfalls vor einer Teilnahme warnen; sie hätten schließlich nur die Wahl zwischen einer gar nicht so neuen Form der Süchtigkeit, der schon das altmodische Bordell Rechnung trug, und einem gerade für sie besonders schwer zu bewältigenden Ekelerlebnis.

Sehr schwierig gestaltet sich für viele die Rückkehr in die ‹normale› Welt. Auf der anderen Seite erfährt man aber von den eher konventionellen T-Gruppen, in denen fast nur verbal agiert wird, daß 30 bis 40 Prozent der Teilnehmer in der Tat mehr Verständnis für die Probleme ihrer Mitmenschen gewonnen haben (M. ARGYLE, 1969) und daß sie vor allem gelernt haben, deren scheinbar zufällige Ausdruckserscheinungen (Mimik, Gesten, Akzentuierungen im Sprechen) sorgfältiger zu beachten und richtiger zu interpretieren.

Was hier vor sich geht, läßt sich an Hand von Abbildung 16 recht gut verstehen. Intendiert ist eine Dissonanz zwischen Selbstbild (z. B.: ‹ich, der Manager›) und Leitbild (‹Jeder Mensch, sei er, wie er will, hat seinen Wert›), die zu Änderungen der Persönlichkeit bzw. des Verhaltens führen soll. Das ist freilich, wie wir gesehen haben, nur eine von fünf Alternativen.

Den Berichten deutschsprachiger Kursteilnehmer glaube ich entnehmen zu können, daß ihnen der Wert des Unternehmens in Bethel recht zweifelhaft blieb; diese Bemerkung sollte uns aber nicht von der nüchternen Feststellung abhalten, daß die ‹Technik› des Gruppenarbeitens bei uns zu Lande nur sehr dürftig entwickelt ist. Auf eine Schachpartie oder auf einen Walzer wird sich niemand einlassen, der nicht zumindest mit den Anfangsgründen der Spielregeln vertraut wäre; so betrachtet ist die naive Selbstsicherheit eigentlich überraschend, mit der sich die meisten von uns an Gruppendiskussionen, Vertragsverhandlungen usw. heranwagen. Wir übersehen dabei geflissentlich, daß ‹zu sprechen, wie einem der Schnabel gewachsen ist›, nur selten dazu ausreicht, auch zu verstehen, was eigentlich vor sich geht. Wir übersehen außerdem das Vorhandensein von Spielregeln, wo auch immer mehrere Personen sich zusammenfinden. Im Grunde ist es erstaunlich, wie wenig wir uns der Lehren aus unseren eigenen Kinderspielen erinnern.

Grundsätzlich haben wir festzuhalten, daß zur Klärung von Streitfragen einberufene Konferenzen ebenfalls Gruppen sind, in denen es um die Formulierung einer möglichst einheitlichen Meinung geht. Bestünde diese Absicht nicht, so hätte das Treffen von vornherein keinen Sinn, es sei denn, daß es – wie manche internationale Konferenzen – hauptsächlich dazu bestimmt ist, die Öffentlichkeit außerhalb des Beratungsraumes anzusprechen. Vielleicht wäre schon einiges damit gewonnen, wenn sich sowohl die Beteiligten als auch die Öffentlichkeit jeweils im klaren wären, ob im gegebenen Falle eine echte Konferenz abgehalten wird oder nur eine scheinbare. Veranstaltungen jeder der beiden Arten haben ihre eigene Daseinsberechtigung. Im Zweifelsfall dürften sich scheinbare Konferenzen daran erkennen lassen, daß sie vor der Weltpresse stattfinden. Dem tatsächlichen oder bloß vermeintlichen Dafürhalten von Personen, die selbst nicht der entscheidenden Gruppe angehören, wird dadurch ein wesentlicher Einfluß auf die Bewegungen der Konferenzteilnehmer zugebilligt. Die Forderung nach einer Abschaffung der Geheimdiplomatie, die nach dem Ersten Weltkrieg mit soviel Enthusiasmus erhoben wurde, verkennt die Tatsache, daß Konvergenzverhalten nur in geschlossenen Gruppen möglich ist. Unterredungen, von denen jedes Wort in die Öffentlichkeit übertragen wird, sind zu Gruppenleistungen vom Typus des Bestimmens durchaus untauglich; es fehlt in ihnen der notwendige Meinungsspielraum. Noch bedeutsamer dürfte sein, daß scheinbare Konferenzen nur ein Mindestmaß an Gruppenkohärenz besitzen; man begibt sich zu ihnen gar nicht, um mit seinem Partner zu sprechen, sondern um dabei zu Hause oder von den eigenen Wählern gehört zu werden. Recht skeptisch beurteile ich daher auch den im Zuge der sog. Universitätsreform immer wieder zu vernehmenden Ruf nach Entscheidungsgremien, die prinzipiell öffentlich tagen sollen. Ihr Gesprächsstil verschiebt sich dadurch in Richtung auf eine publikumswirksame Rhetorik. Außerdem werden sie, wie die Erfahrung lehrt, nicht eben selten einem Oktroy der Öffentlichkeit ausgesetzt, das Suchleistungen durchaus unzuträglich ist. Da gewählte Vertreter der Öffentlichkeit ja in den entsprechenden Gremien Sitz und Stimme haben und deren Entscheidungen ohnedies veröffentlich werden, scheint mir die darüber hinausgehende Öffentlichkeitsforderung vom Modell einer plebiszitären Demokratie abgeleitet zu sein.

Zurück zu den Laboratoriums-Experimenten: was sie ermöglicht, ist im Grunde die spielerische Bereitschaft ihrer Vpn zur Gruppenbildung. Im Spiel bilden einander bisher Fremde auch sonst leichter eine

Gruppe als im reinen Ernst. Die Gruppe allerdings, die dabei entsteht, gleicht in vielen Belangen den Ernst-Gruppen unseres erwachsenen Lebens. Dieser Sachverhalt legitimiert sozusagen die Laboratoriumsbeschäftigung mit Problemen der Gruppendynamik. Sie wird dieser Probleme zwar nur im verniedlichten Abbild habhaft, dennoch lassen sich die gewonnenen Befunde, wie es scheint, auf dem vorhin entwickelten Kontinuum ziemlich weit nach rechts – vom Spiel zum Ernst – verschieben. Genau besehen, experimentiert man mit Spielen von Erwachsenen. Diese Feststellung tut in meinen Augen dem Wert dieser Untersuchungen nicht den geringsten Abbruch, sie versöhnt uns sogar ein wenig mit den falschen Vorspiegelungen der jeweiligen Versuchsleiter. Beim deutschen Leser besteht allerdings die Gefahr, daß er diese Spiele als ‹kindisch› belächelt, wodurch er sich freilich auch ihres analogischen Erkenntniswertes berauben würde.

Die Ferienlager Sherifs

Daß man auch in sehr erfolgreicher Weise mit den Spielen Jugendlicher, etwa 12jähriger Jungen, experimentieren kann, hat niemand hübscher demonstriert als der schon im Zusammenhang mit dem autokinetischen Effekt erwähnte M. SHERIF. In den Jahren 1949, 1953 und 1954 veranstaltete er Sommerlager mit ungefähr zwei Dutzend Teilnehmern, psychisch normalen Jungen, die einander vorher nicht gekannt hatten und die aus ähnlichen häuslichen Verhältnissen stammten. Zwei Studenten fungierten als Beobachter, die sich an den Unternehmungen der Burschen lebhaft beteiligten, ohne sich dabei aber in die Rolle von Gruppenführern manövrieren zu lassen. Der Versuchsleiter selbst trat als Verwalter des in den Bergen gelegenen Geländes auf, in dem die Lager abgehalten wurden. Er gab sich dabei als ein etwas einfältiger Brummbär, dem niemand seine ‹naiven Fragen› (z. B. danach, welcher Gruppe ein bestimmter Junge angehöre) übelnehmen konnte.

Die drei Versuchsreihen SHERIFS folgen demselben vier-phasigen Schema, wobei jedes Stadium etwa 3–4 Tage dauerte. Im ersten Stadium hatten die Jungen Gelegenheit, einander näher kennenzulernen und sich spontan zu Freundschaftsgruppen zusammenzuschließen. Sehr stark entgegen ihren anfänglichen Sympathien erfolgte im zweiten Stadium die Aufteilung in zwei Untergruppen, die – mit je 12 Mitgliedern – getrennt voneinander hausten und sich betätigten. Die Bildung dieser beiden Gruppen erfolgte auf Grund einer soziometrischen Befragung, und zwar so, daß in die neu zu bildenden Gruppen jeweils vorwiegend Lagerteilnehmer kamen, die sich in der ersten Phase nicht besonders eng aneinander angeschlossen hatten. Durch dieses von den Jungen selbst als recht unbillig empfundene Arrangement wird der Einfluß von Faktoren verringert, die bei freier Partnerwahl zu Sympathiebindungen führen. Dies war notwendig, um die bindungsstiftende Wirksamkeit des Gruppenkontakts möglichst rein zur Geltung zu bringen. Tatsächlich kam es in den künstlich zusammengestellten Gruppen innerhalb weniger Tage zu einem sehr intensiven Zusammenschluß. Die Gruppen entwickelten – jede für sich – ein echtes Wir-Erlebnis, so daß schon nach kürzester Zeit niemand mehr den ursprünglich zerrissenen Freundschaftsbanden nachtrauerte.

Die dritte Phase des Experiments entwickelte sich aus der zweiten nahezu von selbst. Mit einem Mal tauchte nämlich bei jeder der beiden Gruppen, die sich inzwischen u. a. auch eigene Namen beigelegt hatten – *‹Bulldogs›* und *‹Red Devils›* im Lager des Jahres 1949 –, die Frage nach dem Leben der anderen Gruppe auf. Diese mag sich etwa in der folgenden Überlegung geäußert haben: ‹Wir haben uns alles so nett eingerichtet, wir sind außerdem auch alle tüchtige Sportler, bei den anderen – da drüben – klappt es sicher nicht so gut, die können sich mit uns überhaupt nicht messen!› Empfindungen dieser Art sind es, um die es im Grunde dem Versuchsleiter ging; in ihnen scheidet sich die Binnen-Gruppe von der Außen-Gruppe bzw., wie ich sagen möchte, die ‹Wir-Gruppe› von der ‹Die-Gruppe›. Natürlich wurde den beiden Gruppen nun auch Gelegenheit dazu gegeben, sich aneinander zu messen. Es kam also zu sportlichen Wettkämpfen (Tauziehen) und zu gemeinsamen Ausflügen – es kam freilich auch zum Ausbruch eines erheblichen Maßes an gruppenspezifischer Aggressivität. Das Tauziehen mündete in eine Rauferei, man beschuldigte einander der Unehrlichkeit, Schimpfnamen flogen hinüber und herüber, Überfälle auf die feindliche Unterkunft ereigneten sich, mit Fallobst wurden Schlachten ausgetragen, und schließlich wurde

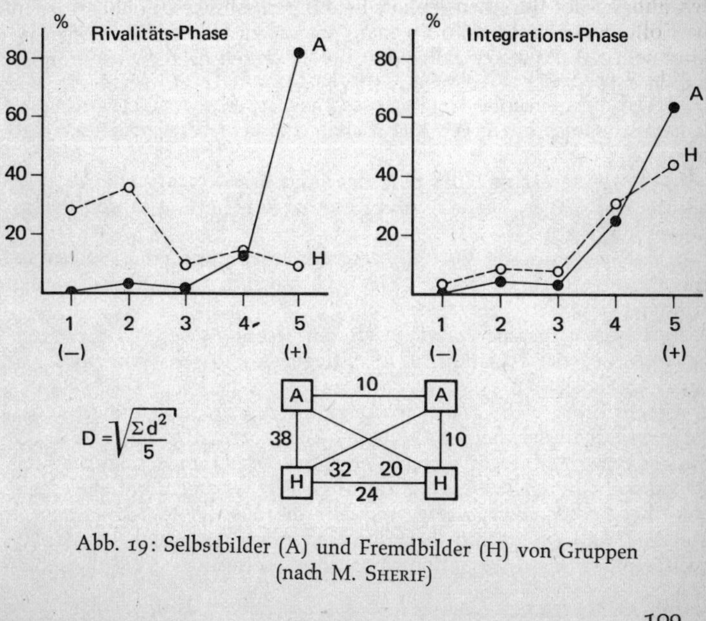

Abb. 19: Selbstbilder (A) und Fremdbilder (H) von Gruppen (nach M. SHERIF)

sogar die Fahne der gegnerischen Die-Gruppe einmal feierlich verbrannt.

In einer Kampfpause sammelten die Beobachter auf jeder der beiden Seiten die Urteile über die Wir-Gruppe und die Die-Gruppe. Vorgelegt wurde eine Reihe von sechs Adjektiven (mutig, ausdauernd, ordentlich, hinterlistig, spielverderberisch, unsauber), die jeweils hinsichtlich ihrer Gültigkeit für die entsprechende Gruppe zu bestimmen waren. Dazu standen fünf Kategorien in Gestalt der Sätze zur Verfügung: ‹Alle X-Leute sind . . .›, ‹Einzelne X-Leute sind . . .› bis zu ‹Keiner von den X-Leuten ist . . .›. Das Ergebnis läßt sich leicht erraten: Die jeweilige Wir-Gruppe belegte sich selbst vorwiegend mit günstigen Attributen, die rivalisierende Die-Gruppe hingegen mit ungünstigen. Abbildung 19 (linke Seite) zeigt auf der Ordinate die Prozentsätze, mit denen die Urteile über die jeweils eigene Gruppe (A = Autostereotyp) bzw. über die Fremdgruppe (H = Heterostereotyp) auf die fünf Kategorien der Einstellung (Abszisse: 1 = extrem unfreundlich, 5 = extrem freundlich) entfielen. Die von SHERIF u. a. (1961) im Experiment des Jahres 1954 für die beiden Gruppen getrennt erhobenen Prozentsätze habe ich dabei gemittelt, weil sie sich nur unwesentlich voneinander unterschieden. Das Selbstbild (A) ist in der Rivalitätsphase überaus positiv; es ließe sich in die Aussage übertragen: ‹wir sind alle mutig, ausdauernd und kameradschaftlich›. Das Bild der Gegengruppe (H) enthält erheblich mehr negative als freundliche Züge. Der mittlere Unterschied (D) zwischen den beiden Stereotypen beläuft sich auf 38,5 Prozent.

Im vierten und letzten Stadium des Experiments ging es um die Beilegung der Gruppenfehden, d. h. um die Rückgliederung der beiden Kleingruppen in eine gemeinsame Großgruppe. *Mutatis mutandis* findet sich wohl das Abendland heute genau an dieser Stelle. Als wirksam erwiesen sich vier Situationen:

a) Der ‹gemeinsame Gegner›, d. h. ein sportlicher Wettkampf der Lagerteilnehmer mit einer Mannschaft aus dem benachbarten Städtchen;

b) die ‹gemeinsame Not›, d. h. das angebliche Versagen der Wasserzufuhr zum Lager, das eine mühsame Unternehmung in den Bergen notwendig machte;

c) der ‹gemeinsame Vorteil›, d. h. die Entlehnung eines Spielfilms, für welche die Ersparnisse beider Gruppen herangezogen werden mußten;

d) die ‹gemeinsame Freude›, d. h. ein besonders viele Vorbereitungen erfordernder Ausflug in ein entlegenes und sehr reizvolles Naturschutzgebiet.

Tatsächlich verschwanden im Zuge dieser Erlebnisse die Animositäten zwischen den beiden Gruppen. Eine abermalige Befragung mit Hilfe des bereits geschilderten Verfahrens ergab auch keinen Unterschied mehr in der Bewertung zwischen Wir-Gruppen und Die-Gruppen; bei beiden überwogen nunmehr die positiven Prädikate (vgl. Abb. 19, rechte Seite). Während die Autostereotype sich von der Rivalitätsphase zur Integrationsphase nur geringfügig verändert hatten (D = 9,9 %), verschoben sich die Heterostereotype sehr stark (D = 23,7 %); sie näherten sich damit den Autostereotypen an (D = 10,0 %). In verallgemeinernder Ausdrucksweise könnte das bedeuten: Indem man den einstigen Rivalen als Partner akzeptiert, verzichtet man ein wenig auf den Glanz des Bildes, das man sich von sich selbst macht; ein Mehrfaches von dem aber, was man aufgibt, kommt dem Bilde des anderen zugute. Es liegt wohl nicht allzufern, hier an die christliche Maxime des *‹Diliges proximum tuum, sicut te ipsum›* (Matth. 22, 39) zu denken, die zu einer Verringerung des Abstandes zwischen Selbstbild und Fremdbild auffordert, nicht aber – im Sinne einer falschen Übersetzung – dazu, daß man den Nächsten wie sich selbst ‹lieben› solle.

Historisch gesehen zielte die Maxime übrigens auf die Verfestigung der Kohäsion einer Minoritätsgruppe ab; sie bezog sich auf deren Binnenkontakt und so gut wie gar nicht auf den Außenkontakt, etwa zu den ‹Pharisäern›, deren Bild das Neue Testament mit allen nur erdenklichen negativen Zügen ausstattet.

8. Stereotype

Das kleine Drama, das sich im Verlauf von wenigen Wochen abspielt, mutet sehr viel lebensnaher an als die Begebenheiten im Laboratorium. Spielelemente lassen sich jedoch in beiden Fällen entdekken. Der wesentliche Unterschied besteht darin, daß die Laboratoriumsgruppen in der Regel äußerst kurzlebige Gebilde sind – sie bleiben kaum länger als für eine Stunde beisammen –, während Sherifs Lagergemeinschaften immerhin mehrere Wochen gemeinsam verbringen. Bei ihnen kommt es daher auch zu einem sehr viel festeren Zusammenschluß, der sich durch das Entstehen eines Wir-Erlebnisses bekundet. In Festingers Versuchsgruppen konnten wir die ersten Ansätze zu einer solchen Entwicklung feststellen, so z. B. im Phänomen der Unifikation. In der Tat setzt das Wir-Erlebnis eine sehr weitgehende Unifikation voraus, die sich im Extrem auf die Schwarz-Weiß-Formel bringen läßt: Wir sind gut, die andern aber schlecht. In pedantischer Übersetzung besagt diese These: Die interindividuellen Unterschiede zwischen den Mitgliedern jeder der beiden Gruppen werden für sehr viel geringer erachtet als der Unterschied zwischen den beiden Gruppen als Ganzen. Natürlich gibt es Gruppen (oder besser ‹Klassen› im Sinne der terminologischen Festlegung auf S. 24), für die eine derartige Behauptung hinsichtlich einzelner Eigenschaften objektiv gilt. Vergleicht man z. B. die Körperhöhen von Ehepartnern, so erweist sich die Frauen-Gruppe im statistischen Sinn als kleiner als die Männer-Gruppe. Ein Ehemann wäre daher zu der Aussage berechtigt: Wir Männer sind größer als die Frauen. Diese Feststellung könnte sogar dann zutreffen, wenn er selbst kleiner wäre als seine eigene Gattin. Hinsichtlich der im Sherifschen Experiment verwendeten Attribute ist aber eine solche Unterscheidung nicht zu erwarten. Selbst wenn dazu im Ansatz eine Berechtigung vorhanden gewesen sein sollte, wäre diese durch die Zerreißung der spontanen Zusammenschlüsse in der zweiten Phase erheblich verringert worden. Tatsächlich glichen sich ja die scheinbaren Unterschiede zwischen den beiden Gruppen in der vierten Phase wieder aus.

Gruppen unterscheiden sich voneinander

Im Grunde ging es den Lagerteilnehmern nicht sehr viel anders als den Vpn bei der Betrachtung des sich (scheinbar) bewegenden Lichtpunktes: Sie waren gar nicht in der Lage, sachlich richtige Aussagen über ‹den Mut› oder ‹die Sauberkeit› der Gruppen zu machen. Selbst wenn wir unterstellen, daß sie dieses oder jenes Einzelindividuum so beurteilen konnten, erscheint die Auffindung eines charakteristischen Wertes für eine Gruppe von 12 Personen im Laufe einer kurzen und streitbaren Begegnung mehr als zweifelhaft. Bei der Zuschreibung von Charaktereigenschaften zu Gruppen handelt es sich hier, wie auch sonst meistens, um Gruppenleistungen vom Typus des Bestimmens. Durch sie wird ein Sachverhalt festgelegt, obwohl dieser sich nicht wirklich ermitteln läßt. Nicht anders ist es zu verstehen, wenn bei einer noch ausführlicher zu erörternden Befragung 50 % der in den USA befragten Personen ‹die Russen› als ‹grausam› bezeichnen, während nur 2 % dieser Personen ‹die Amerikaner› so charakterisieren. Zufolge einer Gruppenleistung vom Typus des Bestimmens gehört ‹die Grausamkeit› für den Amerikaner zum Bild ‹des Russen›, nicht aber zu dem ‹des Amerikaners›. Man erkennt leicht, daß die herangezogene Untersuchung (Buchanan und Cantril, 1953) einem Entwicklungsabschnitt entstammt, welcher der Phase III Sherifs nicht ganz unähnlich ist, einem Stadium des animositätsgeladenen Wettstreits (Herbst 1948). Sechs Jahre früher (1942) haben hingegen nur 9 % der Befragungspersonen in den USA das gleiche Urteil über ihren russischen Verbündeten gefällt (Cantril und Strunk, 1951).

Im Lagerexperiment Sherifs stoßen wir auf die Stereotypisierung; sie ist eine Fortentwicklung des aus dem Laboratorium bekannten Phänomens der Unifikation. Gemeint ist damit die Annahme von Charakterbildern, die für das Gros der Angehörigen einer Gruppe als gültig betrachtet werden. Es ist noch nicht lange her, daß in einem Teil der wissenschaftlichen Literatur Deutschlands der kritikloseste Gebrauch von Stereotypen gemacht wurde. Da stieß man auf so kühne Behauptungen, wie daß ‹der Asiate› in seinem Erleben dumpf und stumpf sei, daß ‹der nordische Mensch› Ehrgefühl besäße, ‹der Jude› aber keines usw. Schon Aristoteles weiß von der intellektuellen Unbegabtheit der Menschen in heißen Ländern im Gegensatz zum Scharfsinn der Griechen zu berichten.

Stereotype bevölkern unsere gedachte Welt; und wir erleben ‹unsereins› als besonderns nahe und ähnlich, solange wir in einem gemeinsamen Autostereotyp Platz finden. Der Wiener ist sich z. B.

seines ‹goldenen Wienerherzens› stolz bewußt, während die aus Wien in den Jahren 1945/1946 vertriebenen ‹Volksdeutschen› diesbezüglich skeptisch geworden sind. Nicht weniger als 82 % der in den USA befragten Personen bezeichnen ‹die Amerikaner› als ‹friedlich› (Autostereotyp), während dies um die gleiche Zeit (1948) nur 23 % der in Westdeutschland Befragten taten (Heterostereotyp).

Es hätte wenig Sinn, an der erkenntnismäßigen Dürftigkeit von Stereotypen Kritik zu üben; im gelindesten Fall werden durch sie an sich sehr geringfügige Unterschiede zwischen Durchschnittswerten enorm vergrößert. Dies ergab sich z. B. bei Rekrutenuntersuchungen des ehemaligen Österreichischen Bundesheeres (1937). Der Durchschnittswert der burgenländischen Rekruten lag damals in der Tat etwas unterhalb desjenigen der niederösterreichischen. Im statistischen Sinn war dieser Unterschied aber kaum verläßlich. Im gleichen Jahr zeigten sich aber 94 % der in Österreich befragten Personen dazu bereit, ‹die Niederösterreicher› für intelligenter zu halten als ‹die Burgenländer› (Hofstätter, 1940). Angesichts des noch viel unscheinbareren Unterschiedes zwischen Niederösterreichern und Steiermärkern (zugunsten jener) ist es nicht weniger verwunderlich, wenn 70 % der befragten Personen ‹die Steiermärker› für weniger intelligent erklären als ‹die Niederösterreicher›. Im Falle der Österreichischen Bundesländer ist die rufmäßige Intelligenzdifferenzierung um ein Vielfaches schärfer als die leistungsmäßige. Durch eine Gruppenleistung vom Typus des Bestimmens werden hier Heterostereotype gebildet, die eine viel klarer geordnete Welt zeigen, als dies den Tatsachen entsprechen würde. Da diese Stereotype aber auch kaum jemals ernsthaft auf die Probe gestellt werden, ergibt sich ein subjektiv recht befriedigender Zustand. Unter Zuhilfenahme sozialer Bestätigungen ‹weiß› man, woran man ist. In der Regel handelt es sich dabei allerdings um ein Scheinwissen, d. h. um ein Wissen, das uns gar nicht zusteht, weil die ihm zugrundeliegenden Sachverhalte selbst nicht hinreichend klar gegliedert sind.

Vom Standpunkt der reinen Erkenntnis her wird man Stereotype als typologische Hypothesen aufzufassen haben, die erst im Zuge einer rigorosen Überprüfung vertrauenswürdig werden könnten. Daß es zu einer solchen nicht kommt und daß dieser entscheidende Mangel überhaupt nicht verspürt wird, verleiht stereotypen Urteilen ihre eigenartige Bestimmtheit, die um so größer zu sein pflegt, je stärker wir im Kontakt mit Gruppen emotional engagiert sind.

Auf diese Weise besitzt der gläubige Marxist ein sehr festes Bild vom ‹Bürger›, das die vielfältigen Variationen innerhalb dieser Menschenklasse völlig unberücksichtigt läßt, während sich sehr viele Angehörige des westlichen Mittelstandes einbilden, das Wesen ‹des Kommunisten› auf eine einfache Formel bringen zu können. Die ein solches Gehaben entschuldigende Phrase pflegt dahin zu lauten: ‹Kennt man einen, so kennt man sie (die Angehörigen der Klasse X und der Gruppe Y) alle!› Das ist gut und schön, solange man nämlich nur wenige – und diese nicht zu genau – kennt.

Bisher haben wir Stereotype als Wissensersatz im Weltbild des

Individuums betrachtet. Dem ist sofort hinzuzufügen, daß das Einzelindividuum bei der Erstellung von Stereotypen meistens der sozialen Bestätigung durch ‹Gleichgesinnte› bedarf. In dieser Sicht verrät uns das Stereotyp aber etwas über die Konstitution der Gruppe, in der es entstanden ist. In den Laboratoriumsgruppen FESTINGERS

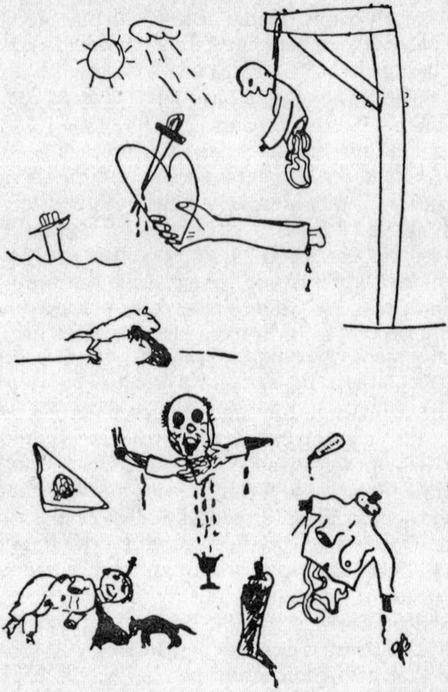

Abb. 20: Kritzelzeichnungen als Ausdruck eines aggressiven Stereotyps (nach SEARS, HOVLAND und MILLER)

kommt es kaum zur Ausbildung von Stereotypen, weil deren innerer Zusammenhalt viel zu lose ist. Läßt man jedoch eine solche Gruppe für mehrere Stunden unter recht unangenehmen Bedingungen beisammen, so zeigen sich bereits Ansätze einer Stereotypbildung. SEARS und seine Mitarbeiter (1940) luden z. B. sechs Vpn (Studenten) am Abend zu Experimenten in das Laboratorium ein. Von da an ging (scheinbar) alles schief: Das Testmaterial traf nicht ein, die Apparate funktionierten nicht. Die Stunden vergingen. Als die Vpn zu rauchen beginnen wollten, wurde ihnen das im Hinblick auf das geplante Experiment untersagt. Gesellschaftsspiele wurden unterbrochen, weil diese angeblich den Ausgang des Experiments verfälschen würden. Schließlich versprach man den Vpn ein warmes Frühstück, das natürlich auch nicht eintraf. Gegen Morgen endlich fertigte eine Vp die in Abb. 20 wiedergegebene Kritzelzeichnung an, die von Hand zu Hand ging und von allen Angehörigen der Versuchsgruppe als höchst amüsant empfunden wurde. Auf die Frage, was denn das Bild darstelle, gab es nur eine einzige Antwort: ‹Die Psychologen!› Eine noch weitergehende Entwicklung in der gleichen Richtung wird aus dem zum Zweck der Diätforschung veranstalteten Hungerexperiment von GUETZKOW und BOWMAN (1946) berichtet. Die Versuchsgruppe begann sich hier sehr bald als eine Wir-Gemeinschaft zu fühlen, die sich von verschiedenen, nicht-hungernden Außengruppen (den Freunden der Vpn einerseits und dem Personal der Forschungsstelle andererseits) deutlich absetzte.

Jeder von uns kann sich wahrscheinlich an Situationen erinnern, in denen es ihm ähnlich erging, nämlich so, daß sich aus einer mehr oder minder zufällig zusammengewürfelten Gruppe eine Gemeinschaft entwickelte, die für eine Weile als recht homogen erschien. Derlei kann bereits im Eisenbahnabteil geschehen, wobei sich freilich später mitunter herausstellt, daß die Basis dieses Wir-Erlebens äußerst schmal war. Ähnliche Erfahrungen folgen gelegentlich auch auf Ferienbekanntschaften. Am Nordseestrand schloß man sich – spielerisch zuerst – zum ‹Hanseatenbund› zusammen; darauf folgten gemeinsame Bootsfahrten, Tanzabende und Kinobesuche. Schließlich ‹merkte› man sogar, daß eigentlich alle netten Leute am Strand ‹Hanseaten› sind. Warum hätte man sich um die andern auch kümmern sollen? Die waren ohnedies nur ‹Philister›, deren Sandburgen man in einem unbewachten Augenblick verunzieren konnte. Im darauffolgenden Herbst und Winter gingen noch einige Lebenszeichen von einem ‹Hanseaten› zum andern, bald blieben aber auch diese aus. Für eine Weile bestand hier aber eine kohärente Gruppe, deren Zusammenhalt durch den gemeinsamen Namen und den Ansatz zu einem Autostereotyp wesentlich erleichtert wurde.

Eine wichtige Voraussetzung für die Unifikation und die Ausbildung eines Autostereotyps der Wir-Gruppe scheint das Bestehen einer Die-Gruppe zu sein, von der man sich abzusetzen bestrebt ist. Dies geschieht im Zuge der Festlegung eines Heterostereotyps für die entsprechende Die-Gruppe. Autostereotype und Heterostereotype lassen sich wohl immer nur in gegenseitigem Bezug aufeinander sehen. Charakterisiert man sich selbst, so definiert man implizit auch schon einen Eigenschaftsbestand, der den anderen im allgemeinen – oder bestimmten anderen in einer Die-Gruppe – nicht zukommt. Eine Burschenschaft, die sich z. B. ‹Ehre – Freiheit – Vaterland› zum Wahlspruch erkoren hat, stellt damit indirekt die Behauptung auf, es gäbe akademische Bürger, die Ehre, Freiheit und Vaterland nicht als verbindliche Werte anerkennen. Sie muß also, um ihr Autostereotyp im Sinne dieser Wertetrias fixieren zu können, früher oder später das Heterostereotyp mindestens einer anderen Gruppe so festlegen, daß in ihm für Ehre, Freiheit und Vaterland kein Platz bleibt. Das Verfahren erscheint mir nicht ganz unbedenklich. Seine pragmatische Rechtfertigung liegt aber darin, daß es überhaupt keine Auslesemerkmale allgemeiner Art gibt, auf Grund deren sich eine wirklich homogene Gruppe zusammensetzen ließe. Man könnte also außerhalb der eigenen Familie niemals dessen gewiß sein, daß man auch wirklich in ganz vertrauter Weise ‹unter seinesgleichen› ist. Die Gruppe überbrückt diese Unsicherheit durch die Bestimmung eines Autostereotyps und durch die gleichzeitige Festlegung mindestens eines Heterostereotyps.

Das logische Problem nimmt bald an Schwierigkeit zu, wenn nämlich mehrere Kennbilder für verschiedene Die-Gruppen benötigt werden: Wir, die A-Leute, unterscheiden uns von den B-Leuten einerseits und von den C-Leuten andererseits. Somit gilt es, drei Stereotype so zu formulieren, daß sie miteinander möglichst wenig gemeinsam haben. Ähnliche Kopfzerbrechen stellen sich in der Regel beim Entwurf von Parteiprogrammen ein: Die XPD ist für eine Hebung des allgemeinen Lebensstandards und für die Wiedervereinigung Deutschlands; ihre Visitenkarte ist zugleich ihr Autostereotyp. Womit sollen aber nun YPD, ZPD an die Wählerschaft appellieren?

Wie Nationen einander sehen

Sehr viel deutlicher als im Experiment werden Stereotype in größeren Gruppen, die miteinander entweder im Bündnisverhältnis oder in dem einer Gegnerschaft stehen. Dies gilt vor allem von Nationen, und da bis herab zu dem Witz mit der allgemeinen Einleitung: ‹Ein Franzose, ein Schotte und ein Deutscher treffen sich . . .› Auf diesem Gebiet besitzen wir auch die sorgfältigsten Untersuchungen von Stereotypen, wie z. B. die bereits herangezogene UNESCO-Recherche aus den Jahren 1948–1949 (s. oben S. 112). Indem wir uns diesen Daten zuwenden, verschiebt sich unser Standort auf dem vorhin skizzierten Kontinuum ganz erheblich nach der Ernstseite. BUCHANAN und CANTRIL legen in ihrem Buch ‹*How Nations See Each Other*› (1953) die Ergebnisse von Befragungen vor, die in acht Ländern (Australien, England, Frankreich, Holland, Italien, Norwegen, Westdeutschland und den USA) an jeweils etwa 1000 Personen durchgeführt wurden. Eine der Fragen hatte folgenden Wortlaut: ‹Auf beiliegender Karte ist eine Reihe von Wörtern angegeben, welche dieser Wörter bezeichnen nach Ihrer Meinung das amerikanische Volk am besten? Wählen Sie so viele, wie Sie wollen, und nennen Sie die dazugehörigen Nummern. Bitte sagen Sie, wenn Ihnen keines als zutreffend erscheint. Nun nehmen Sie die Karte noch einmal vor und sagen Sie uns, welche Wörter das russische Volk am besten bezeichnen.› usw.

Tabelle 8 gibt die Prozentsätze wieder, mit denen deutsche Befragte dem deutschen Volk die aufgezählten zwölf Eigenschaften zuschrieben: Spalte DD, wobei der erste Buchstabe jeweils das Befragungsland und der zweite das von den Befragten beurteilte Land bezeichnet. DD steht somit für das deutsche Autostereotyp, HH und AA bezeichnen das holländische bzw. amerikanische Autostereotyp. Die Spalten DA und DR zeigen die Prozentzahlen, mit denen deutsche Befragte die einzelnen Eigenschaften dem amerikanischen bzw. dem

Eigenschaft	Auto-Stereotyp			Deutsches Hetero-Stereotyp		
	Deutschland (DD)	Holland (HH)	USA (AA)	USA (DA)	Rußland (DR)	Frankreich (DF)
1 Sehr arbeitsam	90	62	68	19	12	4
2 Intelligent	64	49	72	34	4	22
3 Praktisch veranlagt	53	36	53	45	8	5
4 Eitel	15	14	22	15	3	20
5 Großzügig	11	23	76	46	2	5
6 Grausam	1	0	2	2	48	10
7 Rückständig	2	1	2	1	41	10
8 Tapfer	63	37	66	6	11	7
9 Selbstbeherrscht	12	36	37	11	3	5
10 Herrschsüchtig	10	5	9	10	12	12
11 Fortschrittlich	39	43	70	58	2	7
12 Friedlich	37	68	82	23	5	12

Tabelle 8: Nationale Autostereotype und Heterostereotype (nach BUCHANAN und CANTRIL; die angegebenen Zahlen sind die Prozentsätze, mit denen eine bestimmte Eigenschaft einer Nation zugeschrieben wurde)

russischen Volke zuschrieben, sie geben somit die deutschen Heterostereotype für diese beiden Völker wieder. Tab. 8 stellt natürlich nur einen kleinen Ausschnitt aus dem Gesamtmaterial von BUCHANAN und CANTRIL dar, das – selbst wenn man diese wie jede andere Fragebogenuntersuchung mit einigen Vorbehalten betrachten muß – als eine wahre Goldgrube für den Sozialpsychologen bezeichnet werden darf. Allerdings benötigen wir eine Methode, um dieses Material auch auswerten zu können. In diesem Punkte glaube ich, über das von den Autoren der Originalarbeit Geleistete ein wenig hinausgehen zu können. Für die Schlüsse, zu denen wir gelangen werden, sind diese in keiner Weise verantwortlich.

Ohne auf die technischen Details, die in meiner ‹Sozialpsychologie› (1967) gegeben wurden, näher einzugehen, schlage ich einfach vor, diese Daten ebenso zu behandeln wie die kontrollierten Assoziationen im Exkurs über die Einsamkeit[1]. Wir haben es daher mit Eigenschaftsprofilen zu tun, zwischen denen sich durch unser Q-Maß Ähnlichkeitskorrelationen feststellen lassen. Für die sechs in Tab. 8 wiedergegebenen Profile kann gezeigt werden, daß z. B. zwischen DD und AA ein Q-Wert von 0,68 besteht, d. h. daß die beiden Autostereotype einander recht ähnlich sind. Stärker als das amerikanische ähnelt dem deutschen allerdings das holländische Autostereotyp, HH : DD = 0,78. Weiter ergibt sich, daß das deutsche Heterostereotyp des Amerikaners (DA) dem amerikanischen Autostereotyp (AA)

1 Zur Berechnung des Q-Maßes vgl. Anhang S. 189.

recht ähnlich ist (Q = 0,66), während es dem deutschen Autostereotyp (DD) nicht sonderlich ähnelt (Q = 0,30); es steht zu diesem freilich auch in keiner Gegensatzrelation. Dieser Fall deutet sich hingegen beim deutschen Heterostereotyp des russischen Volkes (DR) an: Q = −0,39. Ebenfalls in einer näherungsweisen Gegensatzrelation stehen das deutsche Amerikanerbild und das deutsche Russenbild (DA : DR = −0,58). Schließlich läßt sich aus Tab. 8 noch ersehen, daß das holländische Autostereotyp (HH) dem amerikanischen (AA) ähnlicher ist (Q = 0,87) als dem deutschen (Q = 0,78). An dieser Stelle ist einzuschieben, daß wir unter Zuhilfenahme des Profilvergleichs Antworten auf Fragen erhalten, die an sich und in direkter Weise gar nicht gestellt wurden. Niemand wurde in Westdeutschland etwa danach befragt, ob sich die Deutschen im allgemeinen den Amerikanern ähnlicher fühlen als z. B. den Russen. Ganz abgesehen von den nunmehr vorliegenden Daten glaube ich, daß diese Frage mit Ja zu beantworten gewesen wäre. Der Profilvergleich zeigt: DD : DA = 0,30 und DD : DR = −0,39; damit wird aber das ‹Ja› (wohlgemerkt, für Westdeutschland!) bestätigt.

Wir-Gruppen und Die-Gruppen

Wir kommen nun zu der vorhin angeschnittenen Frage zurück, in der es darum ging, daß sich die X-Leute sowohl von den Y-Leuten als auch von den Z-Leuten zu unterscheiden haben. Sie könnten dies natürlich dadurch tun, daß sie die Gruppen Y und Z mit einander sehr ähnlichen Heterostereotypen ausstatten, von denen sich dann ihr eigenes Autostereotyp abheben läßt. In diesem Falle würden für sie aber die beiden Gruppen Y und Z nahezu ununterscheidbar. An die Stelle rein theoretischer Spekulationen können wir jetzt konkrete Daten treten lassen, die – wie ich glaube – einer sorgfältigen Überlegung wert sind.

Tabelle 9 erlaubt in fünf Abschnitten einen Vergleich zwischen der holländischen und der deutschen Stereotypisierungs-Praxis. Wir wissen bereits, daß diese beiden Nationen recht ähnliche Autostereotype besitzen (Q = 0,78); dies ist an sich nicht verwunderlich, weil jede Nation sich selbst die guten Eigenschaften in hohem Grade zuschreibt.

Der erste Abschnitt der Tabelle zeigt, daß das deutsche Autostereotyp (DD) sich von denen anderer Nationen stärker unterscheidet als das holländische. In der Art, wie wir Deutsche uns selbst sehen, sind wir in der westlichen Welt tatsächlich bis zu einem gewissen Grade Einzelgänger. Eben darum wurde zur Gegenüberstellung das holländische Volk gewählt, dessen Autostereotyp dem der führenden Westmächte sehr viel ähnlicher ist als das unsrige.

Der zweite Abschnitt der Tabelle zeigt uns das Maß, in dem sich das Selbstbild des deutschen Menschen von den Bildern unterscheidet, die er sich von anderen Nationen macht. Recht bedenklich stimmt uns dabei die sehr geringe Ähnlichkeit (Q = −0,09), die wir zwischen den Franzosen (DF) und uns selbst (DD) anerkennen. Auf der

Deutschland			Holland		
I. Ähnlichkeit zwischen Auto-Stereotypen					
DD : EE	0,68	0,65	HH : EE	0,91	0,83
: FF	0,58		: FF	0,72	
: AA	0,68		: AA	0,87	
II. Abhebung der Hetero-Stereotype vom Auto-Stereotyp					
DD : DE	0,24	0,04	HH : HE	0,58	0,39
: DF	–0,09		: HF	0,30	
: DA	0,30		: HA	0,72	
: DR	–0,39		: HR	–0,44	
III. Ähnlichkeit der Hetero-Stereotype mit dem jeweiligen Auto-Stereotyp					
DE : EE	0,24	0,38	HE : EE	0,50	0,66
DF : FF	0,24		HF : FF	0,68	
DA : AA	0,66		HA : AA	0,80	
IV. Abhebung der Hetero-Stereotype voneinander					
DE : DF	0,48	–0,10	HE : HF	–0,05	–0,15
: DA	0,41		: HA	0,35	
: DR	–0,73		: HR	–0,53	
DF : DA	–0,13		HF : HA	0,22	
: DR	–0,05		: HR	–0,40	
DA : DR	–0,58		HA : HR	–0,52	
V. Vergleich der Stereotype					
DD : HH	0,78				
DE : HE	0,69				
DF : HF	0,00				
DA : HA	0,85				
DR : HR	0,79				

Tabelle 9: Der Vergleich zwischen den Stereotypen in Deutschland und in Holland. (Der erste Buchstabe bezeichnet jeweils das Land, in dem das Stereotyp erfragt wurde, der zweite das Land, auf das es sich bezieht: Deutschland = D, Holland = H, England = E, Frankreich = F, Sowjetunion = R, Vereinigte Staaten von Amerika = A.)

holländischen Seite überwiegen in diesem Abschnitt die positiven Q-Werte; man fühlt sich dort Amerikanern, Engländern und Franzosen deutlich verwandt und setzt sich nur von den Russen wirklich ab. Dieses Ergebnis nimmt im Hinblick auf die unterschiedlichen Rollen, die das holländische und das deutsche Volk in der Kriegsgeschichte der letzten Jahrhunderte gespielt haben, nicht wunder – es ist nichtsdestoweniger doch beunruhigend. Man darf sich allerdings damit trösten, daß die deutsche Verbitterung des Jahres 1948 inzwischen gewichen ist. Stereotype sind wandelbar. Das amerikanische Heterostereotyp für das russische Volk (Tab. 10) war z. B. im Jahre 1942 freundlicher als im Jahre 1948; die Ähnlichkeit zwischen den beiden Profilen beläuft sich auch bloß auf den sehr geringen Wert von Q = 0,32. Das Stück Weltgeschichte, das sich in diesem Stereotypwandel widerspiegelt, ist uns allen deutlich bewußt.

Leider hat man in der UNESCO-Untersuchung das Bild des deutschen Volkes, wie sich dieses in anderen Ländern darstellt, nicht erfragt. Aus den amerikanischen Lehrbüchern der Sozialpsychologie läßt sich aber in den gleichen Jahren erfahren, daß dieses Heterostereotyp dem eines Paranoiden oder auch dem eines Zwangsneurotikers glich (vgl. BONNER, 1953). An unserem Autostereotyp gemessen, ist eine solche Behauptung natürlich grotesk falsch, das ändert aber nichts an ihrer Bedeutung für unsere Rolle in der Welt.

Eigenschaft	1942	1948
1 Sehr arbeitsam	61	49
2 Intelligent	16	12
3 Praktisch veranlagt	18	13
4 Eitel	3	28
6 Grausam	9	50
8 Tapfer	48	28
11 Fortschrittlich	24	15

Tabelle 10: Das amerikanische Heterostereotyp des russischen Volkes (AR) in zwei verschiedenen Erhebungsjahren (nach BUCHANAN und CANTRIL)

Selbstbild und Fremdbild

Im dritten Abschnitt der Tabelle 9 werden einander Autostereotype und Heterostereotype gegenübergestellt. Aus ihm erhellt das vielzitierte ‹Körnchen Wahrheit›, das scheinbar in den Bildern zu finden ist, die wir uns von anderen Nationen machen. Die Q-Werte sind auf beiden Seiten positiv, auf der holländischen sind sie allerdings im Durchschnitt höher als auf der deutschen Seite. Das bedeutet, daß die Holländer andere Nationen eher so sehen, wie diese sich selbst beurteilen und wie diese wohl auch gesehen werden wollen. Wenn wir im allgemeinen finden, daß Autostereotype und Heterostereotype einander bis zu einem gewissen Grade ähneln, so darf dieses Ergebnis doch nicht unkritisch verallgemeinert werden, sonst müßte ja auch das sehr unfreundliche Heterostereotyp, das sowohl Holländer als auch Deutsche für das russische Volk bereithalten, dem russischen Autostereotyp ähnlich sein. Wir wissen dies nicht, da in der Sowjetunion entweder keine Meinungsforschung getrieben wird oder die Veröffentlichung ihrer Ergebnisse unterbleibt. Es ist daher im Grunde aussichtslos, sich darüber den Kopf zu zerbrechen, ob sich der russische Mensch am Ende selbst als ‹grausam› und ‹rückständig› und als wenig ‹intelligent› sieht. Aus den großen Romanen

Rußlands ließen sich dafür immerhin einige Belege gewinnen, jedoch stammen diese aus dem vorigen Jahrhundert. Durchaus zweifelhaft ist auch, ob sich gewisse Erfahrungen mit verfemten Minoritäten auf unser Problem übertragen lassen. In diesen besteht nämlich oftmals eine nicht geringe Tendenz, die ihnen seitens der Majorität zuteil gewordenen Beschreibungen in ihre Selbstbilder aufzunehmen. Es handelt sich z. B. um die Erscheinung des jüdischen Selbsthasses, des jüdischen Antisemitismus, sowie um die Geringerbewertung von Menschen mit schwarzer Hautfarbe durch amerikanische Neger.

Objektiv gesehen sind die Russen gewiß keine Minorität Europas; diese Tatsache schließt aber noch nicht die Möglichkeit aus, daß sie sich im Grunde ihres Herzens als eine solche fühlen könnten. Sollte der marxistische Aufruf zur Vereinigung der Proletarier vielleicht gerade darum in Rußland wirksam geworden sein, weil man sich dort als das Proletariat Europas erlebte? Damit ergäbe sich auch ein Schlüssel zum Verständnis des Kontaktes, der – offenbar nicht nur aus Staatsraison – zwischen den ehemaligen Kolonialvölkern und der Sowjetunion besteht. Dann wäre aber PETERS DES GROSSEN Besorgnis um die Rückständigkeit seines Landes gegenüber Westeuropa auch heute noch eine Stimmungsrealität, mit der gerechnet werden müßte. Hypothesen dieser Art sind anregend, jedoch hat man sich einzugestehen, daß ihre Überprüfung in der voraussehbaren Zukunft kaum möglich sein wird.

Ganz allgemein dürfte sich sagen lassen, daß das Selbstbild eines Individuums in einem Interdependenzverhältnis zu den Bildern steht, die sich andere von ihm machen. Darin liegt ja z. T. das Wesen der sozialen Bestätigung, von der bereits die Rede war. Abschnitt III der Tabelle 9 legt die Vermutung nahe, daß dieser Satz der Psychologie des Individuums auch in der Gruppenpsychologie seine Gültigkeit besitzt: Man sieht sich selbst stets ein wenig so, wie man gesehen wird; andererseits sehen einen andere aber auch ein bißchen so, wie man sich selbst sieht. Die soziale Problematik des Selbstvertrauens von Individuen, Gruppen und Nationen deutet sich hinter dieser Formulierung an. Außerdem haben wir hier ein eindrucksvolles Beispiel für die in engeren und weiteren Gemeinschaften – z. B. auch im ‹Europäischen Konzert› – bestehende Reziprozität vor uns.

Einander verstehen und sich verstanden fühlen

Daß wir an dieser Stelle auch das Problem des ‹Verstehens› zwischen Völkern methodisch in den Griff bekommen können, zeigt der Vergleich des Amerikaner-Bildes in England (EA) mit dem Engländer-Bild in Amerika (AE). Diese beiden Stereotype gleichen einander nur wenig ($Q = 0{,}32$), obwohl die Autostereotype der beiden Nationen sehr ähnlich sind ($EE : AA = 0{,}91$). Dabei ergibt sich, daß Engländer die Amerikaner sich selbst für weniger ähnlich halten ($EA : EE = 0{,}25$) als umgekehrt Amerikaner die Engländer ($AE : AA = 0{,}52$). Man distanziert sich somit in England vom Amerikaner stärker, als dies in Amerika bzgl. der Engländer der Fall ist. Das Selbstbild der Amerikaner gleicht dem Bilde, das Engländer sich von ihnen machen (AA : EA = 0,55), ungefähr in demselben Maße, wie umgekehrt das Selbstbild der Engländer dem Bild gleicht, das Amerikaner von ihnen entwerfen (EE : AE = 0,62). Man wird daher wohl annehmen dürfen, daß die Angehörigen dieser beiden Nationen das Gefühl haben, sich gegenseitig zu verstehen und voneinander auch verstanden zu werden. ‹Sich verstanden fühlen› heißt hier einfach, daß das Bild, welches andere von uns zeichnen, unserem Selbstbild entspricht. So betrachtet müßten sich Amerikaner am besten von Norwegern und Holländern verstanden fühlen, am wenigsten von Franzosen (FA : AA = 0,44), erheblich besser schon von Deutschen (DA : AA = 0,66). Auf Grund meiner eigenen Erfahrungen in den USA glaube ich diese Deduktion bestätigen zu können.

Im vierten Abschnitt der Tab. 9 haben wir es mit dem Ausmaß zu tun, in dem Nationen ihre Partner durch die diesen beigelegten Heterostereotype zu unterscheiden vermögen. Dabei fällt auf, daß in Holland Engländer und Franzosen sehr viel schärfer auseinandergehalten werden (Q = − 0,05) als in Deutschland (Q = 0,48). Interessant ist ferner, wie in Deutschland ‹der Russe› sowohl als ein Gegenbild ‹des Amerikaners› als auch ‹des Engländers› gesehen wird, nicht aber als Gegenbild ‹des Franzosen›. In Holland findet sich diese Unterscheidung nicht oder nur kaum, wobei man hier aber das russische Stereotyp auch nicht so stark zum Gegenteil der angelsächsischen Bilder macht.

Der fünfte und letzte Abschnitt der Tab. 9 stellt einander die holländischen und die deutschen Stereotype gegenüber. Offenbar können sich die beiden Nationen über ‹Amerikaner› und ‹Russen› recht gut verständigen, sie legen diesen Nationen nämlich sehr ähnliche Stereotype bei; in etwas geringerem Maße gilt dies von den ‹Engländern›. Durchaus mißverständlich würde zwischen den beiden Nationen aber eine Unterhaltung über ‹den Franzosen›, der in Holland schlechthin anders gesehen wird als in Deutschland (Q = 0,00). Dieser gewaltige Unterschied ist um so verwunderlicher, als die Selbstbilder der beiden Nationen einander recht ähnlich sind.

Für das ‹Einander-Verstehen› zwischen Nationen und Gruppen glaube ich vier Bedingungen aufstellen zu können:

1. Die Autostereotype der beiden Gruppen sind einander ähnlich (XX : YY).

2. Das Bild, das sich die eine Gruppe von der anderen macht, entspricht dem Selbst-Bild dieser Gruppe (XY : YY und YX : XX).

3. Das Bild, das sich eine Gruppe von der anderen macht, entspricht dem eigenen Selbstbild (XY : XX und YX : YY).

4. Beide Gruppen sehen andere Gruppen in ähnlicher Weise (XZ : YZ usw.).

Das Maximum des ‹Einander-Verstehens› ist natürlich nur dann zu erreichen, wenn X = Y ist, d. h. wenn die beiden Gruppen miteinander identisch sind. In diesem Falle könnte man aber natürlich gar nicht mehr von zwei Gruppen sprechen. Damit läßt sich, wie mir scheint, der Satz beweisen, daß innerhalb einer homogenen Gruppe ein Maximum an gegenseitigem Verständnis herrscht. Diese Deduktion entspricht dem Konvergenz-Satz der Gruppendynamik, den wir aus dem autokinetischen Experiment SHERIFS und den Laboratoriumsuntersuchungen der Michigan-Schule gewonnen haben. Dennoch wird zu zeigen sein, daß auf längere Dauer konstituierte Gruppen kaum jemals wirklich homogen sind bzw. bleiben, daß sie also vom Maximum des wechselseitigen Verstehens ihrer Mitglieder abrücken.

Ich möchte die Analyse der Völkerstereotype nicht ohne den Hinweis abschließen, daß unsere Resultate keineswegs verläßlicher zu sein vermögen als die vorhandenen Daten und die durchaus neuartige Methode ihrer Auswertung. Beide sind nicht über jeden Zweifel erhaben. Außerdem ist noch einmal an das Jahr 1948 zu erinnern, aus dem diese Daten stammen. Unberührt bleibt von diesen Erwägungen aber die Art der Fragestellung. Wo Gruppen sich zusammenschließen, kommt es zur Ausbildung von Autostereotypen und Heterostereotypen. Zwischen diesen bestehen mannigfaltige Ähnlichkeitsrelationen, in denen sich sowohl die Erfahrungen als auch die Ansprüche der Gruppen widerspiegeln. Will man diesem Sachverhalt gerecht werden, so ist unbedingt auf die Reziprozität zwischen Selbstbild und Fremdbildern zu achten. Gerade diesen Punkt hat, soviel ich sehen kann, die Forschung bisher nicht genügend gewürdigt (HOFSTÄTTER, 1960, 1967, 1970).

Die Bereitschaft zum Risiko

Stereotype sind das Ergebnis einer Konvergenz von Bestimmungsleistungen in einer sozialen Gemeinschaft; sie bilden sich auch in kleinen Gruppen, z. B. in den Ferienlagern SHERIFS, und zwar erstaunlich schnell. Von ihnen gilt, daß – zumindest subjektiv – die einzelnen Gruppenangehörigen für ihr Zustandekommen kaum Verantwortung tragen: ‹man› hat entschieden, nicht dieser oder jener. Wie weit diese Verantwortungs-Diffusion gehen kann, wissen wir aus den überaus gehässigen Vorurteilen und Aktionen gegen verfemte Minoritäten, von denen sich in der Regel jeder einzelne Verfolger mit gutem Gewissen freispricht.

Ein vergleichbares Phänomen ist in einer Untersuchung von J. A. F. STONER (1961) beobachtet worden, die sehr schnell eine über die Belange des Laboratoriums hinausgehende Aktualität erlangt hat. In ihr war gezeigt worden, daß sich die Angehörigen kleiner Gruppen nach einer längeren Diskussion häufig darauf einigen, bei ihren Entscheidungen ein erstaunlich hohes Risiko in Kauf zu nehmen. Es mag sich dabei z. B. um den fiktiven Fall eines Ingenieurs handeln, der in seiner gegenwärtigen Stellung ganz gut verdient, dem aber in einer neuen Firma eine weit einträglichere und interessantere Position angeboten wird. Ungewiß sei im Moment bloß, ob die neue Firma finanziell gesund bleibt. Gefragt wird, wie sicher der Ingenieur des Fortbestandes der Firma sein müsse, um sich mit gutem Gewissen für die ihm offerierte Stellung entscheiden zu können. Zur Auswahl stehen fünf Alternativen, d. h. die Chance der neuen Firma, wirtschaftlich zu reussieren, belaufe sich auf 1 : 10 (A), 3 : 10 (B), 5 : 10 (C), 7 : 10 (D) oder auf 9 : 10 (E). Sehr viel an Risiko nimmt auf sich, wer A wählt, verhältnismäßig wenig Risiko ist mit der Wahl von E verbunden.

Ein typisches Versuchsergebnis zeigt Abbildung 21 am Beispiel einer aus fünf Personen bestehenden Gruppe. Vor der Diskussion hat jeder der Partner eine der fünf Alternativen gewählt; im arithmetischen Mittel (AM) beläuft sich der Sicherheitsanspruch auf 0,50 (5 : 10 = Alternative C). Im Gefolge der Diskussion verschiebt sich dieser Wert auf 0,38 (etwa 4 : 10); die schließlich einstimmig angenommene Entscheidung fällt auf 0,30, d. h. auf die Alternative B; sie entspricht einer gegenüber der Alternative C wesentlich gesteigerten Risikobereitschaft.

Das in der Fachsprache als ‹*risky-shift*› bezeichnete Phänomen ist sehr häufig beobachtet worden. Zu seiner Erklärung hat man eine Reihe von Hypothesen aufgestellt:

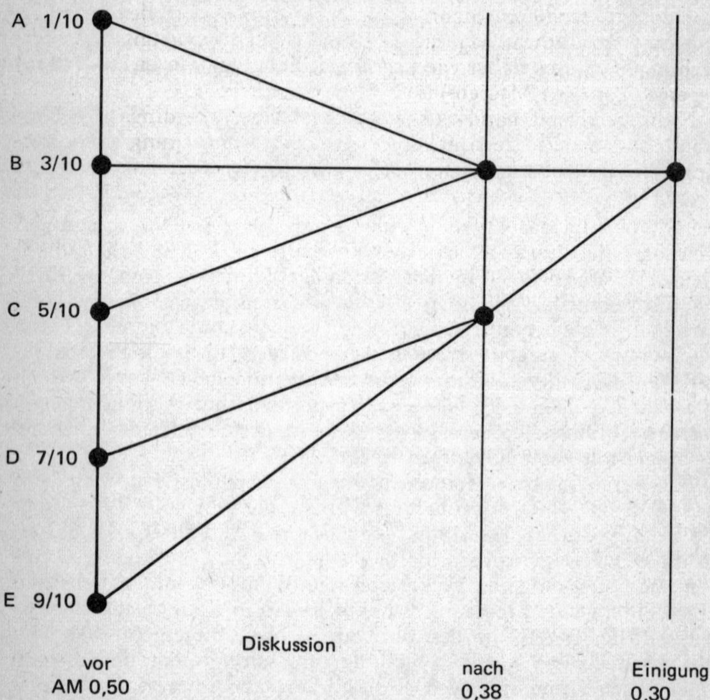

Abb. 21: Die Verschiebung der Risikobereitschaft (‹*risky-shift*›) im Gefolge einer Diskussion

1. Die Diffusion der Verantwortung, von der dann auf jeden einzelnen nur recht wenig kommt (N. KOGAN und M. A. WALLACH, 1964)

2. Die Ermutigung durch die Gegenwart anderer Personen (S. RETTIG, 1968)

3. Die größere Risikobereitschaft derjenigen Personen, die in der Diskussion maßgeblichen Einfluß ausüben (B. E. COLLINS und H. GUETZKOW, 1964)

4. Die Wirksamkeit sozialer Normen, die eine hohe Risikobereitschaft entweder allgemein oder bei den Angehörigen bestimmter Berufe (Manager z. B.) als wünschenswert erscheinen lassen (R. BROWN, 1965)

5. Die zunehmende Vertrautheit mit dem Problem, die ihrerseits den Eindruck seiner Gefährlichkeit verringert (N. BATESON, 1966).

Da man in unserer Gesellschaft bedeutungsvolle Entscheidungen gern größeren Gremien anvertraut, weil man von diesen ein ausgeglicheneres und besonneneres Urteil erwartet, wirkte die erste Hypothese sehr beunruhigend. Sollten sich die Angehörigen solcher Gruppen tatsächlich als Individuen nicht mehr voll verantwortlich fühlen und sollten sie daher zu besonders riskanten Kollektiventscheidungen tendieren, dann erwiese sich unsere soziale Praxis als ungemein gefährlich. Manche Ergebnisse der einschlägigen Untersuchungen wirkten daher wie eine Bestätigung der von LE BON (1895) gegen Kollektive (‹Massen›) erhobenen Vorwürfe.

Nicht genügend berücksichtigt wurde dabei allerdings der Umstand, daß es auch Verschiebungen in der Gegenrichtung – zur verringerten Risikobereitschaft also – gibt. Inzwischen hat E. WITTE (1971) in einer Versuchsreihe unseres Instituts die Bedingungen herausgearbeitet, unter denen der *‹risky-shift›* auftritt. Er ließ eine große Anzahl von Entscheidungsproblemen von seinen Vpn unter zwei verschiedenen Instruktionen bearbeiten. In der einen ging es darum, wie man sich für gewöhnlich entscheiden würde (W_g), in der anderen um die Entscheidung, die man eigentlich – ‹idealer Weise› – fällen sollte (W_i). Danach wurden andere Vpn zu Diskussionsgruppen zusammengefaßt. Der *‹risky-shift›* zeigte sich vorwiegend bei solchen Entscheidungsproblemen, deren ‹ideale› Beurteilung (W_i) zu einem geringeren Sicherheitsanspruch, d. h. zu einer größeren Risikobereitschaft geführt hatte als die gewöhnliche Beurteilung (W_g). In Abbildung 22 sind diese Aufgaben ($W_i < W_g$) durch ausgefüllte Kreise gekennzeichnet; bei den übrigen acht Aufgaben (offene Kreise) war der ideale Sicherheitsanspruch größer als der für gewöhnlich erhobene ($W_i > W_g$).

Ganz allgemein scheint zu gelten, daß der nach einer Diskussion einstimmig beschlossene Sicherheitsanspruch (W_n) eine Funktion des Mittelwerts vor der Diskussion (W_v) ist. Für die im ganzen 13 Probleme ergibt sich eine sehr hohe Korrelation von 0,98. Berechnet man dazu die Regressionsgleichung ($W_n \doteq -0{,}38 + 1{,}60\ W_v$), dann zeigt deren Steigung, die mit 1,60 deutlich größer als 1,00 ist, daß zum *‹risky-shift›* nur Aufgaben führen, bei denen schon vor der Diskussion ein relativ geringer Sicherheitsanspruch bestand. Der kritische Wert ergibt sich zu $W_n = W_v = 0{,}63$. Zu ihnen gehören in erster Linie diejenigen Probleme, deren ideale Beurteilung im Vergleich zur gewöhnlichen Beurteilung einen geringeren Sicherheitsanspruch ergeben hatte ($W_i < W_g$, ausgefüllte Kreise). Entscheidungsprobleme, die vor der Diskussion durch einen mittleren Sicherheitsanspruch von mehr als 0,63 charakterisiert waren, zeigten nach der Diskussion eine konservative Verschiebung, d. h. eine solche in Richtung auf einen erhöhten Sicherheitsanspruch ($W_n > W_v$).

Das Ergebnis legt die Vermutung nahe, daß soziale Normen die Häufigkeit der in der Diskussion auftretenden Argumente und deren Wirksamkeit bestimmen. Durch eine Reihe von Zusatzuntersuchungen konnte E. Witte diese Annahme bestätigen. Die Hypothese der Verantwortungsdiffusion läßt sich somit wohl kaum mehr aufrechterhalten, denn aus ihr wäre für sämtliche Entscheidungsprobleme – unabhängig von deren W_v-Werten – eine Verringerung des Sicherheitsanspruches zu folgern gewesen. Davon aber kann gewiß nicht die Rede sein.

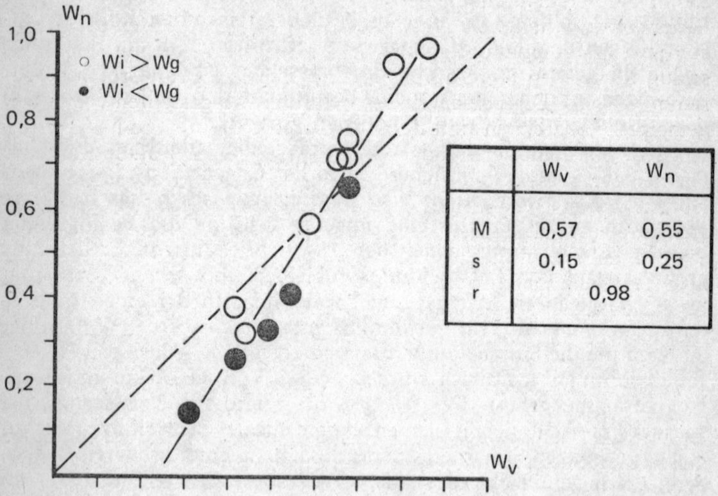

Abb. 22: Der kollektive Sicherheitsanspruch nach einer Diskussion (W_n) in Abhängigkeit vom Mittelwert der individuellen Ansprüche vor der Diskussion (W_v)

Wie eine Gruppe sich entscheidet, ob besonders risikobereit oder eher vorsichtig, hängt von den Normen ab, die sich entweder in der Gruppe selbst gebildet haben oder die sie aus der Kultur der Rahmengesellschaft übernommen hat. Die Diskussion führt nur zu einer Verdeutlichung dieser Normen, die sich darin äußert, daß die Streuung zwischen den einzelnen Problemen nach der Diskussion ($s_n = 0{,}25$)

größer ist als vorher (s_v = 0,15). Der Mittelwert des Sicherheitsanspruches bleibt jedoch praktisch unverändert (M_n = 0,55, M_v = 0,57).

9. Ungleichheit innerhalb der Gruppe

Bevor wir noch einmal zu den Ferienlagern Sherifs zurückkehren, möchte ich ein eigenes Erlebnis einschieben, das die Rangordnung sichtbar werden läßt, die sich in Gruppen bei deren längerem Bestand herauszubilden pflegt. Die interne Differenzierung, um die es dabei geht, kann prinzipiell in zweifacher Weise ermittelt werden: einmal durch die freie Beobachtung und zum andern mit Hilfe des Soziogramms, d. h. der von J. L. Moreno formalisierten Technik, bei der die Verteilung der Vorzugswahlen innerhalb einer Gruppe festgestellt wird. Zur Illustration diene eine Frage, die ich in Washington, D. C. einmal an die sieben Teilnehmer eines sechswöchigen Ferienkurses richtete. Da an amerikanischen Universitäten das Semester jeweils mit einer obligatorischen schriftlichen Prüfung ausklingt, schlug ich meinen Hörern vor, daß wir dabei in Paar-Gruppen operieren wollten. Die beiden Partner würden die gestellten Aufgaben gemeinsam bearbeiten und dafür auch beide die gleiche Note erhalten. Jede Vp nominierte sodann drei Kursteilnehmer als gewünschte Partner. An dieser Stelle brach ich das Experiment ab, um meinen Hörern dessen Dynamik zu erklären. Die nachfolgende Prüfung ergab übrigens, daß die Studenten recht klug gewählt hatten, d. h. die Anzahl der von jedem einzelnen erhaltenen Stimmen korrelierte sehr hoch mit der Examensnote (Rho = 0,83). Gute Schüler waren auch begehrte Partner für die fiktive Paar-Prüfung.

Die Struktur einer Hörergruppe

Da mir die Benotung meiner Hörer stets recht peinlich ist, habe ich dieses einfache Experiment zur Sicherung meines eigenen Eindrucks noch des öfteren wiederholt, und zwar immer mit Ergebnissen, die der nachfolgenden Klassifikation recht gut entsprachen. Die späteren Versuche dieser Art haben aber nur geringe Beweiskraft, weil ich mich in ihnen bei der Notenverteilung vom Soziogramm beeinflussen ließ, während ich im ersten Fall die Befragungsdaten erst nach Beurteilung der schriftlichen Arbeiten auswertete. Im Prinzip handelt es sich hier um eine planmäßig eingesetzte Gruppenleistung vom Typus des Suchens. Ähnlich wie im Experiment mit den geometrischen Figuren (S. 33) produzierten die Vpn Rangreihen ihrer Mitschüler; allerdings wurden von diesen Rangreihen nur die ersten drei Glieder berücksichtigt.

Das soziometrische Bild der Gruppe gibt Abb. 23, aus der ersichtlich ist, daß zwei Studenten je fünfmal gewählt wurden, während einer nur eine einzige Stimme erhielt. Wie üblich, unterscheiden wir auch hier zwischen gegenseitigen Wahlen (AB, AD usw.) und einseitigen Wahlen (AE usw.). Das ‹Dreieck› der einander gegenseitig wählenden Personen A, B und D könnte eine ‹Clique› innerhalb der Gruppe darstellen, bestünde nicht zwischen B und G ebenfalls eine Gegenseitigkeitsrelation. Vp B, die sicherlich über die mäßige Leistungsfähigkeit von G Bescheid wußte, vollzog diese Wahl vermutlich in der altruistischen Absicht, G bei der Prüfung zu helfen. Sie leistete damit einen Beitrag zur Nivellierung der Gruppe. Die Anzahl der gegenseitigen Wahlen (6) entsprach in dieser Gemeinschaft übrigens dem Zufallswert von 5,25 ziemlich genau. Die im Zusammenhang mit Soziogrammen entwickelten wahrscheinlichkeitstheoretischen Betrachtungsweisen brauchen hier nicht wiedergegeben zu werden; sie finden sich in meiner ‹Sozialpsychologie› (1967).

Festzustellen ist, daß das Bild unserer Gruppe z. T. wenigstens eine Funktion des Auswahlkriteriums ist. In unserem Falle handelte es sich um die mutmaßliche Leistungsfähigkeit im Examen. Wahrscheinlich wäre ein etwas anderes Bild zustande gekommen, wenn die Frage dahin gelautet hätte, mit wem jeder der Kursteilnehmer

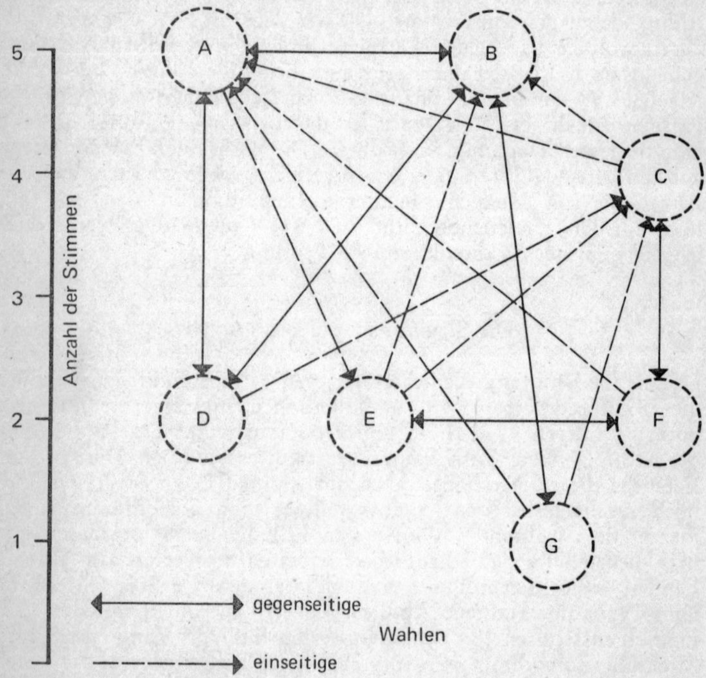

Abb. 23: Das Soziogramm einer Studentengruppe (gegenseitige Wahlen: ausgezogene Linien, einseitige Wahlen: gestrichelte Linien)

z. B. eine Ferienreise unternehmen wolle. Das hier wiedergegebene Bild stand aber insofern mit anderen Beobachtungen im Einklang, als die Vp B schon sehr früh in meinem Kurs als Klassensprecher zu fungieren begonnen hatte, während die Vp G als eine Art ‹Mauerblümchen› kaum jemals in der Diskussion aktiv geworden war. Die Vertrauensstellung, die B einnahm, entsprach allerdings nicht ganz seinen akademischen Leistungen, hinsichtlich derer er von A und C übertroffen wurde. Der Leistungsstar der Gruppe war zweifellos A, dessen Tüchtigkeit aber etwas gewissermaßen Abschreckendes an sich hatte.

Die kleine Gruppe, mit der wir es hier zu tun haben, hatte während der sechs Wochen unserer Zusammenarbeit auch die Ansätze zu einem Wir-Gefühl entwickelt, bei dem sogar die bewußte Abhebung von anderen Gruppen eine Rolle spielte. Eines Tages überraschte mich der Klassensprecher mit der Frage, ob ich nicht auch fände, daß diese Klasse (‹Wir›) viel anregender sei als eine andere von mir um die gleiche Zeit unterrichtete. Ich konnte dies zwar nicht bejahen, jedoch mußte ich mir eingestehen, daß ich selbst in dieser Gruppe einigermaßen heimisch geworden war, so sehr immerhin, daß mir die individuelle Schlußbenotung der Hörer recht peinlich erschien. Eben in dieser Situation dachte ich an das Soziogramm.

Gliederung der Gruppe im Ferienlager

Als unser bisheriges Ergebnis läßt sich verbuchen, daß eine auf die Ungleichheit der Individuen in einer Gruppe gegründete Rangdifferenzierung mit dem Zusammenhalt und dem Wir-Erlebnis der Gruppe vereinbar ist. Diese Formulierung ist aber wahrscheinlich noch viel zu schwach: Die Entwicklung einer differentiellen Binnenstruktur in der Gruppe scheint deren Zusammenhalt u. U. nicht bloß nicht zu gefährden, sondern im Gegenteil zu fördern.

In den Lagern Sherifs kam es schon kurz nach der Aufgliederung in zwei Untergruppen (II. Stadium) dazu, daß sich auf jeder der beiden Seiten jeweils ein Junge besonders hervortat. Von ihm gingen Anregungen aus, die von den übrigen akzeptiert wurden, und bald bedurfte nahezu jeder in der Gruppe geäußerte Vorschlag seiner Zustimmung oder zumindest seiner stillschweigenden Duldung. Wir wollen ihn als eine Alpha-Person bezeichnen. Nicht lange dauerte es auch, bis sich gewisse Spezialistenrollen entwickelten, die wegen ihres besonderen Geschicks auf einzelnen Gebieten von den übrigen als ‹Fachleute› anerkannt wurden. Diese Anerkennung erfolgte allerdings schon im Einvernehmen mit Alpha oder sogar ganz ausdrücklich auf dessen Weisung hin: ‹Du, X, übernimmst die Sportgeräte ...› usw. Hinsichtlich der einzelnen Spezialistenrollen stellte sich nach einiger Zeit auch der Konsensus ein, daß manche von ihnen höher zu bewerten seien (z. B. die des Sportwartes), andere geringer (z. B. die des Kochs). In der Regel war Alpha aber nicht gleichzeitig der Inhaber der am höchsten bewerteten Spezialistenrolle. Ihm oblag vielmehr auf Grund einer nicht eigentlich ausgesprochenen Übereinkunft die Koordination der Einzelleistungen und späterhin auch die Vertretung der Gruppe nach außen hin. Gelegentlich kam es allerdings zur Bedrohung der Position des Alpha durch den Inhaber der am höchsten bewerteten Spezialistenrolle. Der interne Differenzierungsprozeß der Gruppe fand seinen Abschluß darin, daß jedes Gruppenmitglied einen mehr oder minder spezifischen Kompetenzbereich für sich abgesteckt hatte, innerhalb dessen seine Zuständigkeit von den übrigen Gruppenmitgliedern respektiert wurde. Schon nach wenigen Tagen hatten die Gruppen eine relativ feste Struktur gewonnen, die sich einmal durch freie Beobachtung und zum andern mit Hilfe des Soziogramms feststellen ließ. Die meisten Vorzugswahlen entfielen auf Alpha; einzelne Jungen erhielten jedoch überhaupt keine Stimme, obwohl sie weder als Außenseiter betrachtet wurden noch gar sich selbst so fühlten.

Das Sozialsystem, das sich hier ungemein schnell ausdifferenziert, gleicht einer Hierarchie mit deutlich ausgeprägten Vorrangsrelationen. Die Gruppe ist somit gar nicht wirklich homogen. Es dürfte jedoch kein Zufall sein, daß die Entwicklung des Wir-Gefühls in der Gruppe ihrer internen Strukturierung parallel verlief. Alpha identifizierte sich persönlich offenbar am stärksten mit der Gruppe, er vernachlässigte daher auch die Korrespondenz mit seinen Eltern in gröblichster Weise, jedoch blieben auch die niedrigst-rangigen Mitglieder der Gemeinschaft fest verbunden. Alpha hatte zwar den Gruppennamen vorgeschlagen, die Anregung dazu, sich mit der Gegnergruppe zu messen, ging aber von einem Jungen aus, der im Mittelbereich der Hierarchie stand. Interessanterweise hatte dieser Junge für eine Weile eine höhere Position, die des Sportwartes, angestrebt. Als er diese nicht erlangte, war es zu einer Verstimmung gekommen, die für eine Weile seinen Verbleib in der Gruppe zweifelhaft machte. Schließlich entlud sich seine eigene Aggressivität aber nach außen (in Richtung auf die Nachbargruppe); statt den Zusammenhalt der eigenen Gruppe zu gefährden, verstärkte sie diesen.

Interne Rivalität und außengerichtete Aggressivität

Natürlich handelt es sich hier ‹nur› um die Spiele von 12jährigen Jungen, die bereits gewisse Vorstellungen mit sich brachten, wie man eine Gruppe organisiert. Die Ereignisse stellen somit nicht Entdekkungen im eigentlichen Sinne dar. Gerade das Verhalten des Aufwieglers bekundet jedoch die Lebensechtheit der Vorgänge in diesem Lager. Die dynamische Konstellation zwang ihn in eine Rolle, die Gruppen nur selten bewußt ausgestalten, die sie in der Regel auch nicht anerkennen und die es trotzdem gibt. In größeren politischen Parteien findet man z. B., daß die heftigsten Vorstöße gegen Konkurrenzparteien von Funktionären ausgehen, die meistens nicht an der Spitze ihrer eigenen Gruppe stehen. Vorwürfe gegen eine zu laxe Parteiführung, die ihrerseits auf eine Radikalisierung abzielen, entstammen recht häufig einer Situation, die sich auch in den Sommerlagern SHERIFS wiederholt zu haben scheint. Wir notieren daher als eine besondere Möglichkeit der Gruppe die Verwandlung interner Rivalität in außengerichtete Aggressivität.

Diese Entwicklung stellt einen Spezialfall der von der Yale-Schule proklamierten ›*Frustrations-Aggressions*-Hypothese‹ dar, die im aggressiven Verhalten des Individuums dessen Versuch erblickt, sich das Eingeständnis einer eigenen Enttäuschung zu ersparen. Der Meister, der seinen Lehrling ohrfeigt, ‹weil› das Geschäft schlecht geht, exemplifiziert diesen irrationalen, aber höchst wirksamen Zusammenhang. In kohärenten Gruppen richtet sich aber das aggressive Verhalten ihrer enttäuschten Mitglieder nicht gegen andere Angehörige der Gruppe, sondern gegen Außengruppen. Für das schlechte Wetter, das einem den Sommerurlaub verdirbt, macht man auf diese Weise gern die Weltmächte verantwortlich, die mit Atombomben experimentieren. Das ist, von der Binnengruppe her gesehen, immerhin wohl noch harmloser, als wenn man seinen Ärger an den Bediensteten des Gasthofes ausließe, in dem man die verregneten Ferien verbringt. Nicht ganz unklugerweise sind auch die Kellner von der Schuld der Weltmächte überzeugt; einmal wäre es ja für sie keineswegs lohnend, durch ihren Widerspruch nun doch den Verdruß des Gastes auf sich zu lenken, zum andern haben auch sie selbst wegen des schlechten Geschäftsganges eine Enttäuschung zu verwinden. Man einigt sich daher auf Kosten eines Dritten und vollzieht damit eine Gruppenleistung vom Typus des Bestimmens. Eine ärgerliche und recht unheimliche Situation ist geklärt, auch wenn die für Wetterfragen zuständigen Spezialisten der eigenen Gruppe, die Meteorologen, nicht von der Schuld der Weltmächte überzeugt sein sollten.

Die Gleichheits-Utopie

Fast überall, wo Gruppen für längere Zeit bestehen, kommt es zu einer internen Differenzierung bzw. zur Festlegung einer Rangordnung. Diese Erscheinung ist bereits im Tierreich anzutreffen (die Hackordnung der Vögel z. B.), sie läßt sich auch dann kaum vermeiden, wenn es eigens beabsichtigt wird. Dies illustriert das traurige Schicksal der utopischen Gemeinschaftsgründungen, in denen von vornherein alle Rangunterschiede negiert wurden, so z. B. in R. OWENS ‹*New Harmony*› (1825–1827) und in den von CH. FOURIER inspirierten ‹*Phalanstères*› in Nordamerika. Besonders eindrucksvoll sind die Erlebnisse der drei Engländer, die sich im Jahre 1817 auf der einsam im südlichen Atlantischen Ozean gelegenen Insel Tristan da Cunha ansiedelten (MUNCH, 1945). Dem Geist der Zeit folgend, schlossen sie zu Beginn ihres Aufenthaltes einen Vertrag, in dem schriftlich festgelegt wurde, daß kein Mitglied einen Vorrang irgendwelcher Art in Anspruch nehmen solle, alle Mitglieder seien in jeder Hinsicht als gleich zu betrachten. Fünf Jahre später, als sich weitere gestrandete Seeleute auf der Insel eingefunden hatten, wurde ein neuer Vertrag entworfen, der diesmal bereits die Rangdifferenzierung, zu der es in der Zwischenzeit gekommen war, namentlich festlegte. Ein norwegischer Ethnologe, der die Insel im Jahre 1938 besuchte, zählte auf ihr 103 Bewohner männlichen und 85 Bewohner weiblichen Geschlechts, die ein sehr eigenartiges Gesellschaftssystem entwickelt hatten. Trotz der Festlegung einer Rangordnung zu Beginn des 19. Jahrhunderts gab es auf der Insel keine eigentliche Regierung. Wo die koordinierte Leistung mehrerer notwendig wurde, bildete sich eine temporäre Führerrolle aus. Im übrigen war aber jeder Versuch, sich als Individuum hervorzutun, streng verpönt.

Die Bewohner werden als äußerst freundlich und rücksichtsvoll geschildert; Gewalttaten ereignen sich überhaupt nicht. Gelegentlich kommen allerdings Diebstähle vor, doch bleibt dabei der Dieb ohne Strafe; das gestohlene Gut wird einfach dem rechtmäßigen Eigentümer zurückerstattet. Etwa auftretende Meinungsverschiedenheiten erreichen ihren Höhepunkt damit, daß die Streitenden für eine Weile nicht mehr miteinander sprechen. Paradiesische Zustände, die gut zu dem Bild des extremen Konservativismus passen, das die Inselkultur darbietet, die aber gewiß nicht zum Vorbild der menschlichen Gesellschaft überhaupt werden können. Die Gruppe ist erstens so klein, daß sie tatsächlich mit einem einzigen Verwaltungsträger auskommt, der in diesem Falle der Kirchenälteste zu sein scheint. Diese Behauptung ergibt sich auf Grund der empirischen Beziehungen zwischen der Größe des Verwaltungsapparates (V) und der Populationsstärke (P) : $V = \frac{1}{325} P^{1,134}$, deren Extrapolation für $V = 1$ auf $P_0 = 164$ Personen, d. h. auf die Durchschnittsgröße von Primitivstämmen, führt. Zum zweiten sind die Bewohner von Tristan da Cunha durch das weite, wenig befahrene Meer von jeder möglichen Die-Gruppe getrennt. Wir haben hier den höchst seltenen Fall einer Wir-Gruppe vor uns, die sich nicht erst von anderen Gruppen abzuheben braucht. Sie bedarf daher auch keines organisatorischen Zusammenschlusses.

Eines stimmt allerdings bedenklich: die norwegischen Beobachter wurden mehrmals Zeugen zwanghafter Krampfzustände, die – meistens gelegentlich größerer Zusammenkünfte auftretend – von einem Individuum auf andere übersprangen. Eine dieser Anfallswellen nahm ihren Ausgang bei einer Tanzunterhaltung von einer jungen Frau und erfaßte innerhalb kurzer Zeit 16 weitere Frauen – immerhin ein Fünftel der weiblichen Population – und einen Knaben. Ich frage mich, ob nicht genau darin, d. i. im unbehinderten Konvergenzverhalten, die Gefahr der strukturlosen Wir-Gruppe zu erblicken ist. Völlig strukturlos war übrigens, wie der Fall zeigt, auch die Inselgemeinschaft nicht; die Welle hätte sonst wohl auch auf das männliche Geschlecht übergreifen müssen. Die interne Differenzierung der Gruppe durch eine Rangstruktur darf vermutlich u. a. auch als eine Schutzeinrichtung gegen extremes Konvergenzverhalten aufgefaßt werden. Diese Überlegung leitet uns zu der im II. Abschnitt gegebenen Unterscheidung zwischen Gruppen und Massen zurück. In der Menge des bloßen Nebeneinander ist der Einfluß des Verhaltens eines

Individuums auf das anderer gering und – *per definitionem* – gleich Null. In der homogenen Wir-Gruppe erreicht dieser Einfluß maximale Stärke, während er sich in der differenzierten Wir-Gruppe innerhalb systembedingter Grenzen hält. Diese Deduktion wird auch durch die Experimente von Bovard (1951, 1953) und von Sodhi (1953) weitgehend bestätigt.

Die gruppendynamische Gleichgewichtslage, deren wir nunmehr ansichtig werden, ist höchst interessant: Die Gruppe bedarf zur Koordinierung der Leistungen ihrer Mitglieder und zur Verhinderung des Umsichgreifens von Massenemotionen einer internen Differenzierung. Dabei läßt sich aber kaum vermeiden, daß die Ansprüche einzelner Mitglieder enttäuscht werden. Die Gruppe könnte nun in rivalisierende Parallel-Organisationen zerfallen. Erweist sich ihr Zusammenhang aber als stark genug, so kommt es zu Spannungen gegenüber Nachbargruppen. Man muß sich von diesen nun auch begrifflich absetzen und die entsprechenden Stereotype daher so gestalten, daß sie einer Schwarz-Weiß-Zeichnung ähnlich werden. Damit erhöht man aber den Zusammenhalt der eigenen Gruppe und – ohne dies zu intendieren – auch den der Feindgruppe. Daß im Dritten Reich von einer ‹plutokratisch-kommunistischen Weltverschwörung› gesprochen wurde, mag z. B. den zeitweiligen Ausgleich der ideologischen Differenzen zwischen England und Amerika einerseits und der Sowjetunion andererseits erheblich erleichtert haben. Die interne Festigkeit der kommunistischen Parteien mancher westlicher Staaten gründet wohl auch nicht zum geringen Teil in der solidarischen Ablehnung, die ihnen von den übrigen Parteien entgegengebracht wird. Ferner ist an eine zwischen 1933 und 1945 sehr wenig kohärente Gruppe zu erinnern, die der ‹Parteigenossen›, der die unterschiedslose Verfemung ihrer Mitglieder in den ersten Nachkriegsjahren – ganz paradoxerweise – ein verstärktes Wir-Erlebnis nahelegte.

Daß Gruppen, indem sie sich selbst festigen, auch in Gegnerschaft zu anderen Gruppen geraten, ist die tiefe Tragik des menschlichen Gemeinschaftslebens.

Der Vorwurf der Blasphemie erscheint zwar nicht ganz unangebracht, wenn er sich gegen den Versuch richtet, aus Spielen in Laboratorien und aus Ferienlagern auf die Weltbühne zu schließen. Dennoch glaube ich, daß wir uns in der Sozialpsychologie aller Denkmittel bedienen sollten, die es gibt. Man hat bei einem solchen Denken am konkreten Modell allerdings die Maßstabsveränderung gebührend zu berücksichtigen. Einem Tag im Sommerlager dürften mehrere Jahre der Wirklichkeit eines Volkes entsprechen. Die vierzig Jahre, die nach biblischem Bericht zur Volkwerdung Israels erforderlich waren, geben uns davon einen Begriff. Im übrigen halte ich aber dafür, daß sozialpsychologische Hypothesen nicht davor zurückschrecken sollten, sich an Ereignisse heranzuwagen, die sie früher oder später richten werden. Hypothesen können immer falsch sein; sie sollten aber niemals so formuliert werden, daß sie – was immer sich auch ereignen mag – vor der Bloßstellung bewahrt bleiben. Dies scheint mir aus dem Rollenauftrag des Gelehrten in der Gesellschaft zu folgen; seine Überlegungen erproben Sachverhalte mit vermindertem Risiko. Ihm ist daher – zum Unterschied vom Praktiker oder vom Richter – verstattet, sich zu irren und aus seinen Irrtümern zu lernen.

10. Rang und Ansehen

Gegen Ende der dreißiger Jahre gelang es dem Soziologen W. F. Whyte, das Vertrauen einer ‹*Gang*› zu gewinnen, die sich im Elendsviertel einer amerikanischen Großstadt aus arbeitslosen jungen Männern gebildet hatte. Kriminelle Aktivität spielte in dieser Gruppe keine Rolle; sie war in erster Linie dazu bestimmt, ihren Angehörigen die ihnen sonst versagte soziale Bestätigung zu geben. In der *Gang* hatte sich eine Rangstruktur entwickelt, die allen Mitgliedern ziemlich deutlich war. Beim Kegeln stellte sich aber heraus, daß ein in der Hierarchie nicht besonders hochstehender Bursche, er sei *Frank* genannt, ganz besonders gute Leistungen erzielte, bessere jedenfalls als der Führer und die ‹Elite› der *Gang*. An sich hätte dies noch hingehen können, aber das Kegeln besaß nun einmal seine besondere Bedeutung für diese Gruppe; es war die Lieblingsbeschäftigung. Whytes Beobachtungen zeigen, wie die Gruppe mit ihrem Problem fertig wurde, nämlich so, daß sich nach einer Weile die Rangordnung des Burschen auch auf dessen Kegelleistungen übertrug. Die führenden Mitglieder spielten zwar nicht besser, der begabte Mann aus dem Mittelbereich dafür aber schlechter als bisher. Offenbar tat dies *Frank* auch nicht absichtlich, um Weiterungen zu vermeiden; es ergab sich mehr oder minder von selbst so, d. h. als ein Weg zur Auflösung einer kognitiven Dissonanz (Abb. 16) durch Änderungen auf seiten der Person.

Man muß sich in Situationen hineindenken, die – wie das Kegeln – eine sehr feine senso-motorische Koordination verlangen, um den Hergang der Dinge zu verstehen. Wenn *Frank*, der ‹für seine Verhältnisse› zu gut spielte, die Kugel nahm, überkam ihn unter den Augen seiner Genossen eine Spannung, und das Ergebnis war eine mäßige Leistung. Diese aber wurde mit Befriedigung quittiert, sie paßte zu dem Bild, das sich die Gruppe von ihm machte und das er vermutlich eben zu akzeptieren begann. *Frank* selbst brachte seine Verwunderung durch die Bemerkung zum Ausdruck, daß er nicht mehr kegeln könne, wenn ihm die anderen zuschauten. Merkwürdigerweise war er aber noch immer ein respektabler Spieler, wenn er in anderen Gesellschaften auftrat. Die Geschichte illustriert das Interdependenzverhältnis zwischen Standort in der Gruppe, Selbstgefühl und Leistung. Die Redewendung, jemand fühle sich ‹gehoben›, peilt wohl denselben Zusammenhang an.

Wo sich in Gruppen Rangordnungen etabliert haben, pflegen diese auch in Situationen sichtbar zu werden, die für die entsprechenden Gruppen belangvoll sind. Dieser Satz scheint einigermaßen unabhängig von dem Ausmaß der individuellen Begabung und Übung zu gelten, da beide Möglichkeiten bezeichnen, deren Aktualisierung die Umstände zu begünstigen oder auch zu erschweren vermögen. Aus eigenen Erfahrungen ist uns bekannt, daß man bisweilen einfach ‹zu nervös› sein kann, um etwas Brauchbares zu leisten. Offenbar war auch der gute Kegelspieler *Frank* im Beisein der *Gang*-Genossen ‹zu nervös›.

‹Quod licet Jovi, non licet bovi›

Das Fatale am Kegelspiel ist, daß sich Leistung und Beurteilung nicht gut voneinander trennen lassen. Die Kegel fallen und bleiben liegen, man hat also genügend Zeit, sie auszuzählen. Wo zu einer solchen Trennung aber die Möglichkeit besteht, braucht sich die Leistung gar nicht den Erwartungen einer Gruppe anzupassen, da schon deren Beurteilung erwartungsgemäß auszufallen pflegt. Zwei Experimente von Harvey (1953) und Sherif (1955) illustrieren diesen Sachverhalt am Beispiel des Zielwerfens nach einer Scheibe, die nicht mit den üblichen konzentrischen Ringen ausgestattet war. Harvey beschaffte sich seine Vpn aus Jugendgruppen, wobei er von jeder Gruppe drei Mitglieder einlud, nämlich den Führer, das Mauerblümchen mit der niedrigsten Rangposition und einen Vertreter des Mittelbereichs. Beim Zielwerfen wurden diese Vpn dazu aufgefordert, nach jedem Wurf das Ergebnis ihres nächsten Versuches vorauszusagen. Außerdem erstellten die Zuschauer eine Prognose. Zwischen den Rangpositionen der Werfenden und den Erwartungen hinsichtlich ihres Erfolges ergab sich eine sehr hohe positive Korrelation (r = 0,83); am meisten wurde vom Gruppenführer erwartet, am wenigsten vom Mauerblümchen.

Sherifs Experiment fand in einem seiner Sommerlager statt und bediente sich einer Versuchsanordnung, die den Spielern die korrekte Feststellung ihrer Erfolge erschwerte, die aber dem Versuchsleiter deren genaue Ermittlung erlaubte. Die mit einem Stück Tuch bedeckte Zielscheibe bestand aus konzentrischen Ringen, die jeder für sich beim Anprall des Balles einen elektrischen Kontakt schließen konnten. In den beiden untersuchten Teilgruppen des Lagers (II. Stadium) ergab sich eine hohe positive Korrelation zwischen der Beurteilung der Leistung durch die Gruppe und dem Standort des Spielers im Soziogramm der Gruppe (Rho = 0,70). Die tatsächliche Leistung korrelierte hingegen überhaupt nicht mit dem Rang (Rho = −0,02); zwischen ihr und dem Gruppenurteil bestand nur eine sehr geringfügige, statistisch nicht verläßliche Korrelation (Rho = 0,28).

Das Ergebnis der Wurfspiele ‹bestätigte› den *consensus* der Gruppen: gute Leute haben gute Leistungen – namentlich dann, wenn die Kriterien für die Leistungen unsicher sind. In Sherifs Experiment wurde diese Unsicherheit einmal durch die Verdeckung der Zielscheibe und zum andern dadurch gewährleistet, daß die Bälle sofort zurücksprangen und keine Spuren hinterließen. Harvey verwendete kleine, am Ende mit einer Spitze versehene Wurfkeulen, die sich in die Zielscheibe einbohrten; die Schätzungen seiner Vpn bezogen sich aber auf den Erfolg beim nächsten Wurf und gewannen daher ihre Unsicherheit.

Meine eigenen Erfahrungen im Bereich der Heerespsychologie haben mich dahingehend belehrt, daß unter ähnlichen Umständen gute Leute auch gute Leistungen zeigen, sei es im Aufsatz, bei der Gruppendiskussion oder in der Turnhalle. Sofern nämlich einer der mitprüfenden Offiziere einen der Anwärter entweder besonders oder gar nicht sympathisch fand, hatte er nur selten Mühe, diesen Eindruck auch in der Beurteilung der Leistungen des Prüflings bestätigt zu finden. Ein gut Teil der Problematik einer nicht mit objektiven Tests betriebenen psychologischen Diagnostik verbirgt sich hinter dieser Beobachtung. Werden aber objektiv auswertbare Tests verwendet, so bleiben diese oft gerade darum unbefriedigend, weil ‹gute Leute› in ihnen bisweilen auch schlecht abschneiden können. Die Psychologie ist dieses Phänomen bereits vor mehr als fünfzig Jahren ansichtig geworden (THORNDIKE, 1920), es läuft seither unter dem Namen ‹Halo-Effekt›, der unsere Geneigtheit bezeichnet, von einer augenfälligen und entweder als sehr positiv oder stark negativ bewerteten Eigenschaft auf andere weniger augenfällige Eigenschaften im gleichen Sinne zu schließen. Wir haben dem nur hinzuzufügen, daß der gruppenspezifische Rangplatz eine höchst augenfällige Eigenschaft ist, die auf die Beurteilung von Charakterzügen, Fähigkeiten und Leistungen sehr stark auszustrahlen pflegt.

Der Vorteil, den die Angehörigen der höher geachteten Bevölkerungsschichten in vielfacher Hinsicht genießen, ihr Prestige, stammt zum guten Teil aus dem Halo-Effekt. Schon bei elf- bis zwölfjährigen Kindern findet WARNER (1953), daß diese auf die Frage, wer in der Schulklasse beliebt, ein Führer, manierlich, hübsch und reinlich sei, in der überwiegenden Mehrzahl Kinder aus dem gehobenen Mittelstand nennen und nur sehr selten Kinder aus den einfacheren Bevölkerungsschichten. Diese Tendenz ist bei weitem stärker, als sich selbst auf der Basis der großzügigsten Annahmen über die Ungleichheit der Eigenschaftsverteilung in sozialen Schichten rechtfertigen ließe.

Angesichts dieser Ungerechtigkeit müssen wir uns eingestehen, daß der Begriff des Ranges nahezu sinnlos wäre, wenn ein und dieselbe Person eine Anzahl sehr verschiedener Rangplätze zur gleichen Zeit innehaben könnte. Da es aber andererseits gewisse Eigenschaften und Begabungen gibt, die miteinander so gut wie gar nicht korrelieren, ließe sich diese Möglichkeit objektiv nicht ausschließen. Der Gegensatz zwischen diesen beiden Thesen wird dadurch überbrückt, daß in die soziale Rangbemessung nicht Eigenschaften und Fähigkeiten selbst eingehen, sondern bloß Meinungen darüber, wie ein Mensch geartet sei und wie es um seine Leistungsmöglichkeiten stehe.

Ein paar Rätsel ums Geld . . .

... enthält die Sammlung «Aenigmatias» des Philosophen Franz Brentano, zum Beispiel dieses Homoionym, dessen Lösung zwei gleich oder ähnlich klingende Worte mit verschiedener Bedeutung ergibt: Gesondert dräng ich dich / zu der bestimmten Frist; / vereint geduld ich mich / bis du bei Kasse bist. Oder dieses Palindrom, worin ein Wort gesucht wird, das von vorn nach hinten und umgekehrt gelesen gleichen oder verschiedenen Sinn ergibt: Auf was ich vorwärts ihm mein Geld gegeben, / ward rückwärts mir der Freund, da ich es wollt erheben.

Hier sei, ums anschaulicher zu machen, ein Palindrom mit Lösung vorgestellt: Der Vorwärts (Knab') bringt's Geld zur Rückwärts (Bank) – was nebenbei bemerkt kein Rätsel ums Geld, sondern des Rätsels Lösung überhaupt ist: Wer rechtzeitig spart, dem ist Geld nie ein Rätsel.

Bei Gruppen, in denen sich interne Rangdifferenzierungen ausgebildet haben, können wir nicht mehr in dem einfachen Sinn wie früher von Tendenzen zur Konformität und vom Phänomen der subjektiven Unifikation sprechen. An ihre Stelle tritt nunmehr die Tendenz zur Prägnanz der Rangordnung. Durch eine Leistung vom Typus des Bestimmens legt die Gruppe den Rangplatz ihrer Mitglieder fest, wobei sich größere Gruppen allerdings darauf beschränken müssen, ihre Mitglieder nach Kategorien zu stufen, z. B. nach deren Berufen oder im Sinne des Auszählverses: ‹Kaiser – König – Edelmann, Bürger – Bauer – Bettelmann.› Wo in diesem Register Schuster, Schneider, Leinenweber und sogar der Totengräber vorkommen, habe ich leider vergessen. Ist das Rangsystem einmal bestimmt, dann gilt von diesem, was vorhin ausgeführt wurde: Die Gruppe wacht über dessen Aufrechterhaltung sehr sorgsam und duldet nur geringe Abweichungen der individuellen Beurteilungen von der Norm. Sie definiert damit auch, was sie hinsichtlich ihres Rangsystems als extremistische Meinungen aufzufassen bereit ist. Als GANDHI für die Gleichberechtigung der Paria eintrat, verstieß er gegen eine Gruppennorm; nicht minder tat dies der Abbé SIEYÈS mit der Frage *‹Qu' est-ce que le tiers état›* (1789). Die Begriffe ‹Extremismus› und ‹Radikalismus› assoziieren wir wohl überhaupt meist mit Rangvorstellungen, die von der Gruppennorm abweichen; durch sie werden soziale Gewißheiten erschüttert.

Im Zeitalter der fraglich gewordenen Selbstverständlichkeiten läßt sich nur mehr schwer begreifen, wie beruhigend eine nicht angezweifelte, für gott- oder naturgewollt erachtete Rangordnung selbst für die Inhaber der geringsten Positionen ist. Die Ordnung erübrigt Entscheidungskonflikte; sie bewahrt das Individuum auch vor dem Erlebnis der Vereinsamung, das sich am ehesten dann einstellt, wenn man sich mit Ungleichartigen zu vergleichen beginnt. Dadurch wird das Bild des eigenen Wesens und Könnens ungewiß. Die akzeptierte Ordnung ist auch darum versöhnlich, weil sie selbst dem ‹Bettelmann› eine Wir-Beziehung zum ‹Kaiser› einräumt, die noch in den rührenden Geschichten ehemaliger Hofbediensteter nachklingt. Daß eine gültige Rangordnung ein Reziprozitätssystem ist, in dem das Obensein des einen und das Untensein des anderen auf Gegenseitigkeit beruhen, vermögen wir ebensowenig mehr nachzuerleben wie die automatischen Verpflichtungen, die aus einem solchen Zueinander für beide resultieren. Blicken wir aber auf kleine Gruppen, so werden in ihnen genau diese Verhältnisse noch immer deutlich. Über den eigenen Zustand der Vereinsamung, der dem Herausfallen aus der Ordnung entspricht, kann man sich hier auch nicht hinwegtäuschen.

Die bisherigen Ausführungen über die Prägnanz stabiler Rangsysteme bedürfen einer sehr wichtigen Ergänzung. Wirklich eindimensional – vom Schützen bis zum Feldmarschall – sind nämlich nur künstliche Rangordnungen, die sich auch dadurch von den ‹gewachsenen› unterscheiden, daß in ihnen sehr erhebliche Aufstiegsmöglichkeiten bestehen. Die niedrigeren Positionen werden sozusagen nur *pro tempore* eingenommen. Der Schütze wird es vermutlich im Verlauf seiner Dienstzeit bis zum Unteroffizier bringen, dem Vernehmen nach trägt er sogar den Marschallstab im Tornister; der Referendar aspiriert auf die Ratsstelle, der Dozent strebt nach dem Ordinariat. Es war wohl unter dem Eindruck dieser künstlichen Rangordnungen, die ihrerseits der Definition klarer Kompetenzbereiche dienen, daß wir das Wesen traditioneller Rangordnungen mißzuverstehen begannen, so nämlich, als ob auch sie Aufstiegs-Leitern wären. Vom ‹Bettelmann› avanciert man aber nicht zum ‹Bauern›. Dieser Anspruch verfälscht bereits den Begriff der Ordnung, bzw. er stellt diese, wo er auftritt, in Frage. Die Freizügigkeit des Individuums innerhalb eines stabilen Rangsystems ist von anderer Art, sie hat dessen Mehrdimensionalität zur Voraussetzung.

Wie Bauer und Edelmann zueinander stehen, ist im mittelalterlichen Kosmos völlig klar, dennoch kann der Bauer den Grafen in der *‹imitatio Christi›* überflügeln, ohne daß die beiden deshalb Grund hätten, ihre sozialen Rangplätze zu vertauschen. Ebensowenig wird der begnadete Künstler, bis hinauf zu MOZART, dadurch ein ‹feiner Herr›, der etwa um die Hand eines ‹gnädigen Fräuleins› anhalten könnte. Daß er nicht ‹vornehm› ist, tut jedoch der Anerkennung seiner Kunst keinen Abbruch.

Die Mehrdimensionalität des Rangsystems kommt uns auch recht deutlich in der Peinlichkeit zum Bewußtsein, mit der wir die riesenhafte und erlesene Bibliothek in der Villa des erfolgreichen, aber ungebildeten Finanzgenies betrachten. Sie gehört nach seiner Meinung offenbar ‹dazu›, weil er Kultur für eine Stufenleiter hält, auf der man von einer Million zur nächsten höherklettern kann. Er folgt der von BENOIT-SMULLYAN (1944) beschriebenen Tendenz zum Rangausgleich, d. h. zur Anpassung der geringeren eigenen Rangplätze an den höchsten. In den Vereinigten Staaten würde unser Finanzgenie aus ähnlichen Impulsen heraus wohl auch bald das Hinüberwechseln zu einer ‹vornehmeren› Religionsgemeinschaft und die Anglisierung seines Namens in Erwägung ziehen.

Ich frage mich, ob nicht die ‹Unrast› der Modernen ganz wesentlich mit der Verkennung der Mehrdimensionalität stabiler Rangsysteme und des fundamentalen Unterschiedes zwischen Stufenleitern und Hierarchien zusammenhängt. Um jeden Preis ‹vorwärts› zu kommen, ist nämlich nur dann sinnvoll, wenn nach oben hin alles besser wird. Da dies aber sachlich nicht immer möglich ist, muß man sich solide Scheuklappen anlegen, die den Blick einengen.

Wichtiger als die Kulturkritik, die ohnedies kaum etwas fruchten dürfte, ist die Feststellung einer dynamischen Eigenheit von Stufenleitern, d. h. von künstlichen Rangsystemen, auf denen die Möglichkeit zum Vorrücken besteht. Der Hinweis ist G. K. ZIPF (1949) zu danken. In den geschilderten Systemen tritt ziemlich häufig das Phänomen der alternierenden Bündnisse auf, das sich aus dem ‹Rangneid› der beteiligten Personen ableiten läßt. Abb. 24 enthält sieben Rangplätze (A bis G). Wenn nun die Inhaber der niedrigeren Rangplätze nach oben (‹befördert zu werden›) drängen, bedrohen sie mit ihrem Neid die Inhaber des jeweils nächsthöheren Rangplatzes. Sehr viel geringer ist ihr Druck auf die Inhaber des um 2 Stufen höheren Rangplatzes, die ihrerseits aber vom Neid der unmittelbar unter ihnen Stehenden bedrängt werden. ZIPF nimmt an, daß es in einer solchen Situation zu zwei Bündnissystemen kommen kann: (A + C + E + G) gegen (B + D+ F + . .). ‹Daraus erklärt sich auch die häufig zu beobachtende Erscheinung, daß jemand seinen unmittelbaren Vorgesetzten (y + 1) für einen gemeinen ‚Radfahrer' hält,

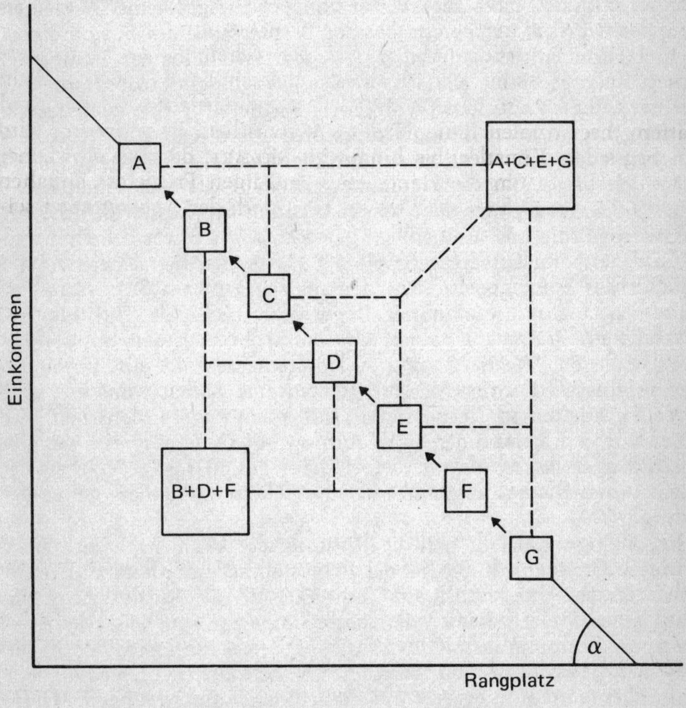

Abb. 24: Das System der alternierenden Bündnisse in einer Aufstiegs-Hierarchie

während der nächsthöhere (y + 2) wirklich ein feiner Mann sei, der nur leider dem (y + 1) zuviel Vertrauen schenke. Es ist trotzdem für y riskant, sich bei (y + 2) über (y + 1) zu beschweren, es sei denn, daß (y + 1) bei (y + 3) gegen y und (y + 2) intrigierte›, – so ZIPF. Vielleicht wäre es nicht müßig, sich einzelne Berufskreise unter diesem Aspekt einmal näher anzusehen. Ich glaube allerdings, daß das Phänomen drei Voraussetzungen hat, die ZIPF nicht näher untersucht:

1. Das Bestehen einer Stufenleiter, auf der man aufrücken kann, und nicht eines stabilen Rangsystems.

2. Die Einengung des Systems auf eine einzige Dimension.

3. Eine beträchtliche Steilheit des ‹Ranggradienten› (Winkel α), so daß der Aufstieg wirklich verlockend erscheint. Der hier nicht näher zu entwickelnde Begriff des Ranggradienten (HOFSTÄTTER, 1966) beschreibt die Relation zwischen der Höhe eines Rangplatzes und der Anzahl der Personen, die diesen einnehmen.

Tüchtigkeit und Beliebtheit

Der Möglichkeit eines mehrdimensionalen Rangsystems in kleinen Gruppen wurden wir bereits bei der Besprechung des Soziogramms meiner Hörer ansichtig (Abb. 23). A war zweifellos der Tüchtigste, jedoch fungierte B als Klassensprecher. Das diesem Soziogramm zugrunde gelegte Kriterium (Wahl eines Partners für eine gemeinsame Prüfung) verschleiert diesen Unterschied allerdings; B hätte sicherlich vor A rangiert, wenn es sich um die Wahl eines Fahrtenpartners gehandelt hätte. Das Soziogramm stellt wahrscheinlich einen Kompromiß dar, da B unter dem reinen Leistungsaspekt gewiß nicht auf die gleiche Stufe mit A zu stellen gewesen wäre. B war beliebter und A tüchtiger – im Durchschnitt glich sich das aus. Betrachten wir die Inhaber der Spitzenpositionen in den Lagergruppen SHERIFS näher, so erweisen sich diese in der Regel auch nicht als Tüchtigkeits-Spezialisten. Prinzipiell haben wir hier wohl zwischen mindestens zwei Arten der Wertschätzung zu unterscheiden: Es gibt Personen, die wir uns als Partner für eine gemeinsame Arbeit wünschen und deren Tüchtigkeit wir respektieren; außerdem gibt es Menschen, mit denen wir gern beisammen sind, auch wenn wir sie nicht für wesentlich tüchtiger halten als uns selbst. Dies gilt in fast jeder menschlichen Vergesellschaftung, einzelne sind beliebt und andere gelten als tüchtig.

Im Soziogramm läßt sich die Richtung der Wahlen bis zu einem gewissen Grade durch die Art der Fragestellung beeinflussen. Unsere eigene Frage zielte deutlich auf Tüchtigkeit ab, die Aufforderung zur Wahl eines Freizeit-Kameraden hätte hingegen den Beliebtheitsgesichtspunkt akzentuiert. Die Schule MORENOS unterscheidet daher zwischen ‹soziotelen› und ‹psychetelen› Strukturen, d. h. zwischen Tüchtigkeitsrangordnungen und Beliebtheitsrangordnungen. H. H. JENNINGS (1947, 1953) weist darauf hin, daß unsere (psychetelen) Sympathiebindungen dem Erlebnis der Wesensähnlichkeit mit einem

Partner entsprechen, während der (soziotelen) Anerkennung von dessen Tüchtigkeit das Erlebnis eines Abstandes zwischen uns und ihm inhäriert. Diese begriffliche Differenzierung besteht auch dann zu Recht, wenn sich in lebensechten Wahlsituationen meistens Kompromisse ergeben: Der Tüchtige, den wir nicht leiden können, erscheint uns auch nicht als ein besonders wünschenswerter Arbeitspartner; ebensowenig wie wir den ‹netten Kerl›, den wir für untüchtig halten, auf einen Ausflug mitnehmen möchten. Die Sachlage wird klarer, wenn wir Zurückweisungen betrachten, d. h. Nominierungen auf die Frage hin, mit wem man nicht zusammen arbeiten bzw. nicht seine Freizeit verbringen möchte. Nach JENNINGS ergibt sich, daß, wer zahlreiche Partner in einer Hinsicht (z. B. für die gemeinsame Arbeit) zurückweist, zwar nicht in dieser selben Hinsicht von ihnen abgelehnt wird, daß sich die Ablehnung vielmehr auf das andere Gebiet (in unserem Beispiel also auf das der gemeinsamen Freizeit) verschiebt. Dieser Sachverhalt ist leicht zu verstehen: Der arrogante Tüchtige, der nur wenig von der Tüchtigkeit anderer hält, erscheint diesen darum nicht als untüchtig, wohl aber als unleidlich. Interessant ist auch die Umkehrung, d. h. der Fall des sozial Exklusiven, der nur wenige andere eines näheren Freizeitkontaktes für würdig hält und der im allgemeinen – darum! – als untüchtig gilt.

Eine praktische Anwendung dieses Sachverhalts stammt von F. E. FIEDLER (1967), der den Führungsstil von industriellen und militärischen Vorgesetzten dadurch ermittelt, daß er diese an Hand eines aus 16 Skalen (z. B.: ‹geschickt – ungeschickt›) bestehenden Polaritätsprofils den von ihnen am wenigsten geschätzten Mitarbeiter (*‹least preferred coworker›* = LPC) beurteilen läßt. Vorgesetzte, denen viel am Wohlergehen ihrer Untergebenen liegt – man bezeichnet sie als ‹personen-orientiert› –, pflegen ein verhältnismäßig freundliches Bild zu entwerfen (‹hoher LPC-*score*›), jedenfalls ein wesentlich günstigeres als ‹leistungs-orientierte› Vorgesetzte (‹niedriger LPC-*score*›), denen es in erster Linie um die Produktion geht. Ihre ‹Sachlichkeit› verstößt gegen das Gruppendesiderat der Unifikation, indem sie innerhalb des Mitarbeiterkreises große Unterschiede schafft. Solche Vorgesetzte geraten daher leicht in den Verruf, unangenehme Leute zu sein; man findet deshalb relativ häufig Anlaß zu Beschwerden über sie. Zu fragen bleibt, welcher der beiden Führungsstile sich – gemessen an der Effektivität der Gruppe – besser bewährt. Darauf wird später (vgl. S. 159 f) einzugehen sein.

Zwischen anerkannter Tüchtigkeit und Beliebtheit scheint ein recht kompliziertes Interdependenzverhältnis zu bestehen. Dessen ungeachtet läßt sich sagen, daß sich die beiden Prädikate der Auszeichnung innerhalb einer Gruppe nur recht selten bei einem einzigen Mitglied vereinigen. Vor allem im Anschluß an BALES und SLATER (1953, 1955) glaube ich von einer Rollendivergenz in Gruppen sprechen zu können. Diese wird beim längeren Zusammensein einer Gruppe deutlicher. Den Tüchtigen mutet es nicht selten als ungerecht an, daß ihm seine gar nicht bezweifelte Leistungsfähigkeit nur geringe Sympathien einträgt. Dies scheint aber so allgemein der Fall zu sein, daß der Tüchtige besser täte, damit von vornherein zu rechnen. Eine Gruppe bewertet ihre Mitglieder, wie es scheint, stets in zweifacher Weise, entsprechend ihrem Leistungsbeitrag zur Erreichung des Gruppenzieles und hinsichtlich ihrer Beiträge zum menschlichen Zusammenhalt der Gruppe. In mehr oder minder deutlicher Weise ist das Rangsystem der Gruppe daher zwei-dimensional, wobei die eine Variationsrichtung (Tüchtigkeit) allenfalls noch als eine Stufenleiter aufgefaßt werden kann, die andere (Beliebtheit) aber wohl kaum.

Das Divergenztheorem

Die empirische Bestätigung des Divergenztheorems stammt aus Gruppenuntersuchungen, die von Bales an der Harvard-Universität seit vielen Jahren durchgeführt werden. Es geht dabei um Diskussionsgemeinschaften, die aus drei bis zu acht einander bisher fremden Mitgliedern bestehen und die viermal für je eine Stunde zusammentreffen. Der Verlauf des Gesprächs wird von einem benachbarten Raum aus sehr sorgfältig protokolliert. Jeder kommunikative Akt jedes Beteiligten findet seinen Platz in einem 12klassigen Kategoriensystem, das hier nicht näher erörtert zu werden braucht. Am Ende der Diskussion läßt sich genau feststellen, wie viele kommunikative Akte von jedem Partner ausgegangen sind und wie viele jeder von ihnen erhalten hat. Außerdem beantworten die Vpn im Anschluß an jede Sitzung zwei soziometrische Fragen, wer nämlich in der Gruppe (einschl. des Befragten) die besten Einfälle zur Diskussion beigesteuert (E) und wer die Diskussion geleitet (F) habe. Die letzte Aufgabe besteht darin, daß die Vpn jeden ihrer Partner danach beurteilen, wie sympathisch er ihnen gewesen sei (S). Auf diese Weise entstehen 5 Rangordnungen der Gruppe, von denen man sich vorstellen könnte, daß eine einzige Person in ihnen allen an der Spitze stünde. Sie wäre dann nicht nur (auf Grund objektiver Feststellungen) das aktivste und das am meisten angesprochene Mitglied, sondern auch die von den Partnern in jeder Hinsicht (Einfälle, Führung und Sympathie) am höchsten bewertete Person. Dieser Fall tritt aber höchst selten ein, in 100 Sitzungen kaum öfter als achtmal. Noch seltener (knapp zweimal in 100 Sitzungen) ereignet sich allerdings, daß jede der fünf Spitzenpositionen durch ein anderes Individuum eingenommen wird. In der Regel teilen sich zwei Partner in die fünf Spitzenpositionen, wobei die Leistungsprädikate auf den einen von ihnen zu entfallen pflegen, während der andere die Sympathie (S) der Gruppe besitzt.

Da die Balesschen Gruppen sich für vier Sitzungen (I–IV) zusammenfinden, läßt sich auch eine zeitliche Längsschnittsbetrachtung durchführen. Abb. 25 zeigt die Häufigkeit, mit der sich die Spitzenprädikate S (Sympathie) und E (beste Einfälle) bzw. F (Führung) auf eine einzige Person vereinigen. Beim ersten Treffen der Partner pflegt dies noch verhältnismäßig oft (in 52 Prozent bzw. 34 Prozent der Fälle) vorzukommen. Späterhin ereignen sich diese Kombinationen aber erheblich seltener, als dem bloßen Zufall entspräche. Wir dürfen somit auf einen Differenzierungsprozeß schließen, der in Gruppen bei deren längerem Bestehen erst allmählich anläuft. Sein Endprodukt scheint jedenfalls eine recht scharfe Trennung der Tüchtigkeits-Rangordnung von der Beliebtheits-Rangordnung zu sein. Die interne Struktur der Gruppe entwickelt sich in zwei voneinander weitgehend unabhängigen Dimensionen. Dieser Sachverhalt läßt sich vielleicht auch so ausdrücken, daß sich die Gruppe in bezug auf zwei Hauptanliegen organisiert, nach außen hin und im Sinne der ihr gestellten Aufgabe durch eine Tüchtigkeits-Hierarchie, nach innen durch den Sympathie-Gradienten. Diese höchst eindrucksvolle Doppelleistung scheint oft übersehen zu werden.

Wie steht es aber um die Beziehung zwischen den beiden Spitzenvertretern der Gruppe? Die Beobachtungen von Bales und Slater

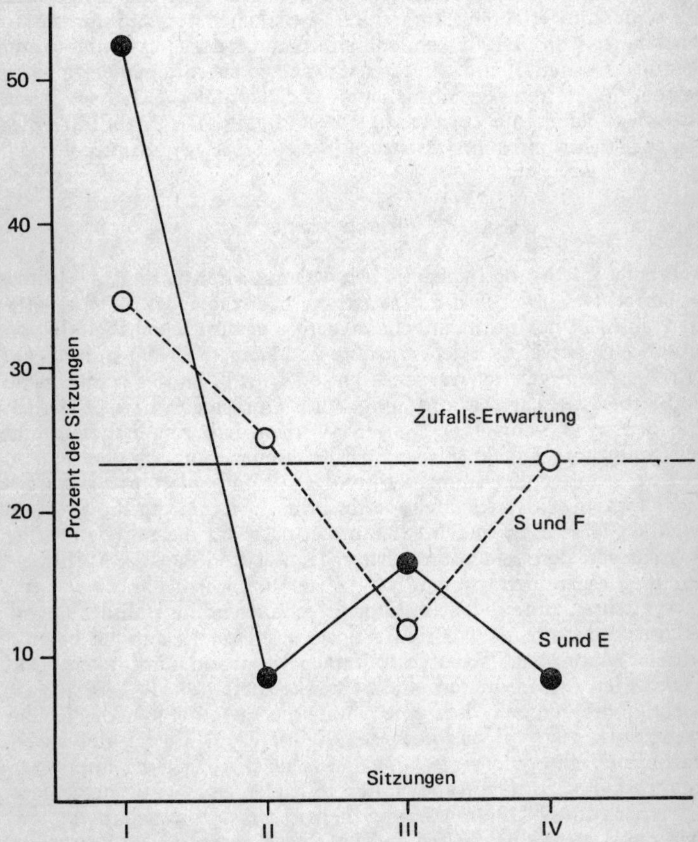

Abb. 25: Die Divergenz von Beliebtheit und Tüchtigkeit in der Gruppe (nach Bales und Slater)

zeigen, daß zwischen diesen ein sehr viel stärkerer Kontakt besteht als zwischen jedem von ihnen und dem Rest der Gruppe. S und E stehen nicht nur in einem ganz besonders regen Meinungsaustausch miteinander, sondern dieser ist auch freundlicher, als dies im allgemeinen der Fall zu sein pflegt. In 51 Prozent der Sitzungen ereignet es sich z. B., daß E dem S häufiger zustimmt als irgendeinem anderen Partner; in 65 Prozent der Sitzungen stimmt S dem E häufiger zu als jedem anderen. Der Zufallswert für ein solches Verhalten liegt hingegen nur bei 30 Prozent der Sitzungen. Der Liebling und der Tüchtige bilden somit ein Paar innerhalb der Gruppe, durch das deren beide Rangordnungen in eine harmonische Relation zueinander gebracht werden. Dieses Ergebnis ist darum besonders interessant, weil wir aus der FESTINGERschen Theorie des Gruppengesprächs wissen, daß die Kommunikationsdichte zwischen zwei Partnern mit der Größe des erlebten Unterschieds zwischen ihnen zunimmt. Man wird daher vermuten dürfen, daß sich S und E der Ungleichheit ihrer Positionen bewußt sind. Andererseits stehen sie miteinander aber in keinem Wettstreit-Verhältnis, im Verbalkontakt zwischen ihnen überwiegt daher die gegenseitige Bestätigung. Die Stabilität einer Gruppe scheint mir sehr wesentlich in dieser Tatsache zu gründen.

Führungs-Duale

Abermals gilt es, den spielerischen Laboratoriumsbefund daraufhin zu betrachten, ob er sich auf Ernstfälle übertragen läßt. Dabei wird man einer bisher nicht eingehend genug gewürdigten Vielfalt von Situationen gewahr, in denen größte und kleinste Gruppen durch ein ‹Zweigespann› geleitet werden. Man denke z. B. an das traditionelle Verhältnis zwischen König und Ministerpräsident bzw. zwischen Präsident und Kanzler oder auch zwischen dem Kommandeur und dem Stabschef – immer wieder S : E-Relationen. Auch an den ‹Spieß›, die sog. ‹Mutter der Kompanie›, und den Kompanieführer kann gedacht werden. Oder wie steht es im Primitivstamm um die Relation zwischen Häuptling und Medizinmann, oder um die mittelalterliche Doktrin von den beiden Schwertern (Kaiser und Papst)? Auch kleinere Organisationen kennen Vorsitzende und Schriftführer.

Wir kehren zum vielleicht wichtigsten Anwendungsfall des Divergenztheorems zurück, wenn wir unser Augenmerk auf die Familie richten: Mutter und Vater, emotionaler Kern und Tüchtigkeit. Daß es sich hier auch nicht um eine Sonderkonstellation des christlichen Abendlandes handelt, hat eine vergleichende ethnologische Studie von ZELDITCH (1955) nachgewiesen. Selbst wenn ich die hier beigebrachten Daten etwas vorsichtiger auszähle, als dies der Autor getan hat, ergeben sich immer noch unter 56 ‹Kulturen› 38 mit ausgeprägter Vater-Mutter-Differenzierung gegenüber nur 9 negativen und weiteren 9 zweifelhaften Fällen. Die Abweichung dieser Verteilung vom Zufallsbild ist in hohem Maße verläßlich. In der überwiegenden Anzahl der Fälle ist der Tüchtigkeitsvorrang dem Vater reserviert, während die Mutter in der Emotionalsphäre dominiert. Das gilt in matrilinearen Systemen nicht weniger als in patrilinearen.

Die Übertragung des Divergenztheorems auf noch kleinere Sozialsysteme als die Familie läßt sich zumindest in Erwägung ziehen. Ich denke dabei an die psychotherapeutische Paarsituation, die dem Therapeuten nur ein Minimum an Gefühlsausdruck, dafür aber die Tüchtigkeit schlechthin vorbehält, während der Patient zur freien Darbietung seiner Affekte aufgefordert ist. Das Erregende dieser Situation scheint mir nicht zuletzt darin zu liegen, daß im Endeffekt der Patient ja ebenfalls ‹tüchtig› zu werden bestimmt ist. Seine Ansätze in dieser Richtung sind aber zugleich Versuche dazu, den Therapeuten in die Emotional-Rolle zu drängen. Der von FREUD als ‹Übertragung›[1] beschriebene Mechanismus erhält so eine neue Deutung, die auch verständlich macht, warum der Therapeut das ihm nahegelegte emotionale Engagement nicht annehmen kann. Seine Aufgabe besteht vielmehr darin, den Patienten die Uneigentlichkeit seiner Emotional-Rolle und die Fehlerhaftigkeit seines Anspruches auf ein ubiquitäres Lieblingstum durchschauen zu lassen. Im gruppendynamischen Sinn wird dadurch die Therapierelation allmählich zu einem instabilen Gebilde gemacht. Wie notwendig dies ist, erhellt aus der keineswegs unrealistischen Gefahr einer Psychoanalyse auf Lebenszeit.

Der Maßstab läßt sich noch einmal gewaltig ausweiten, wenn wir uns im Sinne des Divergenztheorems die Frage stellen, was es für eine Nation bedeutet, wenn andere Nationen ihr besondere Tüchtigkeit heterostereotypisch zuschreiben. Der Fall ist unser eigener bzw. zum Teil auch der Amerikas. Vielleicht sind wir etwas naiv in unserer Freude über diese unsere anerkannte und vielfach auf die Formel des ‹Deutschen Wunders› gebrachte Tüchtigkeit. Dahinter verbirgt sich allerdings die kühle Feststellung, daß wir nicht sonderlich beliebt sind. Erbitterte Klage zu führen oder gar den ‹Neid der anderen› zu unserem Trost zu erfinden, hätte wenig Sinn. Will man das Europäische Konzert nach dem Muster einer stabilen Gruppe denken, so gibt es für uns nur zwei mögliche Wege, von denen einer sich zudem noch als kaum gangbar erweisen dürfte. Wir könnten einmal und wahrscheinlich ohne den geringsten Erfolg versuchen, ‹unser Licht unter den Scheffel zu stellen›, d. h. weniger augenfällig tüchtig zu sein. Für aussichtsreicher hielte ich die Bemühung um eine Annäherung an den ‹Liebling› der Gruppe, und das heißt wohl an Frankreich. Die Betrachtung unserer Stereotype hat allerdings noch für das Jahr 1948 gezeigt, daß wir uns nicht auf diesem Wege befinden. Wir täten aber vielleicht gut daran, uns des Satzes von JENNINGS zu erinnern: Wer von der Tüchtigkeit anderer wenig hält, wird selbst von diesen darum nicht für untüchtig gehalten, wohl aber ist er ihnen unsympathisch.

1 Zum Problem der ‹Übertragung› vgl. GUSTAV BALLY, Einführung in die Psychoanalyse Sigmund Freuds. rde Bd. 131/132, S. 221 ff, und LAWRENCE S. KUBIE, Psychoanalyse ohne Geheimnis. rde Bd. 11, S. 54 ff. (Anm. d. Red.)

Zwischen den beiden Thesen, daß der Herrscher von Gottes Gnaden eingesetzt sei und daß alle Gewalt vom Volke ausgehe, besteht nur ein scheinbarer Gegensatz. Um nämlich die ihm vom Gefolge eingeräumte Vollmacht verwenden zu können, muß ein Führer an seinen Auftrag glauben. Das Laboratorium zeigt uns dieses Phänomen allerdings wieder nur in spielerischer Verniedlichung.

Das Vorbild im Kindergarten

Am bescheidensten beginnen wir wohl im Kindergarten, aus dem eine ungarische Untersuchung von F. Merei (1949) stammt. Zwei Beobachter protokollierten das Verhalten von mehreren Dutzend Kindern im Alter von 4 bis 11 Jahren zwei Wochen lang für täglich etwa eine Stunde. Auf Grund dieser Angaben wurden zwölf Gruppen mit je 3–6 Kindern zusammengestellt, die in sich möglichst homogen (nach Geschlecht, Alter, Temperament usw.) sein sollten. Jede dieser Gruppen erhielt sodann einen eigenen Spielraum für jeweils eine Stunde am Tag. Nach 3–6 Tagen kam es in diesen Gruppen zu Leistungen vom Typus des Bestimmens, d. h. zur Entwicklung eines Stils hinsichtlich Sitzordnung, Spielzeugverteilung, Spielfolge; das Entstehen eines lebhaften Wir-Gefühls und die Ansätze zu einem gruppenspezifischen Jargon wurden ebenfalls beobachtet. Nachdem die Gruppen sich auf diese Weise zusammengeschlossen hatten, erhielten sie einen Zuwachs in Gestalt eines älteren Kindes, das sich in der ursprünglichen Beobachtungssituation (I) als besonders energisch, rechthaberisch und selbstbewußt gezeigt hatte. Die Erwartung des Versuchsleiters, daß dieses Kind auch in der Gruppe eine Führungsposition beanspruchen und erlangen würde, bestätigte sich – allerdings in einer höchst eigenartigen Weise.

Der Neuankömmling versuchte in der Regel zunächst, die übrigen Kinder seinen Wünschen gefügig zu machen. Damit stieß er aber auf deren eindeutige Ablehnung. Er befand sich am Ende der ersten Spielstunde bereits völlig allein. Von da ab änderte er sein Verhalten; mit einem Mal begann er die Spielregeln der Gruppe zu beachten. Immer häufiger wurden die Fälle, in denen er sich – meist offenbar unwissentlich – das Verhalten eines anderen Kindes zum Vorbild nahm. Er, der früher bei weitem öfter kopiert worden war, als daß er kopiert hätte, benahm sich nun in umgekehrter Weise. Am erstaunlichsten aber ist, daß er dabei nicht einmal davon ablassen mußte, den übrigen Kindern Befehle zu erteilen. Nur der Inhalt dieser Weisungen hatte sich geändert; sie schrieben nunmehr nämlich den Spielkameraden genau das vor, was diese ohnedies getan hätten. Der Führer machte sich somit zum Anwalt der bestehenden Ordnung, während er ursprünglich darauf abgezielt hatte, eine neue Ordnung zu schaffen. ‹Es kommt so zu der merkwürdigen Situation, in der ein Befehlsgeber nachahmt, während die Vorbilder den Weisungen ihres

Nachahmers Folge leisten›, sagt Merei.

Eine typische Versuchsgruppe zeigt die in Tab. 11 wiedergegebenen Veränderungen. In den sorgfältigen Protokollen wurden alle die Fälle ausgezählt, in denen jedes der Kinder (a) einem anderen zum Vorbild gedient hatte, (b) es ein fremdes Vorbild übernommen hatte, (c) es Weisungen gegeben und (d) solche angenommen hatte. Die

Versuchspersonen	Vorbild			Weisungen		
	I Offen	II Geschlossen	III Mit Führer	I Offen	II Geschlossen	III Mit Führer
A	3 : 4	17 : 5	10 : 5	3 : 5	3 : 6	1 : 4
B	1 : 4	3 : 8	1 : 2	1 : 2	8 : 1	0 : 2
C	1 : 5	1 : 11	3 : 4	1 : 4	0 : 2	2 : 5
D	2 : 8	0 : 2	0 : 3	2 : 3	0 : 3	0 : 3
F	6 : 3	–	5 : 11	12 : 2	–	11 : 3

Tabelle 11: Das Verhalten des Führers (F) in einer Spielgruppe (nach Merei; die Zahlen vor dem Doppelpunkt bezeichnen das aktive Verhalten, Vorbild sein und Weisungen erteilen, die Zahlen nach dem Doppelpunkt das passive, Vorbild annehmen und Weisungen erhalten)

Daten beziehen sich auf die drei Stadien des Experiments: (I) in der offenen Situation des Kindergartens, bevor die Gruppe isoliert worden war, (II) in der isolierten Gruppe nach Ausbildung eines Stils, (III) nach dem Hineinwachsen des ‹Führers› (Vp F) in die Gruppe. Die Zahlen vor dem Doppelpunkt beziehen sich auf die Fälle eines Verhaltens vom Typus a oder c (Vorbild sein und Weisungen geben), die danach auf die Typen b und d (zum Vorbild nehmen und Weisungen empfangen). Das Kind A präsentiert sich zunächst als ein Nachahmer (3 : 4), der in der homogenen Gruppe zum Vorbild wird (17 : 5) und dies auch nach der Einschleusung des Führers bleibt (10 : 5); hinsichtlich des Befehlens steht das gleiche Kind in allen drei Stadien auf der empfangenden Seite (3 : 5, 3 : 6, 1 : 4). Der Führer (F) wurde für diese Aufgabe gewählt, weil er sich in der offenen Situation als ein zugkräftiges Vorbild (6 : 3) erwiesen hatte; in der Gruppe übernahm er jedoch fremde Vorbilder (5 : 11). Dadurch war es ihm aber möglich, an seinem Befehlsverhalten (12 : 2) festzuhalten (11 : 3).

Die Unfreiheit des Führers

Die Gruppe absorbiert ihren Führer; indem dieser sich aber strenger an die Normen der Gruppe hält als jedes andere Mitglied, wird er erst eigentlich dazu befähigt, die Gruppe zu führen. Diese These hat einen ironischen Unterton, der aber gänzlich unberechtigt ist. Wir stellen ‹das Führen› gar nicht in Frage, es erscheint uns als eine Tätigkeit, die im Reziprozitätsverhältnis der Gruppe gründet. FRAZERS ethnologische Materialsammlung belehrt uns dahin, daß antike Könige oder auch die Herrscher über Primitivstämme die unfreiesten Mitglieder der entsprechenden Gesellschaftssysteme sind. Ihnen werden Verhaltensrestriktionen (Tabus) aufgebürdet, die gar nichts mit dem Genuß einer gehobenen Position zu tun haben. Wir brauchen auch nur den Infanten auf den Bildern der spanischen Maler in die Augen zu schauen, um die Beschwerden der Vorbereitung auf eine Führerrolle und deren Etikette zu ahnen. Näher steht uns aber der Befund von HOMANS (1950), der bei der Beschreibung zeitgenössischer Gruppen in Fabriken, *Gangs*, Stadtverwaltungen usw. zu dem Schluß gelangt, daß der Rang eines Individuums oder einer Teilgruppe in der Gesamtgruppe um so höher sei, je vollständiger diese – das Individuum und die Teilgruppe – sich die Verhaltensnormen der Gesamtgruppe zu eigen machen.

Das Experiment MEREIS ist für uns darum besonders wichtig, weil wir von seinen Vpn kaum annehmen können, sie hätten bereits einen Anschluß an die geschichtliche Tradition gefunden, in der die Spielregeln für den König weitergereicht werden. Die Knirpse im Kindergarten verhielten sich aber ‹höchst königlich, fürwahr›. (Die blasphemischen Neigungen des Psychologen wurden bereits eingestanden!)

Die Absorption des Führers durch die Gruppe kann offenbar auch nach dessen Tod noch weitergehen. In der historischen Erinnerung lebt er dann als ein ‹Held› fort, der schon immer für all das eintrat, was uns heute am Herzen liegt. Im Wunschtraum und in der gläubigen Erhebung sind wir sogar mitunter bereit, uns seines weiterwirkenden Beistandes versichert zu fühlen. Er ‹steht uns bei› – das Wort enthält das Ergebnis MEREIS *in nuce;* es legitimiert den König dazu, sich als ‹Erster Diener› des Staates, der eben dadurch ‹sein Staat› wird, zu fühlen.

Der Ausspruch ist keineswegs eine leere Phrase. Einen sehr engen Zusammenhang zwischen der Eignung zum Führer und der zum Gefolgsmann haben E. P. HOLLANDER und W. B. WEBB (1955) bei Offiziersanwärtern der amerikanischen Marineluftwaffe auf Grund einer soziometrischen Befragung feststellen können. Zu nominieren waren die drei Kameraden, die man sich (1) als Führer bei einem riskanten Unternehmen wünschen würde bzw. (2) die man selbst als Führer bei einem solchen Auftrag als Untergebene gern mitnehmen würde. Die Korrelation zwischen der Anzahl der von jedem einzelnen unter diesen beiden Instruktionen erhaltenen Stimmen belief sich auf $r_{12} = 0{,}92$. Außerdem wurden noch Freundschaftswahlen (3) durchgeführt. Sie korrelierten sowohl mit der Führereignung ($r_{13} = 0{,}47$) als auch mit der Eignung zum Untergebenen ($r_{23} = 0{,}55$). Eine leicht negative Korrelation zwischen den Nominierungen zum Führer (1) und zum Freund (3) ergibt sich allerdings, wenn man die Variable 2 (Erwünschtheit als Untergebener) konstant hält: $r_{13.2} = -0{,}12$. Der statistische Befund läßt sich folgendermaßen formulieren: Um auch als Freund in Frage zu kommen, muß ein Mann, dem man die Qualifikation für Führungsaufgaben zuspricht, gleichzeitig auch die Eigenschaft eines wünschenswerten Untergebenen besitzen. Demgegenüber erscheint ein guter Untergebener (2) auch dann noch als ein möglicher Freund (3), wenn man dessen Vorgesetzten-Qualitäten (1) außer Betracht läßt: $r_{23.1} = 0{,}36$.

Der Gewaltherr, der uns nicht beisteht und der sich auch nicht von der Gruppe absorbieren läßt, wird abgelehnt, sofern nicht die äußere Situation des Zwanges die Vermeidung dieser Eventualität ermöglicht. Pigors (1935) hat die idealtypischen Unterschiede auf die Formel *‹Leadership and Domination›* gebracht, und die Schule K. Lewins realisierte sie in einem Experiment, bei dem Freizeitgruppen elfjähriger Jungen einmal unter eine ‹autoritäre› und dann wieder unter eine ‹demokratische› Führung gestellt wurden (Lippitt u. a., 1952). Daß es dabei teils zur apathischen Hinnahme der Gewalt kam, teils zur Auflehnung gegen diese, ist nicht verwunderlich. Die Projektion dieses Ergebnisses auf Ernstsituationen fällt aber darum schwer, weil der Außenstehende leicht das Maß übersieht – oder, wenn er es bemerkt, komisch findet –, in dem sich ein Autokrat den normativen Erwartungen seiner Anhänger fügt. In ihren Augen kann er daher aber sehr wohl zu einem ‹Beistand› werden, dessen Aspiration auf das Attribut des Heldentums gar nicht einmal so unberechtigt erscheint: Das Grabmal Napoleons wird im *Dôme des Invalides* seit 1840 sehr sorgsam gepflegt.

Held und Diktator

Mit der bereits im Exkurs über die Einsamkeit beschriebenen Methode lassen sich die kontrastierenden Bilder des ‹Helden› und des ‹Diktators› leicht ermitteln. Abb. 26 gibt die deutschen Verhältnisse wieder, die den englischen und den amerikanischen fast völlig gleichen. Der Begriff des Diktators zeigt eine größere Affinität als der des Helden zu ‹Haß›, ‹Tragödie›, ‹Einsamkeit›, ‹Angst› sowie ‹Langeweile› und eine geringere zu ‹Liebe›, ‹Erfolg›, ‹Freude› usw. Dieses Ergebnis überrascht kaum, dennoch fordert es zu einer recht wichtigen Korrektur unserer Alltagsvorstellungen auf: Held und Diktator sind nicht Gegensätze; sowohl in Deutschland als auch in den USA bestehen positive Ähnlichkeitsrelationen zwischen ihnen ($Q = 0{,}38$ in Deutschland und $Q = 0{,}27$ in den Vereinigten Staaten). Bei englischen Vpn ergibt sich zwar ein negativer Wert von $Q = -0{,}12$, der aber ebenfalls weit hinter dem für ein absolutes Gegensatzverhältnis erforderlichen Wert von $Q = -1{,}00$ zurückbleibt. Held und Angst einerseits ($Q = -0{,}68$) und Diktator und Schlaf ($Q = -0{,}68$) andererseits sind schon weit eher als wirkliche Gegenteile aufzufassen. Dies ist darum wichtig, weil wir im konkreten historischen Fall durchaus mit der Möglichkeit eines Sowohl-als-auch zu rechnen haben, eines Mannes also, der sowohl als Held als auch als

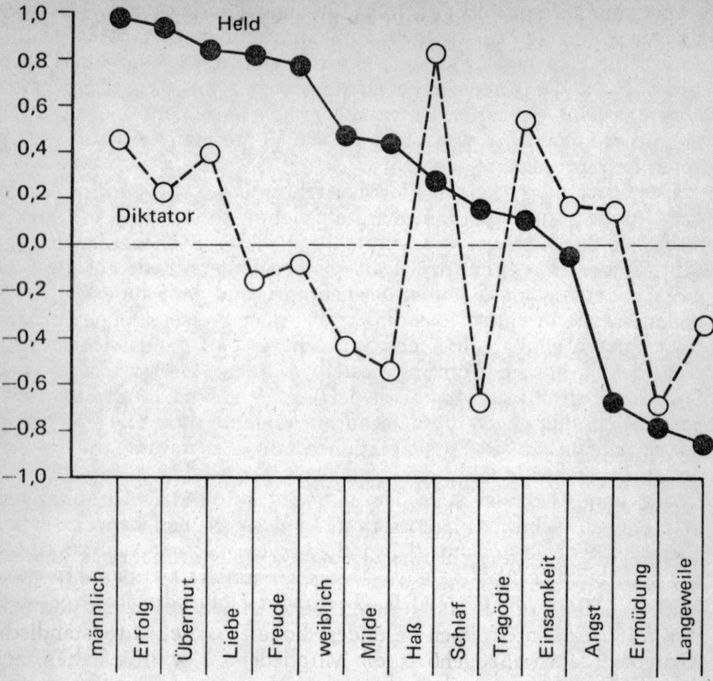

Abb. 26: Die Begriffsspektren der deutschen Begriffe ‹Held› (gefüllte Kreise) und ‹Diktator› (offene Kreise) [1]

Diktator empfunden wird. Die beiden idealen Typen, deren begriffliche Schwarz-Weiß-Zeichnung sehr beruhigend wirkt, sind miteinander nicht unvereinbar. Die Methode der kontrollierten Assoziationen scheint unser Denken in diesem Punkt getreulicher zu objektivieren als der Schematismus gewisser soziologischer Theorien. Das Phänomen der irrtümlichen Annahme von Gegensatzverhältnissen läßt sich übrigens auch an den Stereotypen ‹männlich› und ‹weiblich› demonstrieren (Hofstätter, 1956).

Ein merkwürdiges Ergebnis der Untersuchung von Bales und Slater verdient hier nachgetragen zu werden. Den Mitgliedern ihrer Diskussionsgruppen wurde die von Adorno und seinen Mitarbeitern in Kalifornien entwickelte ‹F-Skala› vorgelegt, eine Reihe von Behauptungen, die von Vpn in höherem oder geringerem Maße akzeptiert bzw. abgelehnt werden können. In dieser Skala findet man Leitsätze der folgenden Art:

(2) Schwäche und Schwierigkeiten können uns nicht zurückhalten, wenn wir nur einen genügend starken Willen besitzen.

1 Zur Berechnung des Q-Maßes vgl. Anhang S. 189.

(6) Wie die Menschen nun einmal beschaffen sind, wird es immer wieder Kriege und Streitigkeiten geben.

(13) Was die Jugend braucht, ist strenge Disziplin, feste Entschlossenheit und der Wille, für Familie und Vaterland zu arbeiten und zu kämpfen.

(31) Es gibt heutzutage mehr und mehr Leute, die sich um Dinge kümmern, die persönlich und privat bleiben sollten.

(37) Wenn die Leute nur weniger reden und mehr arbeiten wollten, ginge es allen besser.

(44) Was wirklich wichtig ist, lernt man nur durch eigenes Erleiden.

Diese Behauptungen hat man alle schon einmal in ähnlicher Weise gehört und z. T. auch akzeptiert; auf der F-Skala bringt einen dies aber in den Verdacht ‹faschistischer› (daher der Buchstabe F!) Neigungen. Ich halte diesen diagnostischen Schluß keineswegs für bündig; was zu seiner Kritik beizubringen ist, findet sich in dem von Christie und Jahoda herausgegebenen Sammelwerk. Viel eher als an einen ‹Faschisten› wird man geneigt sein, bei einem Bejaher der aufgeführten Sätze an einen konservativen Angehörigen des Mittelstandes zu denken. Je höher dieser auf der F-Skala rangiert, um so typischer ist er für eine bestimmte bürgerlich-konservative Weltanschauung. Das braucht ihn an sich noch gar nicht unsympathisch zu machen; im Gegenteil, die Inhaber der Spitzenpositionen S (Sympathie) und E (gute Einfälle) hatten beide in den von Bales und Slater untersuchten Gruppen besonders hohe F-Maße. Mittelständische Gruppen, denen anzugehören die Mitglieder für wichtig halten, neigen deshalb dazu, von ihren Führern ein autoritäres Verhalten bzw. eher konservative Ansichten zu erwarten (J. K. Hemphill, 1949; W. Haythorn u. a., 1956).

Dieses Ergebnis ist auf den ersten Blick verwunderlich, es läßt sich aber als eine Bestätigung für die Homanssche Regel ansehen, daß die Rangposition eines Individuums in der Gruppe mit dessen Bereitschaft korreliert, die Gruppennormen zu akzeptieren. Im nachhinein wird nun auch deutlich, warum Adorno seine Skala für ein Instrument zur Feststellung faschistischer Neigungen halten konnte. Der deutsche wie auch der italienische Faschismus waren in erster Linie städtische Bewegungen, die ihren Erfolg der Tatsache verdankten, daß sie – um zu führen – sich führen ließen, d. h. die Weltanschauung des mittelständischen Bürgertums übernahmen und zugleich übersteigerten. Wie aber sollte man in einer solchen Lage noch zwischen dem Helden, als dem Beistand im Kampf gegen die ‹Dekadenz›, und dem Diktator zu unterscheiden vermögen?

Führereigenschaften

Die Erinnerung an den Divergenzsatz der Gruppenstruktur dient noch einer anderen Absicht: Die Führereignung ist selbst ein sehr komplexes Phänomen. Dies ergibt sich z. B. aus den Untersuchungen von L. F. Carter und seinen Mitarbeitern an kleinen Gruppen von Reserveoffiziersanwärtern, deren Mitglieder von Beobachtern hinsichtlich einer großen Anzahl von Eigenschaften (Aggressivität, Hilfsbereitschaft, Kontaktfähigkeit, Durchsetzungsfähigkeit, Unterwürfigkeit, Gesprächigkeit, Sachlichkeit usw.) beurteilt wurden. Die statistische Verarbeitung der Korrelationen zwischen diesen Eigenschaften zeigte, daß es sich im Grunde nur um drei wirklich voneinander verschiedene Aspekte (‹Faktoren›) handelt:

1. um den Beitrag, den einer zur Gruppenarbeit leistet (Tüchtigkeit),

2. um dessen eigenwilliges Selbstvertrauen (etwas dürftig als ‹individuelle Prominenz› bezeichnet),

3. darum, wie sehr er sich der Gruppe und ihren Regeln anzupassen versteht (‹Gruppen-Soziabilität›).

Die uns bereits bekannten Rangdimensionen der Tüchtigkeit und der Beliebtheit lassen sich unschwer mit den Faktoren Nr. 1 und 3 der vorstehenden Analyse und mit den soziometrischen Begriffen der soziotelen und der psychetelen Vorzugswahlen identifizieren. Daß zur Anerkennung einer Führerpersönlichkeit aber mehr gehört, zeigt eine Untersuchung von C. A. Gibb (1950) an 10-Mann-Gruppen von Studenten und Reserveoffiziersanwärtern, die an 3 Tagen für je 3 Stunden miteinander die verschiedensten Aufgaben durchführten und die im Anschluß daran ihre Partner soziometrisch beurteilten. Zwischen Tüchtigkeits-Anerkennung (Frage danach, wen man beim nächsten Mal in der eigenen Arbeitsgruppe haben möchte) und Beliebtheit (Frage danach, wen man zum Freund wählen würde) bestand in diesen Gruppen nur eine sehr geringfügige Divergenz. Das bedeutet an sich nicht viel, da die beiden Fragen offenbar Kompromiß-Antworten herausforderten. Wichtiger sind die Antworten auf die Frage, wer sich in der Gruppe spontan als Führer erwiesen habe. Die Korrelation der anerkannten Führerqualität mit der Tüchtigkeits-Rangordnung und der Beliebtheits-Rangordnung ist zwar positiv, aber gering. Gibb kommt daher zu dem Schluß, daß Führertum in den Augen der Gruppenangehörigen weder mit Tüchtigkeit noch mit Beliebtheit identisch sei, es partizipiere zwar an beiden, habe aber noch etwas für sich, dessen nur schwer habhaft zu werden ist. Das Problem liegt vermutlich im Bereich des Prominenz-Faktors (Nr. 2) der Carterschen Untersuchungen.

Worin liegt die Prominenz des Führers? Zunächst ist man versucht, nach einer Eigenschaft Ausschau zu halten, die der Führer in höherem Maße besitzt als der Gefolgsmann. Ließe sich diese finden, dann könnte die Diagnose der Führertauglichkeit ziemlich munter und erfolgreich vonstatten gehen. Der Psychologe würde eine neue Routine-Operation in sein Repertoire einreihen und die Gesellschaft wäre trefflich bedient. Die Suche beginnt, aber sie kommt zu keinem Ende. Manchmal ist der ‹Führer› älter als seine Gefolgsleute, manchmal auch wieder jünger. Schon glaubt man bei ihm eine besonders robuste Gesundheit zu finden, die man geheimnistuerisch als ‹vitale Energie› bezeichnet, dann stößt man aber auf Gebrechliche,

Epileptiker, Krüppel und Morphinisten, die als Führer anerkannt werden. Nicht viel besser steht es um die Intelligenz und um das Ausmaß des Wissens. Nicht einmal mit der Redegewandtheit klappt es, da selbst Sprachfehler sich mit der Prominenz vertragen.

Anerkennung durch die Kameraden

Die Situation wird noch peinlicher, da zwar psychologische Tests den Führer nicht erkennen, die Gruppe der Kameraden aber in dieser Sache ein recht verläßliches Urteil besitzt. So liegt z. B. aus dem Zweiten Weltkrieg eine Untersuchung von WILLIAMS und LEAVITT (1947) vor, die den Voraussagewert von Tests und der auf der Offiziersschule erreichten Noten an der Kampfbewährung junger Offiziere überprüft. Das Ergebnis ist betrüblich. Die Tests erlauben zwar die Voraussage der Schlußnote im Lehrgang, sie versagen aber bei der Prognose der Frontbewährung. Die Note selbst korreliert mit dieser Bewährung nur in einem sehr geringen Ausmaß ($r = 0{,}17$). Schon glaubt man am Ende zu sein, da zeigt sich, daß die Kameradenmeinung bereits in den ersten zwei Wochen des Lehrgangs die Frontbewährung weit besser voraussagt ($r = 0{,}47$).

Das Rätsel ist komplett. Ohne es zu lösen, kann man sich freilich den Effekt zunutze machen, indem man der auf soziometrischem Wege erfaßten Kameradenmeinung ein entsprechend hohes Gewicht bei der Voraussage gibt. Man kann auch den Psychologen dazu verwenden, die Kameradenmeinung zu beobachten. Da sich damit aber das Odium des Spitzeltums verbinden könnte, erweist sich schließlich als die beste Einrichtung zur Auffindung von Führerqualitäten das von J. B. RIEFFERT um 1930 in die deutsche Wehrmachtspsychologie eingeführte ‹Rundgespräch›, das den Anstoß zu den äußerst zahlreichen Untersuchungen an Diskussionsgruppen gab, von denen hier berichtet wurde. B. N. BASS (1954, 1960) hat kürzlich den Siegeszug dieser Methode, für die ihrem Erfinder nur wenig Dank zuteil wurde, geschildert. Das Verfahren ist überaus einfach: Vier oder sechs junge Männer, die einander bisher kaum kannten, setzen sich zusammen und diskutieren ein mehr oder minder aktuelles Thema, ohne daß einer von ihnen mit der Diskussionsleitung beauftragt worden wäre. Schon nach relativ kurzer Zeit zeigt sich die unterschiedliche ‹Prominenz› der Partner, sofern diese nicht von den sich einmischenden Beobachtern zu sehr gestört werden.

Ich möchte nicht den Eindruck erwecken, als hätte uns das RIEFFERTsche Rundgespräch von allen Sorgen um die Führerauslese befreit. Das ist keineswegs der Fall. Dennoch wurde hier ein entscheidender Schritt vorwärts getan. Diese Prüfungssituation ist darum besser als andere, weil sie das Führerphänomen dort aufsucht, wo es seinen Ursprung hat: bei den Geführten, die den Führer akzeptieren.

An dieser Stelle muß einer anderen Modellsituation gedacht werden, die FREUD (1921) auf sehr bedeutsame Weise mit dem Führerproblem in Zusammenhang gebracht hat. Wenn Stoffmangel eintritt, verfallen gewisse Magazine gern auf die Idee, sich von einem obskuren Experten schildern zu lassen, wie die politischen Führer der letzten dreitausend Jahre ihre Umgebung und ganze Völker hypnotisiert haben. Das ist natürlich barer Unsinn, den nur seine beharrliche Wiederkehr interessant macht. Ohne daß die Artikelschreiber dies allerdings wüßten, steckt in ihrer Behauptung ein Körnchen Wahrheit, das FREUD entdeckt hat: Die dynamische Relation zwischen Führer und Geführten ähnelt der zwischen Hypnotiseur und Medium. In beiden Fällen stehen die wesentlichen Ereignisse am scheinbar passiven Ende der Einflußkette.

In freier Weise läßt sich der FREUDsche Gedankengang wie folgt nachvollziehen: Angesichts schwieriger, neuartiger oder zu Angst herausfordernder Situationen bereitet uns die Vorstellung Erleichterung, daß ein ganz besonders begabtes Wesen, der Held unserer Träume z. B., die Sachlage im Handumdrehen meistern könnte. Wir wären selbst gern dazu in der Lage, aber daß wir dies nicht sind, zeigen die Tatsachen. Der Meister unserer Wunschvorstellungen könnte aber auch ein anderer sein, wir müssen ihn bloß finden, um ihm ein Übermaß des Menschenmöglichen zuzuschreiben. Wir projizieren damit unseren eigenen Wunsch auf ihn. Damit wäre aber noch nicht viel gewonnen, da wir selbst ja nun bloß um einen Wunsch ärmer, aber nicht um eine Tat reicher wären. Das ändert sich, wenn uns die Identifikation mit dem Idol gelingt; er ist wir, einer für alle, *pars pro toto* – und schließlich: alle für einen.

Diese Verschränkung von Projektion und Identifikation ist wahnhaft; das bedeutet aber noch nicht, daß man sie nur bei Wahnsinnigen fände. Gute Medien sind meistens ganz normale Leute, ebenso die Majorität der gläubigen Anhänger eines Führers. In der Tat besitzen beide die Möglichkeit, ihre Wahnkonstruktionen an der Realität zu bestätigen; sie tun dies durch die willige Bereitschaft zur Unterwerfung. Der Überlegene ist groß und mächtig, und ich partizipiere daran; indem ich mich füge, stelle ich sowohl die Gewalt des Führers als auch meine Teilhabe an dieser außer Frage. Noch sicherer darf ich dieser meiner Geborgenheit in der Macht des Führers dann sein, wenn die übrigen Angehörigen meiner Gruppe konform gehen, oder wenn ich mir zumindest einbilden kann, daß dies der Fall sei (‹Unifikation›). Im Endeffekt kommt es somit zu einer Gruppenleistung vom Typus des Bestimmens, durch die das außerordentliche Potential des Führers festgelegt wird. Die Analyse dieser dynamischen Sequenz läßt sich nicht ohne eine gewisse Ironie durchführen. Diese ist jedoch fehl am Platze. Daß die Herrscher des Mittelalters durch Handauflegen Skrofeln zu heilen vermochten, ist gut verbürgt. Die ihnen im Zuge der Verschränkung von Projektion und Identifikation zugewiesene Gewalt reichte somit tief ins autonome Nervensystem ihrer Untertanen hinein. Warum auch nicht, wenn jeder einigermaßen geschickte Hypnotiseur bei einem guten Medium Brandbläschen zum Vorschein bringen kann?

Der Hypnotiseur unterwirft das Medium aber gar nicht, er wird bloß von diesem idolisiert. Seine Geschicklichkeit besteht darin, den Ablauf vor allem nicht zu stören. Zwei Bedingungen lassen sich dafür unschwer angeben und nicht leicht gemeinsam erfüllen. Um als Zielscheibe für Projektionen in Frage zu kommen, muß der bedeutende Mann ‹sichtbar› sein, einen Kopf größer oder kleiner als die übrigen, etwas fremdartig in Sprechweise und Gehaben, gescheiter oder dümmer, lauter oder leiser usw. Die Richtung der Abweichung ist nicht einmal so wichtig. Dieser Sachverhalt hat uns Psychologen bei der Suche nach den Führereigenschaften genarrt. Die zweite Bedingung läuft der ersten strikt zuwider: Um die Identifikation zu ermöglichen, darf der Abstand des großen Mannes vom kleinen nicht unüberbrückbar weit sein. Wenn sich schon sein Ingenium nicht erreichen läßt, dann mögen zumindest sein Räuspern und Spucken, sein Bärtchen oder seine Tracht übernehmbar sein. Vielleicht kommt er uns auch dadurch entgegen, daß er die uns vertrauten Normen sichtbarlich wahrt und uns wissen läßt, wie nahe wir ihm stehen. Vor allem aber sorgen das Wir der Gruppe und die Festigkeit ihres Autostereotyps für eine Verringerung der Distanz zwischen ihrem erlauchtesten Angehörigen und ihrem kleinsten Rädchen.

Goethes Einstellung zu Napoleon

Abermals gilt es, die Perspektive zu korrigieren. Daß Goethe in seinem Leben von zwei Führerpersönlichkeiten fasziniert wurde, als junger Mann von Friedrich dem Grossen und als reifer noch stärker von Napoleon, macht das spöttische Besserwissen des Psychologen recht kläglich. Noch in den Gesprächen mit Eckermann finden sich immerhin nicht weniger als zehn deutliche Identifikationen mit Napoleon. Bald ist von einem jungen Mann die Rede, der den ‹Faust› beenden will, und dessen Unternehmen mit dem Versuch verglichen wird, ‹Napoleons Welteroberungen fortzusetzen› (20. 4. 1825). Dann wieder heißt es, daß jeder große Mann ein Erbe angetreten habe, Napoleon die Französische Revolution und Goethe die Farbenlehre Newtons (2. 5. 1824). Von den Einkäufen der Frau von Goethe gleitet der Gedanke zu Napoleon, der noch auf Elba Rechnungen von Putzmacherinnen erhalten habe (17. 1. 1827), und an den Bericht, daß Napoleon die Pest nicht gefürchtet habe, schließt sich sofort die Erinnerung an die eigene Zuversicht angesichts der Gefahr einer Ansteckung mit dem Faulfieber an (7. 4. 1829). Auf die Bemerkung, daß Napoleon in der ersten Hälfte seines Lebens produktiver gewesen sei als in der zweiten, erwidert Goethe, daß er selbst auch die Liebeslieder und den ‹Werther› nicht zum zweitenmal geschrieben habe (11. 3. 1828). Am gleichen Tage heißt es: ‹Sein Leben war das Schreiten eines Halbgottes von Schlacht zu Schlacht und von Sieg zu

Sieg. Von ihm könnte man sehr wohl sagen, daß er sich in dem Zustande einer fortwährenden Erleuchtung befunden, weshalb auch sein Geschick ein so glänzendes war, wie es die Welt vor ihm nicht sah und vielleicht auch nach ihm nicht sehen wird.› Selbst anerkannte Greuel fallen daneben nur leicht ins Gewicht: ‹Daß er die 800 türkischen Gefangenen hat erschießen lassen, ist wahr; aber es erscheint als reifer Beschluß eines langen Kriegsrates› (7. 4. 1829). Kaum ein Jahr vor dem Tode (2. 3. 1831) findet sich die ins Tiefste leuchtende Bemerkung: ‹Das Dämonische ist dasjenige, was durch Verstand und Vernunft nicht aufzulösen ist. In meiner Natur liegt es nicht, aber ich bin ihm unterworfen ... (NAPOLEON) war es durchaus im höchsten Grade, so daß kaum ein anderer ihm zu vergleichen ist ... Dämonische Wesen solcher Art rechneten die Griechen unter die Halbgötter›. ECKERMANN wendet ein, ob nicht auch *Mephistopheles* dämonische Züge trage – ‹Nein, der *Mephistopheles* ist ein viel zu negatives Wesen; das Dämonische aber äußert sich in einer durchaus positiven Tatkraft.› Am 6. 12. 1829 heißt es: ‹So steht NAPOLEON unerreichbar da.›

Projektion und Identifikation, durch die das Band zwischen dem Gefolgsmann und dem Führer gewoben wird, lassen sich in den Selbstzeugnissen GOETHES deutlich erkennen. Der Halbgott, zu dem er NAPOLEON erhob, ähnelt dem Helden des Begriffsspektrums (Abb. 26) mehr als dem Diktator. Der Umstand, daß NAPOLEON um diese Zeit bereits auf St. Helena gefangen ist und daß seine Pläne zerschlagen sind, scheint GOETHE kaum zu berühren, obwohl er in einer seiner Identifikationen darauf direkt anspielt: ‹Nicht ganz so schlecht als NAPOLEON auf seiner Insel›, ist die seufzende Antwort auf die Frage, wie er sich befinde (7. 12. 1823). Gerade in diesem Punkte aber verhält sich GOETHE anders als dies faszinierte Gefolgsleute meistens tun. Der kraftlose König, so berichtet FRAZER, wird zum Gespött, wo nicht zum Gegenstand einer rituellen Opferung. Dieser Schritt gehört durchaus in die dynamische Sequenz, da der erfolglose Führer den Gefolgsmann ja um den sichernden Gewinn des Spieles von Projektion und Identifikation betrogen hat. Versagt der Führer, so ist er wieder der Fremde, der er sein mußte, um die Projektion zu ermöglichen; er ist jetzt aber zur Zielscheibe aller nur erdenklichen Haßprojektionen geworden, zum Repräsentanten des abgelehnten Nicht-Wir. Man merkt dies – in gebotener Abschwächung – noch am Schicksal des einstmals gefürchteten, aber auch idolisierten Lehrers, der nach dem Ende der Schulzeit in der Erinnerung komisch und bemitleidenswert zu werden beginnt: ein entthronter König.

Die Psychologie des Gefolgsmannes läßt sich, wie ich glaube, heute recht gut nachzeichnen; sehr viel weniger wissen wir über den Mann in der Führerrolle. Die Vermutung scheint mir aber viel für sich zu haben, daß dessen Psychologie der des Gefolgsmannes gar nicht so unähnlich ist. Projektion und Identifikation, diesmal aber in Richtung nach oben sowohl als nach unten. Das eigene Ziel wird einmal auf die Überwelt projiziert, es sei dem Willen der Gottheit oder der Vorsehung oder dem Sinn der Geschichte gemäß, zum andern aber auf die Gruppe, als ob es ihr Ziel wäre. Im Akt der Identifikation ist der Führer aber zugleich Vollstrecker des überweltlichen Planes und des Willens der Geführten. In dieser doppelten Beziehung gründet wohl das Dämonische, das GOETHE als nicht in seiner Art liegend empfand. Sehr distanziert kann er sich daher an anderer Stelle (‹Sprüche›, Hamburger Ausgabe Bd. I, S. 331, Nr. 164) zu dem Problem äußern:

Ich habe gar nichts gegen die Menge;
Doch kommt sie einmal ins Gedränge,
So ruft sie, um den Teufel zu bannen,
Gewiß die Schelme, die Tyrannen.

Es trifft zu: Projektion und Identifikation verschränken sich besonders leicht, wenn das Angstniveau in der potentiellen Gefolgschaft hoch ist.

Abschwächung in der Normalbreite

Zum Schluß sind an dem hier entworfenen Bild der Führerrolle noch zwei sehr wesentliche Korrekturen vorzunehmen. NAPOLEON ist im Grunde kein Gegenstand der Psychologie; seine Rolle ist zu selten, als daß man über sie aus den Variationen ihrer Spieler Aufschluß gewinnen könnte. Im Alpha-Führer des SHERIFschen Lagers aber wird niemand einen Halbgott oder einen Dämon vermuten. Eher schon könnte es vorkommen, daß man ihn der Besessenheit zeiht. Schließlich vernachlässigte er ja die Korrespondenz mit dem Elternhaus in beunruhigender Weise. Sollte unsere Analyse der Führer-Sequenz *mutatis mutandis* auch für die alltäglichen Erscheinungen des Lebens gültig sein, dann muß man sich der außerordentlichen Maßstabsverkürzung bewußt bleiben, die es vorzunehmen gilt. Ich glaube dennoch, daß selbst im bescheidenen Rahmen des MEREIschen Kindergartens Projektion und Identifikation am Werke waren. Die ‹Gewalt› ging auch hier ‹vom Volke› aus, das sich den Führer gefügig machte, um ihn dann zum Vorbild zu erwählen. Das ‹Volk› aber sind nurmehr vier Knirpse, und die ‹Gewalt› erstreckt sich bloß auf Bauklötzchen.

Die zweite Einschränkung besteht darin, daß die Verschränkung von Projektion und Identifikation in erster Linie den Anschluß an einen Führer bzw. das Aufsteigen eines Gruppenmitglieds zur Führerrolle ermöglicht. In den meisten für längere Zeit konstituierten Gruppen ist die Führerrolle aber ziemlich stabil besetzt. Das dramatische Ereignis der Ausgliederung eines neuen Führers kommt in ihnen daher nur relativ selten vor. Manchmal zeigen Gruppen auch nur ein verhältnismäßig geringes Interesse an der Art der Besetzung ihrer Führerrolle. Das ist namentlich dann der Fall, wenn die Tätigkeit des Inhabers der Spitzenposition durch Gewohnheiten oder das Bestehen eines Reglements nur mit geringen Freiheitsgraden ausgestattet ist. Wo die Dinge so liegen, dürfte wohl auch das persönliche Engagement der Gruppenmitglieder in Projektion und Identifikation vergleichsweise gering sein. Durch ihre Organisationsform hat sich die Gruppe dann von einem Problem entlastet, das in Krisenzeiten ganz im Vordergrund steht. Eine solche Entwicklung dürfte in vielen Fällen zu begrüßen sein, sofern sie nicht einem Zustand der allgemeinen Teilnahmslosigkeit (Apathie) zustrebt. Wir müssen uns daher im klaren darüber sein, daß die im Anschluß an FREUD entwikkelte Dynamik der Führerrolle ein dramatisch überspitztes Bild zeigt.

Vorgesetzte

Begnadetes bzw. ‹charismatisches› Führertum, wie es MAX WEBER (1922) nannte, stellt eine seltene Ausnahme dar; seine beiden Komponenten gehören aber auch zu den Bestimmungsgrößen des Verhaltens in bürokratischen, industriellen und militärischen Organisationen. Korrelationsanalysen der Beurteilungen des Verhaltens von

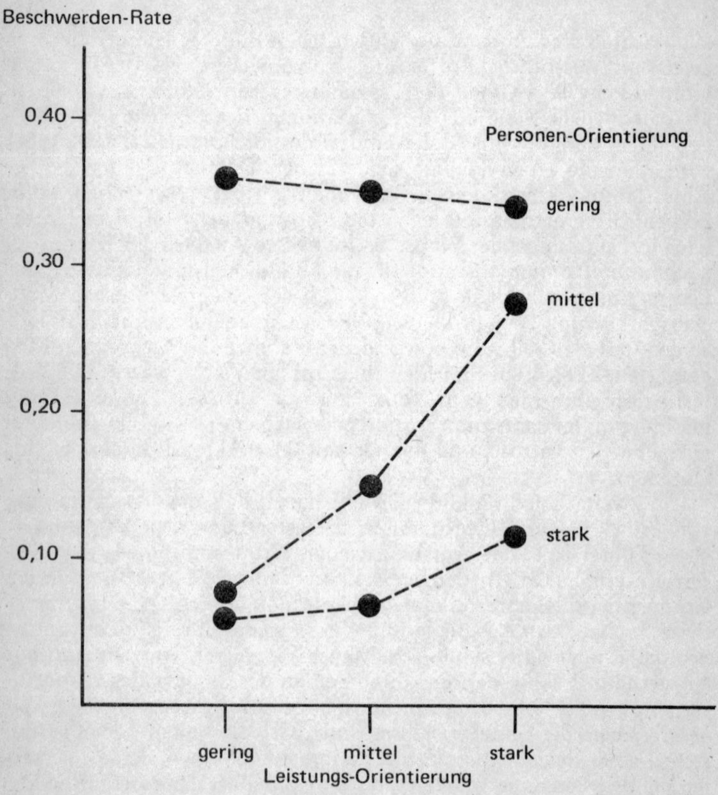

Abb. 27: Die Häufigkeit von Beschwerden im Betrieb als Funktion des Verhaltens von Vorgesetzten (nach FLEISHMAN und HARRIS)

Vorgesetzten durch ihre Untergebenen (R. M. Stogdill und A. E. Coons, 1957; E. A. Fleishman und E. F. Harris, 1962) haben zur Isolierung von zwei Dimensionen geführt, die als Rücksichtnahme (‹*consideration*›) und Planungsinitiative (‹*initiating structure*›) interpretiert wurden. Eine deutsche Nachuntersuchung von D. Tscheulin und A. Rausche (1970) hat dieses Ergebnis bestätigt. Für die Rücksichtnahme ist z. B. die Bejahung der Behauptung charakteristisch, ‹er ist freundlich und leicht zugänglich›. Die Aussage, ‹er achtet darauf, daß seine Mitarbeiter ihre Arbeitskraft voll einsetzen›, spricht für ‹Planungsinitiative› – in meinen Augen allerdings mehr für das, was in einer Paralleluntersuchung von R. Likert (1961) als ein leistungsorientiertes (‹*job-centered*›) Verhalten bzw. bei R. R. Blake und J. S. Mouton (1968) als ‹Betonung der Produktion› bezeichnet wird.

Die beiden Dimensionen des Vorgesetztenverhaltens sind in verschiedenen Tätigkeitsbereichen immer wieder aufgetreten (R. Co-

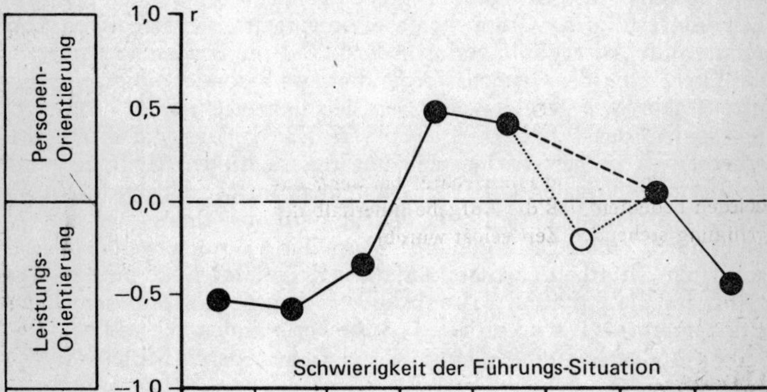

	I	II	III	IV	V	VI	VII	VIII
Beliebtheit	+	+	+	+	–	–	–	–
Aufgabe	s	s	u	u	s	s	u	u
Macht	g	k	g	k	g	k	g	k

Abb. 28: Die Effektivität der beiden Führungs-Stile in Abhängigkeit von den situativen Bedingungen (nach Fiedler)

hen, 1969); sie entsprechen sehr genau den aus gruppendynamischen Überlegungen gefolgerten beiden Komponenten der anerkannten Tüchtigkeit (Leistungsorientierung) und der Beliebtheit (Personenorientierung). Die Wahrscheinlichkeit von Beschwerden über den Vorgesetzten nimmt mit dessen steigender Personenorientierung ab und mit dessen Leistungsorientierung zu (Abb. 27). Weniger klar liegen die Verhältnisse, wenn man die Effektivität von Gruppen, deren Leistungen, ins Auge faßt. R. Likert glaubt, daß auch für diese die Personenorientierung des Vorgesetzten eine günstigere Voraussetzung darstellt als dessen Leistungsorientierung.

Ein komplexes Modell hat F. E. Fiedler (1967) vorgeschlagen, das eine Abhängigkeit des optimalen Führungsstils von der Schwierigkeit der Führungssituation postuliert (Abb. 28). Er unterscheidet dabei acht Situationen, die sich aus der Kombination von drei Parametern (Beliebtheit des Vorgesetzten, Strukturiertheit der Aufgabe und Positionsmacht des Vorgesetzten) ergeben. Am leichtesten hat es ein beliebter (+) Vorgesetzter bei einer genau strukturierten (s) Aufgabe – z. B. bei routinemäßiger Produktion –, wenn er über eine große (g) Positionsmacht verfügt und z. B. untaugliche Mitarbeiter nach eigenem Ermessen kurzfristig entlassen kann (Situation I). Den größten Schwierigkeiten sieht sich ein unbeliebter (–) Vorgesetzter gegenüber, der mit kleiner Positionsmacht (k) eine unstrukturierte Aufgabe (u) – z. B. Forschungsarbeiten – betreuen soll.

Zur Bewertung des Führungsstils verwendet Fiedler die Korrelation zwischen dem LPC-*score* (vgl. S. 141) des Vorgesetzten und dem Leistungserfolg der Gruppen; dabei entspricht einer negativen Korrelation die Aussage: Je geringer der LPC-*score* ist, um so größer ist die Effektivität der Gruppe. Vergleichsweise besonders ungünstig beurteilt aber, wie gezeigt wurde, ein leistungsorientierter Vorgesetzter seinen *‹least preferred coworker›* (LPC). Dieser Führungsstil scheint sich bei den leichtesten Führungssituationen (I, II, III) und bei der schwierigsten (VIII) zu empfehlen. Im Mittelbereich (IV, V) dürfte ein personenorientierter Führungsstil aussichtsreicher sein; er wird durch eine relativ günstige Beurteilung des am wenigsten geschätzten Mitarbeiters charakterisiert. Keine Daten konnte Fiedler selbst für die Situation VI (unbeliebter Vorgesetzter mit kleiner Positionsmacht bei strukturierten Aufgaben) finden. G. Graen u. a. (1970) kennen 13 einschlägige Korrelationen, deren Mittelwert sich auf −0,21 beläuft.

Das Fiedlersche ‹Kontingenz-Modell› macht die Entscheidung über die Zweckmäßigkeit der beiden Führungsstile von den situativen Bedingungen abhängig; im Augenblick muß es wohl als eine interessante Hypothese betrachtet werden, deren Bestätigung noch aussteht; Zweifel daran haben G. Graen u. a. (1970) vorgetragen.

12. Kontakt, Sympathie und Distanz

Die Vermutung ist geäußert worden, daß der Inhaber der Führerrolle seine eigenen Anschauungen und Ziele auf die Mitglieder der von ihm geführten Gruppe projiziere und sich damit das Gefühl sichere, die Gruppe auch wirklich ‹hinter sich› zu haben. Diese Möglichkeit braucht nicht in Abrede gestellt zu werden, wenn wir ihr die zweite Möglichkeit gegenüberstellen, daß der Inhaber einer Führerrolle die Anschauungen der ‹Geführten› besser kennen und richtiger beurteilen könnte als diese selbst. Im Großverband steht ihm dazu ja meistens ein eigener Informationsapparat zur Verfügung, der zumindest die in der Presse vertretenen Meinungen in Evidenz hält. Es wäre daher gar nicht verwunderlich, wenn der Bundeskanzler in der Lage wäre, den Prozentsatz der Wahlberechtigten, die für eine geplante Maßnahme der Regierung sind, richtiger abzuschätzen als der Durchschnittswähler.

Die Zentralposition

In dieser Form läßt sich unser Problem verniedlichen und damit einer empirischen Untersuchung zugänglich machen. Dies ist durch CHOWDHRY und NEWCOMB (1952) geschehen. Verwendet wurden vier Studentenvereinigungen, die sich auf einer fachlichen Basis konstituiert hatten und von denen angenommen werden konnte, daß einzelne Gebiete der Meinungsformung für sie interessanter sein dürften als andere. Die Gruppen bestanden aus 25–40 Mitgliedern. Auf Grund eines soziometrischen Fragebogens wurden in jeder dieser Gruppen die Spitzenmitglieder (eine Art von ‹Elite› im Umfang von etwa 20 % der Mitgliedschaft) ermittelt. Jedes Gruppenmitglied erhielt sodann einen Meinungs-Fragebogen, in dem zu einzelnen Behauptungen anzugeben war, ob es sie selbst akzeptiere oder ablehne. Außerdem galt es, den Prozentsatz der Gruppenmitglieder zu schätzen, der die entsprechende Behauptung akzeptieren würde. Der Unterschied zwischen diesem geschätzten Prozentsatz und dem sich bei der Auszählung der Fragebogen ergebenden war die entscheidende Variable der Untersuchung, deren Hypothese dahin lautete, daß die Mitglieder der Elite (‹die Führer›) die Gruppenmeinung richtiger beurteilen würden als die ‹Nicht-Führer›.

Die Fragebogen selbst zerfielen in drei Hauptteile, deren erster für die Gruppen fachlich relevante Behauptungen enthielt, z. B. also in der Mediziner-Gruppe Stellungnahmen zum Thema der Sozialmedizin. Im dritten Teil kamen hingegen nur allgemein interessante Behauptungen vor, während der zweite Teil eine Mittelstellung einnahm. Der Aufbau der Fragebogen wurde selbstverständlich den Interessen der vier Gruppen angepaßt.

Das Ergebnis dieser Untersuchung bestätigt die Hypothese zwar nicht im ganzen, aber in ihrem wesentlichen Teil. Die ‹Führer› beurteilen die Gruppenmeinung tatsächlich richtiger als das Gefolge auf gruppen-relevanten Gebieten, nicht jedoch im allgemeinen. ‹Isolierte› Personen, d. h. die im Soziogramm überhaupt nicht Nominierten, schneiden auf diesem Gebiet am ungünstigsten ab, d. h. noch schlechter als das Gros der Gruppe. Das Resultat ist statistisch gesichert; seine Erklärung freilich ist nicht unproblematisch. Man könnte dazu neigen, den Zentralpersonen der Gruppe (den ‹Führern›) ein höheres Maß an Sensibilität oder auch an Intelligenz zuzuschreiben. Damit verträgt sich aber die Tatsache schlecht, daß sie sich der Gruppe ja nur auf einzelnen Gebieten überlegen zeigten. Für wahrscheinlicher halte ich daher die Annahme eines zwar relativen (auf Themengebiete beschränkten), aber dennoch innigeren Kontakts der Zentralpersonen

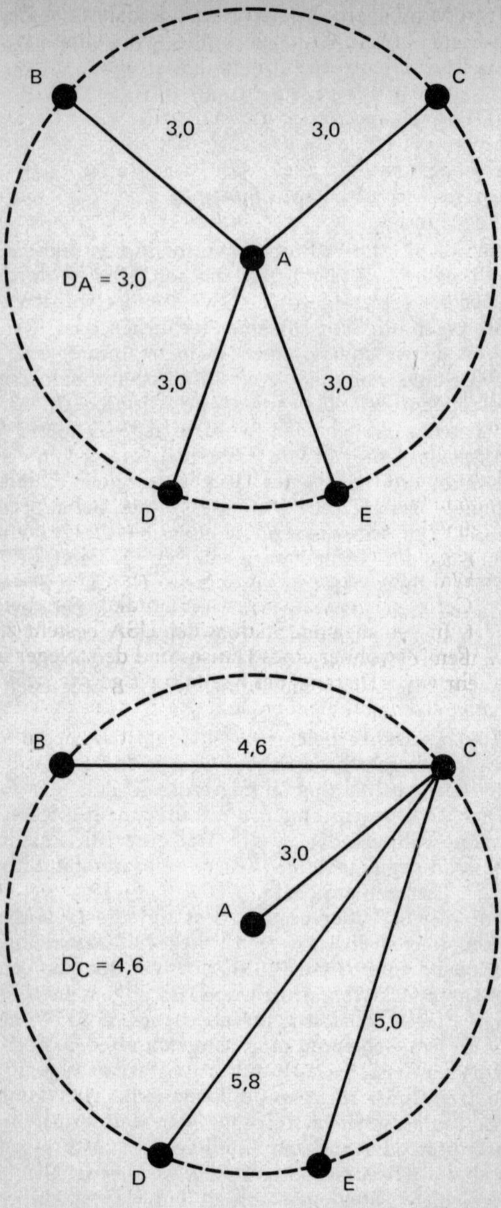

Abb. 29: Die Distanzen zwischen verschiedenen Positionen in der Gruppe (oben: Zentralperson, unten: Randperson)

mit den übrigen Mitgliedern. Wir würden uns daher die Zentralperson wohl am besten als ein Gruppenmitglied vorstellen, das im großen und ganzen mit allen Angehörigen der Gruppe häufiger und intensiver über relevante Fragen spricht, als dies beim Durchschnittsmitglied der Fall ist. Im Gegensatz dazu wäre der ‹Isolierte› eine Randperson, die nur wenige Gesprächskontakte besitzt.

Unsere Überlegungen entwickeln sich in Richtung auf eine räumliche Vergegenständlichung der Gruppe. Die Zentralperson steht im Durchschnitt den übrigen Angehörigen der Gruppe näher als jedes andere Mitglied. Zur Veranschaulichung dient Abb. 29, in der die Beziehungsnetze der Zentralperson (A) und eines gewöhnlichen Mitgliedes (C) einander gegenübergestellt sind. Im Durchschnitt sind die übrigen Mitglieder von A drei Einheiten entfernt, von C (bzw. B) hingegen 4,6 Einheiten und von D (bzw. E) 4,0 Einheiten. A genießt somit einen Vorteil über jedes andere Mitglied der Gruppe. Konkreter wird dieses Bild, wenn wir an fünf Freunde denken, deren Wohnorte sich in ähnlicher Weise über Deutschland verteilen. Ein etwaiges Treffen werden sie wahrscheinlich bei A vereinbaren. Hier tauchen freilich sofort Bedenken auf, da die geographischen Distanzen nicht allein in Frage kommen. Der Wohnort des A mag z. B. verkehrstechnisch sehr ungünstig liegen und deshalb als Treffpunkt ungeeignet sein. Wir können aber den Begriff der Distanz verallgemeinern und ihn damit der Wahrscheinlichkeit eines Kontakts umgekehrt proportional setzen: Geringe Distanz = große Kontaktwahrscheinlichkeit und umgekehrt. In den meisten Städten der USA besteht z. B. zwischen dem ‹weißen› Bewohner eines Hauses und dem Neger im Nachbarhaus eine sehr weite Distanz, der Kontakt ist gering, während der Weg zu einem ‹weißen› Clubkameraden, der an sich 5 Meilen länger ist, sehr viel kürzer erscheinen kann. In der einen Richtung gehen auch häufig Telefongespräche hin und her, wohingegen die andere Leitung kaum da zu sein brauchte.

Kontaktdichte

Distanzen im sozialen Kontaktraum lassen sich natürlich nicht direkt messen, man kann sie aber aus der wechselseitigen Kontaktdichte der Partner erschließen. Verbringt die Familie X hohe Feste fast immer mit den Angehörigen der Frau (Y) und nur selten mit denen des Mannes (Z), so ist die ‹Distanz› von X nach Z offensichtlich größer als die ‹Distanz› von X nach Y. Dies mag den geographischen Gegebenheiten entsprechen oder auch nicht. In Gruppen mit Rangordnungen dürfte allgemein gelten, daß die Distanzen zwischen den Mitgliedern der gleichen Rangstufe kleiner sind als die zwischen Angehörigen verschiedener Rangstufen. Man liebt es, ‹unter sich› bzw. mit seinesgleichen zusammen zu sein, und schafft dafür eigene Vorkehrungen, wie z. B. eine Steuermanns-Kneipe auf der Reeperbahn, die für Matrosen nicht zugänglich ist. Andererseits kann die Gruppe auch versuchen, die Ungleichheit der Distanzen zwischen ihren Mitgliedern durch Unternehmungen zu nivellieren, an denen diese sich alle samt und sonders und ohne Ansehung des Ranges beteiligen können und sollen, z. B. an einem Werksfest. Auch ein gemeinsames Autostereotyp pflegt sich so auszuwirken, daß dadurch die erlebte Distanz zwischen den Mitgliedern einer Gruppe klein gehalten wird. Es kann dabei etwa zu Bekundungen vom Typus kommen: ‹Die letzte X-Angehörige steht mir näher als der beste Y-Angehörige.› Selbst in der wissenschaftlichen Fachliteratur wird man des Distanzphänomens ansichtig, wenn z. B. aus der Literatur des Nachbarlandes R so gut wie gar nicht zitiert wird, aus dem Schrifttum des Landes U hingegen recht häufig. Je weiter die soziale Distanz ist, um so weniger weiß man in der Regel von einem Partner, um so weniger liegt einem auch daran, mehr von ihm zu wissen.

Die Entscheidung über die in den Mittelschulen gelehrten Fremdsprachen stellt in der Regel auch eine Entscheidung über die Distanzen zu anderen Ländern dar. Ohne Schwierigkeiten läßt sich z. B. ausmalen, welchen Einwänden der Vorschlag ausgesetzt wäre, in den Oberschulen der Bundesrepublik das Russische generell als Fremdsprache zu adoptieren. Der Vorschlagende geriete sehr leicht in den Verdacht kommunistischer Sympathien, obwohl ihm solche ganz fern liegen könnten und er nur die Tatsache im Auge gehabt haben mag, daß für die voraussehbare Zukunft die russische Nachbarschaft für das deutsche Volk eine Quelle von Problemen darstellen wird. Im Augenblick würde die Ausführung eines solchen Vorschlages auch auf den Protest vieler Schüler und ihrer Familien stoßen, so daß mit recht mäßigen Lernleistungen zu rechnen wäre. Tätsächlich verflechten sich an dieser Stelle sehr viele dynamische Zusammenhänge, da ja von altersher die Kulturpropaganda ein Vorspann der politischen Propaganda und der fremdsprachliche Unterricht nicht selten ein Hilfsmittel beider ist.

Studentenaustausch

Eine Erweiterung des Begriffs der sozialen Distanz illustriert das folgende Beispiel: Im Jahre 1954 studierten in der Bundesrepublik 73 französische Studenten, während im gleichen Jahr 658 deutsche Studenten in Frankreich waren. Der Weg von A nach B scheint somit nicht immer dem von B und A gleich zu sein. Wir könnten hier auch an ein Gefälle denken, da es bergab schneller geht und die Distanz daher geringer erscheint als bergauf. Um dieser Sachlage gerecht zu werden, bedürfen wir aber noch einer Angabe darüber, auf wie viele Studierende (in Deutschland) die 658 nach Frankreich gehenden Austauschstudenten kommen bzw. wie sich deren Zahl zu der Anzahl der französischen Studenten verhält. Allgemein läßt sich die soziale Distanz zwischen den Partnern A und B auf die Formel bringen:

$$D_{ab} = \frac{P_a \cdot P_b}{K_{ab}}$$

wobei P_a und P_b die beiden Populationen bezeichnen und K_{ab} die Anzahl der Kontakte in der Richtung von A nach B. Für die Gegenrichtung ergibt sich:

$$D_{ba} = \frac{P_a \cdot P_b}{K_{ba}}.$$

In unserem Falle betrachten wir den Studentenaustausch als eine Form des Kontakts zwischen Nationen.

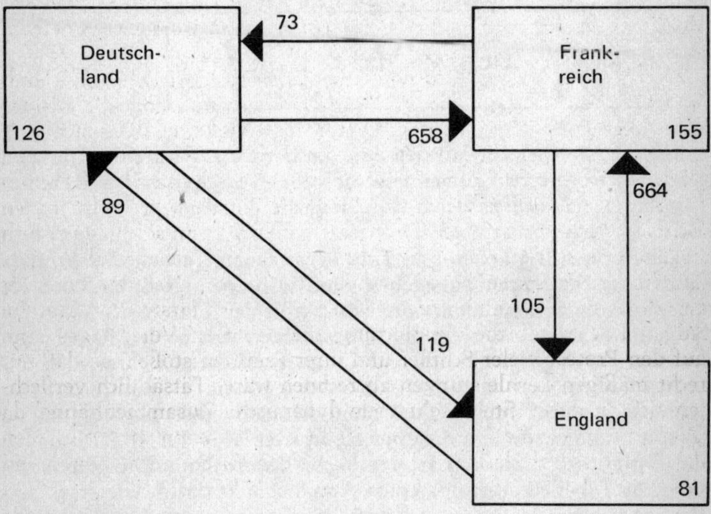

Abb. 30: Der Studentenaustausch zwischen Deutschland (Bundesrepublik), Frankreich und England. (Die Zahlen in den Rechtecken geben die Studentenpopulationen der entsprechenden Länder in Tausenden.)

Zur Veranschaulichung diene Abb. 30. In den drei die Länder darstellenden Rechtecken ist die Anzahl der Studenten (in Tausend) angegeben, die Pfeile bezeichnen die Austauschstudenten, die ein Land zum andern ‹schickt›. Die Distanz von der Bundesrepublik (B) nach Frankreich (F) beträgt somit (unter Außerachtlassung eines Faktors von 10^6, der durch die Abrundung auf Tausende in den Studentenpopulationen erforderlich wird):

$$D_{BF} = \frac{126 \cdot 155}{658} = 29{,}7$$

$$D_{FB} = \frac{126 \cdot 155}{73} = 267{,}5.$$

	Deutschland	England	Frankreich	Summe (Distanziert-Werden)
Deutschland	–	114,7 (1,3)	267,5 (9,0)	382,2
England	85,8 (0,8)	–	119,6 (6,3)	205,4
Frankreich	29,7 (0,1)	18,9 (0,2)	–	48,6
Summe (Sich-Distanzieren)	115,5	133,6	387,1	

Tabelle 12: Distanzrelationen für den Studentenaustausch. (Die in Klammern gesetzten Zahlen bezeichnen das Verhältnis zwischen Sich-Distanzieren und Distanziert-Werden.)

Die übrigen Distanzen gibt Tab. 12, an deren Kopf die Ursprungsländer der Studenten angegeben sind, während der linke Rand die Gastländer zeigt. In Klammern wurden in den einzelnen Zellen die Verhältniszahlen zwischen den Distanzen in den beiden Richtungen hinzugefügt. Von Frankreich nach Deutschland ist es z. B. etwa neunmal so ‹weit› wie von der Bundesrepublik nach Frankreich. Von Frankreich nach England ist es immerhin noch mehr als sechsmal so weit wie umgekehrt. Annähernd gleich weit ist in beiden Richtungen die Entfernung zwischen England und Deutschland. Die Randsummen der Tabelle geben uns einen Anhaltspunkt dafür, wie stark sich ein Land selbst von anderen distanziert (Spaltensumme in der letzten Zeile) bzw. wie stark es von anderen distanziert wird (Zeilensumme in der letzten Spalte). Die beiden Reihen sind in diesem Falle gegenläufig, Frankreich wird am wenigsten distanziert (48,6) und distanziert sich selbst am stärksten (387,1); das Gegenteil gilt für die Bundesrepublik.

Außendistanz und Binnendistanz

Das vorstehende Beispiel faßt die westeuropäische Völkerfamilie als eine Gruppe auf; die in ihm zur Verwendung kommende Betrachtungsweise läßt sich aber auch auf Gruppen ganz anderer Art übertragen, etwa auf eine aus Jungen und Mädchen bestehende Schulklasse, deren Angehörige aufgefordert werden, einander nach irgendeinem soziometrischen Kriterium (z. B. Vorschlag für den Klassensprecher) zu beurteilen. Das Ergebnis mag dann lauten, daß von den zehn Mädchen sechs Jungen vorgeschlagen wurden und von den fünfzehn Jungen drei Mädchen: $D_{MJ} = 25$ und $D_{JM} = 50$. Da von den zehn Mädchen vier Geschlechtsgenossinnen nominiert wurden, ergibt sich innerhalb dieser Untergruppe eine Binnendistanz von

$$D_{MM} = \frac{P_M \cdot (P_M - 1)}{K_{MM}} = \frac{10 \cdot 9}{4} = 22{,}5,$$

und bei den Jungen

$$D_{JJ} = \frac{P_J \cdot (P_J - 1)}{K_{JJ}} = \frac{15 \cdot 14}{12} = 17{,}5.$$

Die Binnendistanz innerhalb der männlichen Untergruppe erscheint somit als geringer als die innerhalb der weiblichen Untergruppe. In beiden Untergruppen ist aber die Binnendistanz geringer als die Außendistanz. Ein Ergebnis dieser Art stellt sich bei Gruppenuntersuchungen fast immer ein. Unser konkretes Resultat ist allerdings u. a. auch vom Lebensalter der Schüler abhängig.

Bei der strukturellen Analyse von Gruppen darf man annehmen, daß Kontakt und Sympathie zueinander direkt proportional sind, während zwischen Distanz und Sympathie ein reziprokes Verhältnis besteht. Eine Gruppe, deren Binnendistanz klein ist, erscheint damit als durch starke Sympathiebindungen zusammengehalten, während die Sympathie zwischen einer Gruppe und einer ihrer Nachbargruppen um so geringer sein dürfte, je weiter die beiden Gruppen voneinander entfernt sind. In unserer Schulklasse scheinen die Jungen den Mädchen sympathischer gewesen zu sein als umgekehrt. An das Beispiel des Studentenaustausches läßt sich die Vermutung knüpfen, daß in den Hochschulpopulationen der beiden Länder die deutsche Sympathie für Frankreich größer sei als die französische Sympathie für Deutschland. Man tut gut daran, dieses Ergebnis nur als eine der Seiten des Komplexes der zwischennationalen Sympathien aufzufassen. Das Verhältnis könnte sich z. B. umkehren, wenn wir eine andere Art des Austausches, etwa die Automobilausfuhr, in Betracht ziehen. In unserem Zusammenhang kommt es mehr auf die Darstellung einer recht simplen analytischen Methode an als auf den Bericht über die mit dieser Methode gewonnenen Resultate. Bedauerlicherweise ist nämlich das reichlich vorhandene Material noch gar nicht ausgewertet.

Andere Beispiele für die Interdependenz von Kontakt, Sympathie und Distanz lassen sich leicht aus dem Gebiet der Einheirat beibringen. Wie steht es z. B. um ‹Mischehen› zwischen Katholiken, Protestanten und Juden, zwischen Akademikern und Nichtakademikern, zwischen Berlinern und Bayern usw.? Nunmehr sind wir auch in der Lage, den Begriff des ‹psychologischen Gettos› zu spezifizieren; er beschreibt die Situation einer Untergruppe, die von der Hauptgruppe durch weite Distanz getrennt ist und deren Binnendistanz sich klein hält. Diese Definition reicht aber noch nicht aus, da wir sonst einer ‹Elite›, etwa dem Adel, ebenfalls eine Getto-Existenz zuschreiben müßten. Der Unterschied besteht darin, daß die Gettobewohner von der Majorität stärker distanziert werden, als sie sich selbst von dieser distanzieren, während die Elite sich selbst stärker von der Majorität distanziert, als sie von dieser distanziert wird. Das Getto ist mit anderen Worten eine unfreiwillige Isolation, man strebt daher aus ihm heraus, während die Elite eine freiwillige und beneidete Isolation ist, man strebt daher in sie hinein.

Kontaktsteuerung

Distanz, Sympathie und Kontakt sind selbstverständlich keine konstanten Größen. Sollte z. B. der Außenkontakt einer Gruppe verlorengehen oder abgebrochen werden (z. B. bei den Bewohnern auf Tristan da Cunha, vgl. S. 131), so läßt sich eine Intensivierung des Binnenkontakts und damit in der Regel wohl auch ein Anwachsen der gegenseitigen Sympathie erwarten. Genau diesem Zweck dienen mehr oder minder freiwillige Isolierungen, in die sich Gruppen aus Gründen der Verfestigung ihres Zusammenhalts manchmal begeben. Die sog. Flitterwochen lassen sich dafür als Beispiel anführen (Verringerung des Kontakts mit den beiderseitigen Elternfamilien), ebenso das Ausgehverbot für Rekruten (Festigung des Kameradschaftsgeistes) und die Unterbindung des Außenkontakts bei den Novizen religiöser Orden. Nicht zu vergessen sind auch ‹Eiserne Vorhänge› jeder Art und die 40 Jahre des Volkes Israel in der Wüste. Gruppen haben Techniken geschaffen, mit deren Hilfe sie ihren eigenen Bestand zu sichern versuchen. Daß sie dabei nicht immer erfolgreich sind und daß z. B. die Partner auf der sprichwörtlichen ‹einsamen Insel› einander auch gründlich unsympathisch werden können, verschlägt nichts gegen die Gültigkeit der allgemeinen Regel, die – wie jede – auch Ausnahmen kennt.

Dafür, daß Kontakt und Sympathie einander in Wechselwirkung steigern, scheint es eine sehr wichtige Voraussetzung zu geben, d. i. die gemeinsame Aktivität der Gruppenmitglieder. Sie stellt sich ein, wenn an eine soziale Gemeinschaft von außen Forderungen gestellt werden und wenn daher Leistungen zu erbringen sind. Manchmal können dabei freilich übermäßige Forderungen zu einer hektischen Betriebsamkeit führen, die kaum Zeit für die Entwicklung und Pflege der zwischenmenschlichen Beziehungen läßt. In solchen Fällen ist mit einem Absinken des Leistungsniveaus in qualitativer und in quantitativer Hinsicht zu rechnen. Bedrohlicher für den Zusammenhalt einer Gruppe ist wahrscheinlich eine Situation der Unterbeanspruchung. Man hätte nun sicherlich genügend Zeit, dennoch kommt es allmählich zu einem beziehungslosen Nebeneinander und damit zu einer Verringerung der Kohäsion. Eine Reihe der eine Zeitlang so beliebten ‹Kommunen› scheint dieses Schicksal erlitten zu haben. Vorbeugen läßt sich dem nur dadurch, daß man sich selbst neue Ziele setzt, deren Erreichung eine Aktivitätssteigerung verlangt. Aus diesen Erfahrungen glaube ich den Schluß ziehen zu können, daß Gruppen in erster Linie unter dem Leistungsaspekt zu betrachten sind bzw. umgekehrt, daß sie nicht oder nur für kurze Zeit Selbstzweck sein können. Darin scheint mir die Gefahr der sog. ‹Trainings-Gruppen› (vgl. S. 105 f) zu liegen, die sich darauf beschränken, ihre eigene Problematik zu reflektieren.

In diesem Zusammenhang ist noch einmal auf die soziale Dynamik der psychotherapeutischen Situation hinzuweisen. Hier wird der Binnenkontakt innerhalb einer Kleinstgruppe (das Paar: Patient und Therapeut) wesentlich gesteigert und damit gleichzeitig meistens der Außenkontakt des Patienten verringert. Es mag diesem z. B. nahegelegt werden, über seine Probleme nicht mit anderen Leuten zu sprechen. Die intensivierte Binnenrelation bleibt hochgradig asymmetrisch, d. h. der Patient kommuniziert mit dem Therapeuten mehr und vollständiger als dieser mit ihm. Der Patient ist ja auch der sog. ‹analytischen Grundregel› unterworfen, derzufolge er jeden seiner Gedanken laut werden lassen soll, während der Therapeut so gut wie nichts von seinen eigenen Lebensproblemen zum Gespräch beisteuert. Auf diese Weise wird seitens des Patienten ein sehr viel engeres Attachement an den Therapeuten erzeugt als umgekehrt. Das Phänomen der Übertragung hat diese dynamische Asymmetrie zur Voraussetzung.

Wahrscheinlich ließen sich noch zahlreiche Exempel dafür auffinden, daß Gruppen ihre Distanzrelationen sowohl im Innern als auch nach außen bewußt regulieren oder daß sich solche Regulationen auch dann ergeben, wenn ihre Zweckmäßigkeit nicht im voraus überprüft wurde. Ich glaube z. B. nicht, daß Freud die psychotherapeutische Situation aus gruppendynamischen Überlegungen heraus gestaltet hat. Trotzdem handelt es sich um einen Genieblitz. Durchaus berechtigt ist jedoch die Frage, ob das therapeutische Paar wirklich immer eine optimale Lösung darstellt, ob nicht z. B. eine größere Gruppe manchmal vorteilhafter ist. In diese Richtung ist bekanntlich die sog. Gruppentherapie vorgestoßen, in der sich nahezu alle Phänomene, von denen hier berichtet wurde, wiederfinden lassen: Unifikation, mehrdimensionale Rangordnung, Projektion und Identifikation, asymmetrische Distanzrelationen usw. Dieses Gebiet ist aber zu weit, als daß es sich an dieser Stelle wirklich behandeln ließe.

Kontaktnetze im Laboratorium

Was uns heute noch so gut wie ganz fehlt, ist ein systematisches Wissen um die Konsequenzen von Kontaktmanipulationen. Aus diesem Grunde kommt den Experimenten von A. Bavelas und seinen Schülern große Bedeutung zu, da sie dieses Problem in laboratoriumsmäßiger Verharmlosung aufgreifen. Nehmen wir z. B. an, daß fünf Vpn (Studenten) um einen Tisch sitzen und folgende sehr einfache Aufgabe als Gruppe zu lösen haben: Jede Vp erhält eine Karte, auf der sich fünf geometrische Zeichen befinden, von denen aber nur eines auf sämtlichen Karten vorkommt; es gilt, dieses gemeinsame Zeichen herauszufinden. Jede Versuchsgruppe hat fünfzehn Aufgaben von diesem Typus zu lösen. Die Vpn müssen dabei miteinander kommunizieren. In dem erörterten Experiment konnte dies nur auf schriftlichem Wege geschehen. Jede Vp saß in einer Kabine, in der sich ein Schaltapparat befand, mit dessen Hilfe sie dem Versuchsleiter das Zeichen melden konnte, das nach ihrer Meinung auf sämtlichen Karten vorkam. Die Kommunikationsmöglichkeiten zwischen diesen Kabinen wurden systematisch im Sinne von Abb. 31 variiert.

In jeder der drei Anordnungen kann die einzelne Vp mit mindestens einer anderen zusammenarbeiten. Dabei ist aber jede der fünf Positionen (A–E) im ‹Kreis› der anderen gleichwertig, während in der ‹Kette› die Position A zentraler als die übrigen ist. Im ‹Stern› ist die Position A noch stärker hervorgehoben, während sämtliche übrige Positionen einander gleichwertig sind. Die Zahlen in den Vierecken entsprechen dem Zentralitäts-Maß der Positionen, dessen Herleitung ich anderen Ortes wiedergegeben habe (Hofstätter, 1967). Die Zahlen außerhalb der Vierecke geben an, wie oft der Inhaber der entsprechenden Position nach Abschluß der Arbeit als der ‹Führer der Gruppe› bezeichnet wurde. In der am stärksten zentralisierten Anordnung (Stern) ist auch die Führerrolle am deutlichsten ausgeprägt (23 Nominierungen für A gegenüber 0 für jede andere Position). Die Vorzugsstellung des Inhabers der Position A ist von dessen Persönlichkeit weitgehend unabhängig. Weniger deutlich ausgeprägt ist die Führerrolle in der Kette, während die Ungleichheit der Nominierungen im Kreis statistisch überhaupt nicht mehr verläßlich ist.

Die Frage nach der Leistungsfähigkeit der drei Anordnungen läßt sich anhand der in ihnen gemachten Fehler und des Zeitbedarfs zur Lösung der Aufgabe beantworten. An sich wäre man wohl geneigt, den Kreis für leistungsfähiger zu halten als die Kette, die sich von ihm ja nur durch das Fehlen der kommunikativen Verbindung zwischen C und D unterscheidet. Genau das Gegenteil ist der Fall: Die Anzahl der Fehler verringert sich um 40 % durch die Wegnahme dieses einen Gliedes (von 17 beim Kreis auf 10 bei der Kette). Die allgemeine Charakteristik der Gruppenleistung in den drei Anordnungen ist unterhalb der Abbildung kurz angedeutet. Leistungsmäßig ist der Stern den beiden andern überlegen. Ein durchaus anderes Bild zeigt sich jedoch, wenn man die Vpn danach befragt, wie sie mit ihrer Arbeit zufrieden waren und ob diese ihnen Freude bereitet habe. Im Durchschnitt der fünf Partner ergibt sich eindeutig, daß die leistungsfähigste und am stärksten zentralisierte Anordnung (der Stern) zugleich auch die unbeliebteste ist, während die am wenigsten leistungsfähige, unzentralisierte Anordnung (der Kreis) die Vpn am meisten befriedigt. In den Anordnungen Kette und Stern sind zwar die Inhaber der Zentralposition mit der Arbeit sehr zufrieden, die peripheren Mitglieder (C und D in der Kette, B, C, D und E im Stern) lehnen diese aber ab. Im Kreis besteht kein derartiges Stimmungsgefälle; er ist eine wenig leistungsfähige, dafür aber sehr beliebte Gruppenstruktur. Allerdings scheint sich zu seinen Gunsten sagen zu lassen, daß er mit unerwarteten Störungen besser fertig wird als

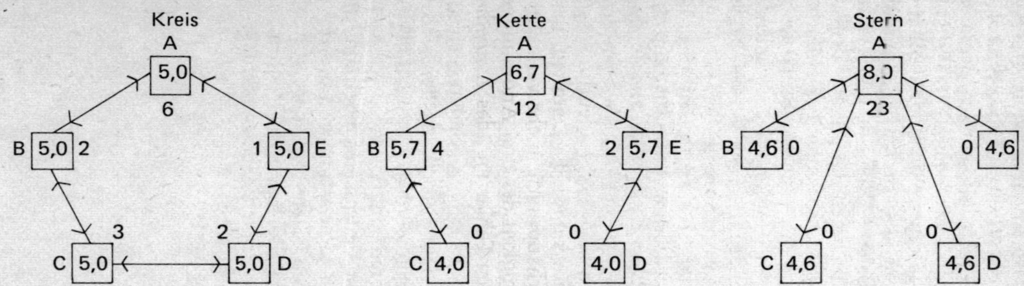

Geschwindigkeit	:	gering	groß	groß
Genauigkeit	:	gering	groß	groß
Organisation	:	unstabil	langsam, stabil	schnell, stabil
Führerrolle	:	unbestimmt	deutlich	sehr deutlich
Zufriedenheit	:	sehr groß	gering	sehr gering

Abb. 31: Drei Kommunikations-Systeme in Fünf-Personen-Gruppen (nach BAVELAS und BARRETT)

Stern und Kette.

Kaum ein Experiment ist in der Gruppenforschung so oft wiederholt und so ausgiebig variiert worden wie das eben geschilderte. B. E. Collins und B. H. Raven (1969) zählen dreißig einschlägige Untersuchungen auf; einen Sammelbericht hat M. E. Shaw (1964) vorgelegt. Dabei zeigen sich natürlich Abhängigkeiten von der Art der Aufgaben. Das ursprünglich von Bavelas und Leavitt verwendete Identifikations-Problem ist verhältnismäßig einfach, wenn man es mit anderen Aufgaben (z. B. Rechenbeispielen, Satzbildung usw.) vergleicht. Werden die beiden Haupttypen von Kommunikationsnetzen einander gegenübergestellt: zentralisierte (z. B. Kette und Stern) auf der einen Seite und dezentralisierte (Kreis und Vollstruktur, in der jeder mit jedem Kontakt aufnehmen kann) auf der anderen, dann ergibt sich hinsichtlich der Lösungszeiten bei einfachen Problemen ein deutlicher Vorteil der zentralisierten Strukturen, dagegen bei komplexen Problemen ein solcher der dezentralisierten Strukturen. Die Zufriedenheit der Teilnehmer ist bei beiden Problemarten in den dezentralisierten Strukturen größer.

Es erübrigt sich, noch einmal darauf hinzuweisen, daß diese Experimente – wie die gesamte Laboratoriumsbeschäftigung mit gruppendynamischen Problemen – spielerischen Charakter haben. Das konkrete Problemdenken am Modell ist aber eben wegen des geringen mit ihm verbundenen Einsatzes wertvoll, wenn wir es auf der anderen Seite mit Ernstsituationen zu tun haben, die von uns in der Regel einen sehr hohen Einsatz verlangen. Die Laboratoriumsspiele sind im Grunde Rollenspiele, die der Phantasie einen weiteren Spielraum einräumen als die Ernstsituationen. Da sie konsequenzenlos sind, können wir in ihnen auch freier schalten und walten als in jeder Wirklichkeit. Auf diese Weise läßt sich aber hoffen, daß wir aus dem Spiel etwas für das Leben lernen werden. Am Realfall der Gruppendynamik pflegen wir mit unseren Emotionen zu stark engagiert zu sein, um alternative Verhaltensmöglichkeiten überhaupt in Erwägung zu ziehen. Es bedarf daher einer Entlastung von dieser – manchmal verzweifelten – Ernsthaftigkeit. Damit gliedert sich aber das spielerische Gruppenexperiment in die Reihe der legitimen Denkmittel ein. Der Einwand, daß diese Spiele lebensunecht seien, trifft zwar zu, ist aber trotzdem nicht stichhaltig.

IV. DIE BEHAUPTETE EIGENE FREIHEIT UND DIE SCHONUNG DER FREIHEIT DES ANDEREN

In einem Brief SCHILLERS an KÖRNER vom 13. 2. 1793 findet sich folgende Betrachtung über die Gesetze der ‹Schönheit des Umganges›: ‹Das erste Gesetz des guten Tones ist: Schone fremde Freiheit. Das zweite: Zeige selbst Freiheit. Die pünktliche Erfüllung beider ist ein unendlich schweres Problem, aber der gute Ton fordert sie unerläßlich, und sie macht allein den vollendeten Weltmann. Ich weiß für das Ideal des schönen Umgangs kein passenderes Bild als einen gut getanzten und aus vielen verwickelten Touren komponierten englischen Tanz . . . Er ist das treffendste Sinnbild der behaupteten eigenen Freiheit und der geschonten Freiheit des anderen.›

Der Tanz, ein Spiel also, als Modell der sozialen Wirklichkeit; wir sind noch immer bei unserem Thema! Diesmal aber geht es um die Ableitung der Freiheit, die das Individuum für sich behauptet und am anderen schont, aus den Funktionsbedingungen der Gruppe. Was sich SCHILLER als ein ästhetisches Problem aufdrängte und was andere als ein ethisches zu empfinden neigen, wird für uns zu einem Leistungsproblem. Wir ersparen uns damit die schwierige Frage nach der Gott-Gewolltheit der individuellen Freiheit und nach deren Verankerung im Recht der Natur. Absolute und ins Transzendente vorstoßende Behauptungen dieser Art sind dem Psychologen stets etwas unheimlich, da er die Selbstverständlichkeit kennt, mit der Gesellschaften ihre spezifischen Normen auszustatten pflegen. Die Vertreter kollektivistischer Weltanschauungen versichern uns oft genug, wie töricht der abendländische Respekt für die Unabhängigkeit des Individuums sei. Sollte es sich hier somit auch bloß um eine uns lieb gewordene Selbstverständlichkeit handeln? Schließlich treiben wir ja Sozialpsychologie und machen uns dabei des öfteren klar, daß die Dynamik der Gruppe die Entscheidungen der einzelnen Partner lenkt und bisweilen auch vorwegnimmt. Wir sprechen sogar von Rollen und bekunden damit ein gewisses Desinteressement an der Je-Einmaligkeit des Individuums.

Diesem Verdacht, den abzuschwächen diese Schrift bisher nicht versucht hat, läßt sich eine Überlegung am Modell entgegenstellen. Ich glaube ernstlich, daß das SCHILLERsche Freiheitsprinzip ohne Zuhilfenahme ästhetischer oder ethischer Grundsätze deduziert werden kann. Es ist eine kardinale Funktionsbedingung der Gruppe.

Das Wahrscheinlichkeits-Modell

Wir beginnen im Spielbereich des Laboratoriums mit einem sehr einfachen Experiment, bei dem es gilt, Worte aus wirren Buchstabenfolgen (Anagrammen) zu rekonstruieren. Auf diese Weise wird aus NESBE z. B. BESEN. Die Vpn sind Paare von Schulkindern, die jeweils gemeinsam eine Reihe von zehn Aufgaben lösen. Das nur leicht idealisierte Ergebnis eines solchen Versuches zeigt Tab. 13. Einzelne

Nr.	Aufgabe	Lösungen Partner A	Partner B	Paar AB	Wahrscheinlichkeit
1	NESBE – Besen	+	+	+	$p_A \cdot p_B$
2	TRETUF – Futter	+	+	+	$= 0{,}5 \times 0{,}4 = 0{,}20$
					Beide Partner finden
3	LEHOS – Sohle	+	–	+	$p_A \cdot q_B$
4	ERLEP – Perle	+	–	+	$= 0{,}5 \times 0{,}6 = 0{,}30$
5	LOREL – Rolle	+	–	+	Partner A findet
6	PUGREP – Gruppe	–	+	+	$p_B \cdot q_A$
7	REBAF – Farbe	–	+	+	$= 0{,}4 \times 0{,}5 = 0{,}20$
					Partner B findet
8	SENSIW – Wissen	–	–	–	$q_A \cdot q_B$
9	BANEK – Knabe	–	–	–	$= 0{,}5 \times 0{,}6 = 0{,}30$
10	TILMET – Mittel	–	–	–	Keiner d. Partn. findet
	Summe	5 $p_A = 0{,}5$	4 $p_B = 0{,}4$	7 $p_G = 0{,}7$	

Tabelle 13: Die Erfolge zweier Partner und eines Paares bei der Anagramm-Aufgabe (Pluszeichen bedeuten, daß die Aufgabe innerhalb der dafür zur Verfügung stehenden Zeit gelöst wurde)

Aufgaben (Nr. 1 und 2) werden von beiden Partnern gelöst, andere von keinem der beiden (Nr. 8 bis 10); für die Aufgaben Nr. 3 bis 7 gilt aber, daß jeweils nur einer der beiden Partner sie löst. Für das Paar reicht dies auch völlig aus, da es gar nicht auf Doppeltreffer angewiesen ist. Partner A löste 5 Aufgaben, Partner B 4, das Paar aber 7. Dieses Ergebnis ist trivial und dennoch von höchstem Interesse; es bestätigt die sprichwörtlich festgelegte Maxime, daß vier Augen mehr sehen als bloß zwei. Wir bedienen uns ihrer immer dann, wenn wir eine Suchaufgabe von mehreren Partnern durchführen lassen.

Unsere Überlegungen leiten uns zu dem bereits gewonnenen Ergebnis zurück, daß bei Gruppenleistungen vom Typus des Suchens die Wahrscheinlichkeit des Erfolges mit der Größe der Gruppe zunimmt (vgl. S. 42). Etwas Analoges gilt bekanntlich auch bei Gruppenleistungen vom Typus des Bestimmens, hier jedoch aus anderen Gründen.

In systematischer Weise läßt sich der folgende Ansatz entwickeln: Jeder der beiden suchenden Partner (A und B) besitzt eine Finde-Wahrscheinlichkeit von p_A bzw. p_B und eine Nicht-Finde-Wahrscheinlichkeit von $q_A = 1 - p_A$ bzw. $q_B = 1 - p_B$. Ihre Zusammenarbeit kann dazu führen, daß sie beide finden oder daß nur einer von beiden findet oder daß keiner von beiden findet. Die Wahrscheinlichkeit jeder dieser Eventualitäten ergibt sich aus dem Produkt der beiden Binome[1]:

$$(p_A + q_A) \cdot (p_B + q_B) = p_A p_B + p_A q_B + p_B q_A + q_A q_B = 1{,}00.$$

Die letzte Spalte der Tabelle überträgt diesen Ansatz auf das Anagramm-Beispiel. Doppeltreffer sind somit in zwei von zehn Fällen zu erwarten. Doppelfehler in drei von zehn Fällen. Das Paar als solches versagt nur dann, wenn beide Partner versagen, es hat somit öfter Erfolg als jeder der beiden Partner. In unserem Falle gilt für die Wahrscheinlichkeit des Paar-Erfolges: $p_P = 1 - q_A q_B$ und allgemein bei N Gruppenmitgliedern: $p_G = 1 - q_i^N$, wobei $q_i = 1 - p_i$ und p_i die durchschnittliche Findewahrscheinlichkeit jedes Gruppenmitgliedes ist. Für jeden Wert von p_i, der größer als Null ist, läßt sich die Gruppenwahrscheinlichkeit p_G durch eine entsprechende Steigerung der Anzahl der Mitglieder (N) beliebig nahe an 1,00 heranbringen. Der Erfolg wird sicher.

Wir sind abermals bei der ‹potentiellen Allwissenheit› der Gruppe, der Utopie, die sich schon aus dem Rangreihenexperiment ergab. Auch hier läßt sich wieder einwenden, daß mit zunehmender Gruppengröße die notwendigen Koordinierungsleistungen schwieriger werden und daß darum die ideale Voraussage aus dem Modell kaum realisierbar sein dürfte. Immerhin gibt es aber praktisch wichtige Fälle, in denen sich bei sehr kleinen Gruppen diese Voraussage genau bestätigt. Wir können z. B. das vorhin zitierte Sprichwort ganz buchstäblich nehmen und uns fragen, ob zwei Augen in der Tat mehr sehen als eines. Unter recht künstlichen Laboratoriumsbedingungen läßt sich diese Frage bejahen. PIRENNE (1943), auf den unser Modell zurückgeht, hat es anläßlich von Experimenten entwickelt, in denen sehr schwache Lichtreize einmal dem rechten, dann dem linken und schließlich beiden Augen einer Vp dargeboten wurden. Die Wahrscheinlichkeit des Gewahrwerdens mit beiden Augen entsprach dabei sehr genau dem aus unserer Formel errechneten Wert.

Die Übertragung dieses Modells auf die Belange der Gruppenpsychologie erfolgte, ohne daß diese Forscher etwas voneinander wußten, beinahe gleichzeitig durch G. EKMAN (1955), durch I. LORGE und H. SOLOMON (1955) und durch HOFSTÄTTER (1956). Im Sinne des Modells handelt es sich also um einen Mehrfachtreffer. Für die aus diesem aber nunmehr vorzunehmenden Deduktionen bin ich zunächst noch allein verantwortlich.

Anwendung des Modells

Vorerst ein Beispiel aus dem Laboratorium: D. W. TAYLOR und W. L. FAUST (1952) unterhielten ihre Vpn mit dem bekannten Spiel, bei dem sich eine Gruppe auf einen Namen oder Begriff einigt, den eine bei der Beratung nicht anwesende Person sodann zu erraten hat. Gestattet sind ihr dabei nur Fragen, die von den ‹Wissenden› entwe-

1 Unter einem Binom versteht man in der Mathematik die Summe aus zwei Gliedern (Anm. d. Red.)

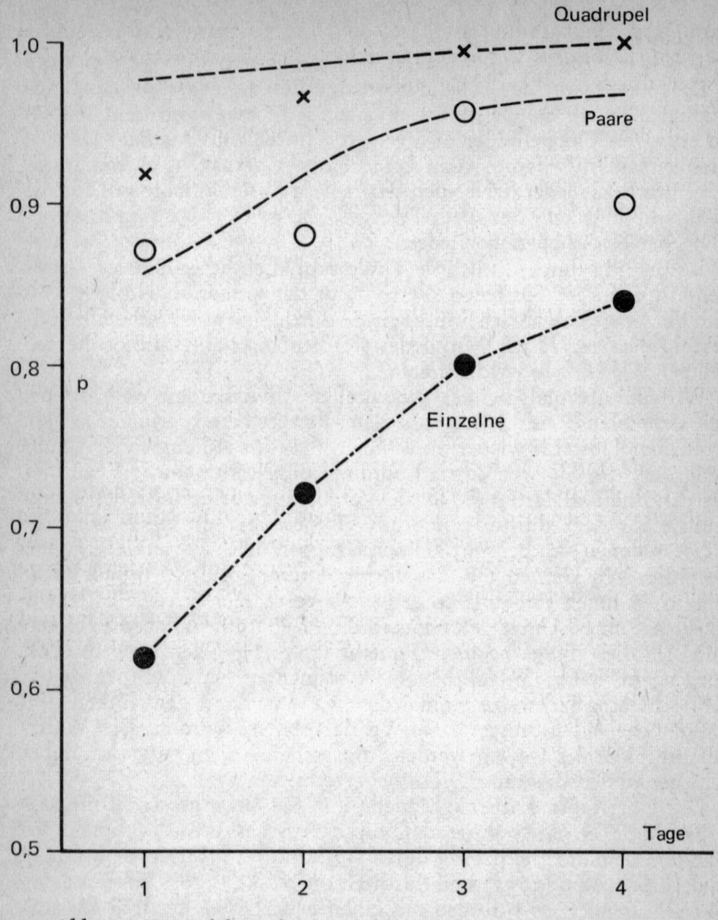

Abb. 32: Die Erfolgswahrscheinlichkeit (p) einzelner Versuchspersonen (gefüllte Kreise), von Paaren (offene Kreise) und von Vierer-Gruppen (Kreuzchen) bei einer Suchaufgabe (nach TAYLOR und FAUST)

der mit Ja oder Nein beantwortet werden können. TAYLOR und FAUST verwendeten 15 einzelne Vpn, 15 Paare und 15 Vierer-Gruppen. Jede einzelne Vp bzw. jede Gruppe erhielt vier Aufgaben an vier aufeinanderfolgenden Tagen.

Die Resultate dieses Versuches erlauben die Berechnung der aus Abb. 32 ersichtlichen Erfolgswahrscheinlichkeiten an jedem Tage unter den drei Bedingungen: Einzelne, Paare und Quadrupel. Von uns aus aber läßt sich auf Grund der Allein-Wahrscheinlichkeiten eine Prognose für die Leistungsfähigkeit von Paaren und Quadrupeln erstellen (strichlierte Kurven). Die Übereinstimmung zwischen Erwartung und Beobachtung darf als sehr zufriedenstellend bezeichnet werden, besonders wenn man bedenkt, daß die Ausgangsdaten für die Wahrscheinlichkeitsrechnung ja von Vpn stammen, die in den Paaren und Quadrupeln gar nicht mitwirkten. Am dritten Versuchstag erreichten die Einzelpersonen eine Erfolgswahrscheinlichkeit von 0,80; daraus ergibt sich für die Paare die Erwartung: $p_2 = 1 - (0{,}20)^2 = 0{,}96$ und für die Quadrupel: $p_4 = 1 - (0{,}20)^4 = 0{,}9984$. Die beobachteten Werte sind 0,96 und 1,00. Das Experiment von TAYLOR und FAUST ist auch darum besonders wertvoll, weil es nicht im Hinblick auf unser Modell durchgeführt wurde; es bestätigt dieses somit in gänzlich unabhängiger Weise.

Eine ähnlich gute Übereinstimmung zeigte sich in einem Experiment von H. V. PERLMUTTER und G. DE MONTMOLLIN (1952), das von R. A. HOPPE (1962) mit dem gleichen Ergebnis repliziert wurde. Es ging dabei um das Lernen und Wiedererkennen sinnloser Silben (HOFSTÄTTER, 1967).

Besseren Einblick in die Voraussetzungen des Gruppenerfolges bietet eine Untersuchung von N. R. F. MAIER und A. R. SOLEM (1952), in der amerikanische College-Studenten mit einer im Grunde recht einfachen Rechenaufgabe konfrontiert wurden: ‹Ein Mann kauft ein Pferd für 60 Dollar und verkauft es weiter für 70 Dollar; darauf kauft er das Pferd für 80 Dollar wieder zurück, um es erneut für 90 Dollar zu verkaufen. Wieviel hat er bei dem Geschäft verdient?› Die richtige Lösung (20 Dollar) fanden im Einzelversuch nur 45 Prozent der Vpn ($p_i = 0{,}45$, bzw. $q_i = 0{,}55$). In einem Wiederholungsversuch von E. J. THOMAS und C. F. FINK (1961) waren es auch nicht mehr als 48 Prozent. Für die falschen Lösungen berichten diese Autoren folgende Häufigkeiten: 10 Dollar (28 %), nichts, d. h. Null Dollar (14 %) und 30 Dollar (10 %).

In Gruppen von fünf bis sechs Mann gab es somit genügend Stoff zu Diskussionen, die bei MAIER und SOLEM zu einer Erhöhung der Lösungswahrscheinlichkeit auf 61 Prozent führten. Noch besser schnitten Gruppen ab, die eines ihrer Mitglieder mit der Leitung der Diskussion betraut hatten; sie erreichten eine Lösungswahrscheinlichkeit von 84 Prozent. Dieser Erfolg wird darauf zurückgeführt, daß es dem Diskussionsleiter gelungen war, denjenigen Mitgliedern Gehör zu verschaffen, die eine richtige Lösung gefunden hatten. Er bewahrte sie davor, von einer eventuellen Majorität der Nichtfindenden überstimmt zu werden. Das Wahrscheinlichkeitsmodell sagt für eine Fünfergruppe allerdings eine noch höhere Erfolgswahrscheinlichkeit voraus: $p_5 = 1 - 0{,}55^5 = 0{,}95$.

Bedingungen: Kommunikation und Akzeptierung

In fast allen einschlägigen Experimenten – eine Zusammenfassung bieten H. H. KELLEY und J. W. THIBAUT (1969) – schneiden Gruppen zwar besser ab als Einzelindividuen, aber schlechter, als es dem Wahrscheinlichkeitsmodell entspräche. Wo die Schwierigkeiten liegen, zeigt die Arbeit von THOMAS und FINK am Beispiel des Pferdeverkaufs. Der durchschnittlichen individuellen Findewahrscheinlichkeit von $p_i = 0,48$ entsprechen für Gruppen von zwei, drei, vier und fünf Personen die aus Abbildung 33 ersichtlichen Erfolgswahrscheinlichkeiten p_n (theor.). Dabei müßte aber gelten, daß jede Gruppe die richtige Lösung produziert, sofern mindestens eines ihrer Mitglieder diese gefunden hat. Ausgeschlossen wäre somit der Fall, daß einzelne Angehörige der Gruppe die richtige Lösung besitzen,

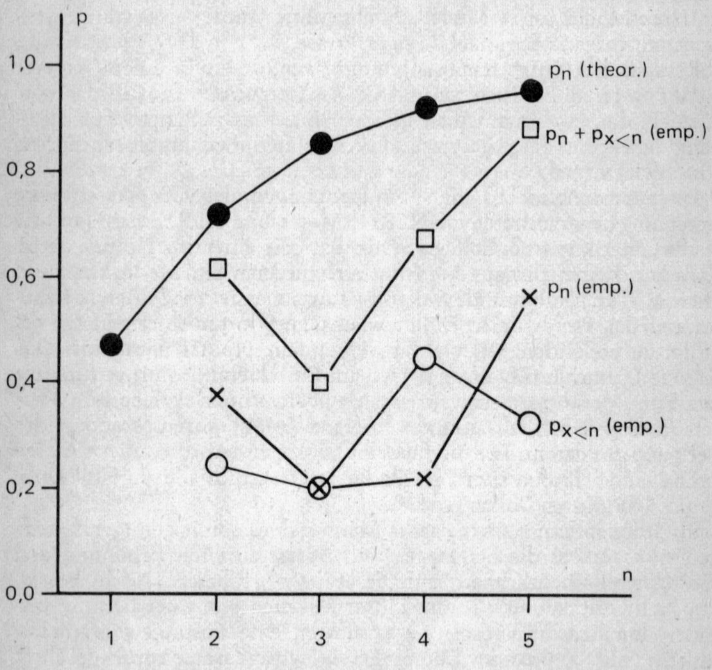

Abb. 33: Die Findewahrscheinlichkeit (p_n) einer aus n Personen bestehende Gruppe (nach THOMAS und FINK)

andere dagegen eine falsche. Dieses Resultat – $p_x<n$ – stellt sich aber etwa bei 30 Prozent der Gruppen ein (offene Kreise) und geht auf Kosten der Gesamttreffer (Kreuzchen), deren Häufigkeit – p_n (emp.) – mit 33 Prozent im Schnitt unter der Individual-Wahrscheinlichkeit von 48 Prozent bleibt.

Um ihre theoretischen Möglichkeiten realisieren zu können, muß eine Gruppe dazu imstande sein, auch in den durch die Wahrscheinlichkeit $p_x<n$ gekennzeichneten Fällen zu einer Einigung auf die richtige Lösung zu gelangen. Es müßte somit die Gruppe als ganze den tatsächlichen Fund eines oder einzelner ihrer Mitglieder akzeptieren. Würden das die Gruppen in dem Experiment von THOMAS und

Fink getan haben, hätte sich der durch kleine Vierecke markierte Trend in Abbildung 33 ergeben, der zumindest für die aus zwei und fünf Personen bestehenden Gruppen der theoretischen Voraussage sehr nahekommt. Deutlich schlechter schneiden die Dreiergruppen ab; das mag ein Zufall sein, jedoch kennt man aus anderen Untersuchungen und auch aus der Lebenserfahrung die Problematik von Dreiergruppen zur Genüge. Sie neigen besonders stark zu einer Aufsplitterung bzw. zur Bildung von Koalitionen (vgl. S. 95) zweier Partner gegen einen.

Unser Modell ist zwar ‹utopisch›, aber es ist deshalb noch keineswegs wertlos, denn es zeigt die Bedingungen auf, deren Einhaltung zur Erreichung optimaler Resultate erforderlich ist.

Wir veranschaulichen uns diese Bedingungen am Falle zweier Partner, die auf einer weiten Wiese einen dort verlorenen Gegenstand suchen. Die Aufgabe ist selbstverständlich damit erledigt, daß einer der Partner findet. Ganz so einfach liegen die Dinge aber nicht. Partner A könnte z. B. finden, den Gegenstand aber heimlich einstekken und dann zum Schein selbst weitersuchen und B weitersuchen lassen. Es kommt somit darauf an, daß die Partner miteinander in Kommunikation stehen, d. h. daß der eine dem andern seinen Fund mitteilt. Etwas schwieriger plausibel zu machen ist die folgende Möglichkeit: Partner A findet, er teilt dies dem B mit, aber der Partner B bestreitet die Richtigkeit des Fundes; er akzeptiert diesen nicht. Sofern der gesuchte Gegenstand bekannt ist, scheint diese Eventualität kaum realistisch zu sein; wo es sich aber um das Suchen von Problemlösungen handelt, kann sich der nicht-findende Partner in der Tat weigern, den an sich richtigen Fund des anderen anzunehmen.

Die ersten beiden Funktionsbedingungen unseres Modells mögen als (1.) die Kommunikationsbedingung und (2.) die Akzeptierungsbedingung bezeichnet werden. Daß bei der Suche nach Problemlösungen die erste Bedingung nicht selten verletzt wird, zeigt ein Blick auf die Geheimhaltungsstrategie im Falle der Atomforschung. Hier wird aus mehr oder minder einsichtigen Gründen nur wenig kommuniziert. Dabei sind sehr ernste Gewissenskonflikte des Forschers denkbar, der sich als Bürger der internationalen Gelehrtenrepublik zur Bekanntgabe seiner Funde verpflichtet fühlt und der als Bürger eines Nationalstaates deren Geheimhaltung u. U. selbst anregen muß.

Die Unabhängigkeits-Bedingung

Die dritte und letzte Bedingung unseres Modells sei abermals auf der grünen Wiese veranschaulicht. Wir stellen uns dabei einen Partner B vor, der in etwas grotesker Weise hinter A einhergeht; wo A hinschaut, sieht auch er nach, was A übersieht, merkt auch er nicht. Bei einem solchen Arrangement wird es nie vorkommen, daß B findet, wo A nicht findet. B benimmt sich wie der Affe im Lesebuch oder der Papagei in der Fabel, er beschränkt sich auf das Nachplappern und steuert damit nichts zum Paarerfolg bei. Offenbar ist in diesem Falle die Erfolgswahrscheinlichkeit des Paares auch nicht größer als die des Partners A. Die Funktionsbedingung des Modells, deren wir damit ansichtig werden, sei (3.) als die Unabhängigkeitsbedingung bezeichnet. Sie wird einerseits durch den Nachplapperer verletzt, andererseits aber auch durch den prinzipiellen Neinsager, der sich ebenfalls der Unabhängigkeit seines Such-Verhaltens begibt. Auf der Wiese läßt sich der Neinsager nur schwer schildern, beim Problemsuchen ist er aber keinesfalls selten: Wenn immer A einen Vorschlag macht und wie immer dieser auch lauten mag, Herr B sagt nein dazu. Statt zu suchen, negiert er; er benimmt sich dabei abermals in durchaus abhängiger und gar nicht produktiver Weise. Im parlamentarischen Leben pflegt man hier von einer unproduktiven Opposition zu sprechen; der Fall wird dadurch realisiert, daß die Angehörigen einer Partei bei sämtlichen Abstimmungen der Legislaturperiode gegen die Vorschläge der Angehörigen einer anderen Partei stimmen.

Die Unabhängigkeitsbedingung des Wahrscheinlichkeitsmodells steht hinter der SCHILLERschen Forderung von der ‹behaupteten eigenen Freiheit und der geschonten Freiheit des anderen›. Weder der Nachplapperer noch der prinzipielle Neinsager behauptet seine eigene Freiheit, der Neinsager schont zudem die Freiheit des anderen nicht. Außerdem macht der Neinsager die Einhaltung der Akzeptierungsbedingungen unmöglich. In Kommunikation stehen, gelegentlich akzeptieren und im ganzen doch unabhängig bleiben, das ist eine recht genaue Übersetzung des schönen Bildes vom ‹englischen Tanz› in die pedantische Sprache der Psychologie. Wie das Spannungsverhältnis zwischen den drei Bedingungen des Modells erraten läßt, wird es bei dem Versuch, ihnen allen gerecht zu werden, auch nicht an den ‹vielen verwickelten Touren› der Komposition fehlen.

Grenzfälle

Zunächst zwei Grenzfälle: Sofern die Kommunikation unterbleibt, kann man auch nicht eigentlich von einer leistenden Gruppe sprechen; daß kommuniziert werde, ist die *conditio sine qua non* des Gruppendaseins. Ob dies in förmlichen Aussagen, in Forschungsberichten und diplomatischen Noten geschieht oder durch minimale Variationen des Ausdrucks, ist von zweitrangiger Bedeutung. Im allgemeinen mag dabei die Regel gelten, daß Intimität und Kohärenz der Gruppe mit der Unauffälligkeit ihrer Kommunikationsmittel parallel variieren. Flüstern läßt sich auch im übertragenen Sinne nur über geringste Distanzen.

Kommt es trotz aller Kommunikation im Falle des Findens durch einen Partner niemals zur Akzeptierung, so beschränkt sich die Findegabe des Paares auf jene Sachverhalte, die gemeinsam gefunden werden. Das Paar wird damit weniger leistungsfähig als jeder der beiden Partner allein: $p_P = p_A \cdot p_B$. Diese Gefahr liegt auch in schlecht funktionierenden Gruppen, die nur dann zu einem Entschluß kommen können, wenn dieser einstimmig gefaßt wird. Das ‹*liberum veto*› des alten polnischen Reiches und seine Neuauflage im Sicherheitsrat der Vereinten Nationen versorgen uns mit abschrekkenden Beispielen. Die Einstimmigkeitsforderung läßt sich aber auch als Sicherungsmaßnahme verwenden (so z. B. in manchen Geschworenen-Gerichten); sie wird mitunter auch dadurch unbedenklich, daß die Mitglieder einer ideologisch eindeutig ausgerichteten Gruppe ohnedies über gewisse Sachverhalte nicht unabhängig entscheiden. Das Suchen zieht dabei freilich aus der Mehrheit der Suchenden keinen rechten Gewinn, den Suchenden aber wird ein Erlebnis der sozialen Bestätigung zuteil. Dem Tanz stellt sich der Marsch gegenüber; beide haben ihre Daseinsberechtigung, jeder zu seiner Zeit. Die wissenschaftliche Forschung steht dem Tanz näher, weshalb denn marschierende Schulen, die ihre Mitglieder bisweilen als ‹wakkere Mitstreiter im Kampf um die Wahrheit› zu titulieren belieben, so unerquicklich sind. Darauf hat GOETHE (‹Maximen und Reflexionen›, Hamburger Ausgabe Bd. XII, S. 464, Nr. 698) hingewiesen: ‹Eine Schule ist als ein einziger Mensch anzusehen, der hundert Jahre mit sich selbst spricht und sich in seinem eignen Wesen, und wenn es auch noch so albern wäre, ganz außerordentlich gefällt.›

Das reine Nachplappern – auch dazu soll es in ‹Schulen› kommen – reduziert die Findefähigkeit der Gruppe auf den Wert ihres ‹Vorkämpfers›: $p_G = p_A$. Man kommuniziert zwar und akzeptiert aufs verläßlichste, nur tut man des Guten zuviel. Die Angelegenheit wird bald ebenso reizlos wie eine tote Nachplapper-Ehe. Das Gegenargument lautet allerdings dahin, daß ein nicht-nachplapperndes Parlament eine ‹Schwatzbude› sei, ein Platz der höchst umfangreichen, aber unwirksamen Kommunikation.

Wie steht es eigentlich mit dem Selbstgespräch? Daß das Denken ein lautloser Dialog innerhalb des Individuums sei, hat schon PLATON (‹Sophistes›, 263 e) behauptet. Wer planmäßig verfährt, wird gelegentlich einer Entscheidung die Argumente zusammentragen, die für bzw. gegen die einzelnen Alternativen sprechen. Nicht selten mag er sich dabei die beherzigenswerte Maxime des ‹*audiatur et altera pars*› zurufen. Gelänge es ihm, die Unabhängigkeitsbedingung tatsächlich einzuhalten, könnte er sich einen Leistungsvorteil der Gruppe als einzelner zunutze machen. Dem Verfahren sind freilich enge Grenzen gesetzt, denn unsere Befähigung zum Ertragen eines inneren Zwiespalts und der Ungewißheit ist relativ gering. Wir wehren uns dagegen, unsere Einheit – das eben, was man als In-dividualität bezeichnet – aufzugeben. Darum gelingt es uns ja auch kaum, eine echte Schachpartie gegen uns selbst zu spielen. Dennoch verlohnt es sich wohl, die Kunst des inneren Dialogs zu üben.

Der fruchtbare Dialog

Wir werden nun der Ähnlichkeit gewahr, die zwischen dem SCHILLERschen Tanz einerseits und einem fruchtbaren Dialog andererseits besteht. Das Verhältnis zwischen den drei Funktionsbedingungen des Modells ist durchaus dialektisch. Dies wird auch im Hinblick auf die psychotherapeutische Paarsituation deutlich: Fällt dem Patienten die Akzeptierung schwer, so reißt manchmal die Kommunikation ab (‹Widerstände›). Der ständig akzeptierende Patient gewinnt aber bei der gemeinsamen Suche nach der Wurzel seines Konflikts nur wenig. Er weiß schließlich alles über die Theorie seines Arztes und nahezu nichts von sich selbst. Die beiden führen ein uneigentliches Gespräch. Davor schützt sich aber der Therapeut einmal durch die ‹analytische Grundregel›, die seinem Partner die Kommunikationsenthaltung erschwert, und zum andern dadurch, daß er selbst die bizarrsten Einfälle seines Gegenübers als zum Ziele führend akzeptiert und sorgfältig deutet. Das ‹Verständnis›, das er damit beweist, gibt dem Gespräch neue Impulse, so daß sich mit der Zunahme der Kommunikationsdichte jene Sympathiebindung des Patienten einstellt, von der vorhin schon die Rede war. Da sie asymmetrisch ist und wohl auch sein muß, hat man sie mit dem nicht sonderlich passenden Namen ‹Übertragung› belegt. Daß der Patient seine Einstellung zu anderen Personen auf den Therapeuten überträgt, ist eine Folge der asymmetrischen Distanz-Konfiguration, die sich am eigenen Erleben nur schwer deuten läßt: Ich fühle mich dem anderen ohne Erwiderung nahe. Er ist mir darum lieb und doch auch fern und verhaßt. Damit klingt das Verhältnis zu dieser einen Person aber an jedes nur immer mögliche emotionale Engagement an – positive und negative Übertragung, ein durchaus ambivalenter Zustand, sind, wie wir heute besser wissen als Freud selbst, das Ergebnis einer gruppendynamischen Konzeption. Sie nützt den Umstand aus, daß wir alle – naiverweise – asymmetrische Distanzrelationen für unmöglich halten.

Die Schulklasse

Da der Therapeut als erfahrener Menschenkenner manche Zusammenhänge früher errät als der Patient, obläge es diesem eigentlich, sehr viel öfter zu akzeptieren als der Arzt. Damit geriete er aber in die unproduktive Rolle des Nachplapperers. Eine ähnliche Gefahr besteht in der Schulklasse, die eine Suchgemeinschaft sein sollte und die zu einer ‹Imitanten-Horde› entarten kann. Diese Situation ist darum so schwierig, weil der Lehrer ja im allgemeinen gar nicht erst zu suchen braucht. Er kennt die Lösungen aller im Lehrplan vorgesehenen Rätsel und könnte damit leicht die Schüler jeglicher Unabhängigkeit berauben. Er weiß auch im voraus, daß sich die Klasse nicht auf ein falsches, aber allgemein plausibles Resultat – wie etwa, daß es keine Antipoden geben könne, weil diesen der Kopfstand auf die Dauer nicht bekäme – festlegen darf. Wie er behutsam das Klassengespräch lenkt, bis endlich die richtige Lösung von den Schülern selbst gefunden wird, läßt sich hier nicht näher schildern, wohl aber darf an die Hebammen-Kunst erinnert werden, mit der Sokrates diesen Prozeß verglich.

Wir wollen für einen Augenblick annehmen, daß es noch keine Schulklassen gäbe und der Gruppendynamiker diese im großen und ganzen ökonomische Methode des Unterrichts konstruieren möchte. Anhand seines Modells wird ihm sofort die Wichtigkeit von Situationen einfallen, in denen von den 26 Beteiligten – ein Lehrer und 25 Schüler – nur einer, der Lehrer, ‹findet›. Die Schüler behaupten z. B., daß ein aus Metallteilen zusammengesetztes Fahrzeug nicht in der Luft fliegen könne, da es schwerer als diese sei. Man verlacht den schrulligen Lehrer, der dies aller Erfahrung zum Trotz für möglich hält, und wird im Emotional-Verhalten seiner Sache nur noch sicherer. Die Gruppe der 25 Schüler hat eine Leistung vom Typus des Bestimmens vollzogen, jedes ihrer Mitglieder fühlt sich in der sozialen Bestätigung durch die übrigen geborgen. Der Lehrer würde zum Außenseiter, dessen Stimme gar nicht mehr zählt. Unserem wackeren Gruppendynamiker bangt, er ist schon nahe daran, die schöne Idee der Schulklasse wieder fallenzulassen. Mit einem Mal kommt ihm ein rettender Einfall: Er stellt den Lehrer so in die Gruppe hinein, daß die Kommunikationen zwischen den Schülern stets über ihn gehen müssen. Als Zentralperson gewinnt er automatisch an Autorität (vgl. den ‹Stern› in Abb. 31), und es wird unmöglich, ihn als Außenseiter abzuschieben. Also wird eine höchst banale Spielregel festgelegt: Wenn einer der Schüler etwas zu sagen hat, muß er aufzeigen; er darf erst dann sprechen, wenn ihm der Lehrer das Wort erteilt. Die Sache funktioniert, es kommt gar nicht zur Bildung der Majorität der 25 gegen den einen, und das Flugzeug kann im Lehrplan verbleiben.

Nach einer Weile sieht die Lösung aber schon wieder weniger verlockend aus. Die Randpersonen des sternförmig entwickelten Kommunikationssystems beginnen sich nämlich unzufrieden zu fühlen, manche von ihnen zeichnen Männchen in ihr Buch (vgl. Abb. 20, S. 114), andere lassen sich auf Kommunikationsweisen ein, bei denen die Zentralperson umgangen wird (Tuscheln, Briefeschreiben, Grimassenschneiden usw.). Wir wollen hier innehalten. Die Schulklasse ist nämlich bereits erfunden, und sie besitzt einen reichen Erfahrungsschatz hinsichtlich der Straffung und Auflockerung von Kommunikationssystemen. Ich glaube aber, daß sich prinzipiell in ihr nichts ereignet, das nicht mit den Mitteln der Gruppendynamik analysierbar wäre.

Was in ihr und in analogen Situationen auf höherem Niveau, auf der Universität z. B., nicht nachdrücklich genug empfohlen werden kann, ist die genaue Unterscheidung zwischen Suchleistungen und Bestimmungsleistungen. Diese richten sich nach den Majoritätsverhältnissen, während jene sehr wohl darauf basieren können, daß eine zahlenmäßige Mehrheit gegenüber einzelnen durch ihre Vorbildung und/oder Begabung mit besonders hohen Findewahrscheinlichkeiten ausgestatteten Personen zurückstehen muß. Im Sinne der angestrebten ‹Demokratisierung› über Funde abstimmen zu wollen, erwiese sich bald als eine folgenschwere Verkennung des Wesens echter Demokratie bzw. als deren Reduktion auf das Plebiszit.

Bedrohlich ist die Majorität der Nicht-Findenden auch außerhalb der Schule. Da berichtet z. B. im Frühjahr 1857 ein Elberfelder Gymnasiallehrer, Dr. FUHLROTT, auf einer Versammlung der Naturforscher in Bonn über ein Dutzend Knochen, die in einer Felsgrotte des Düsseltales zufällig gefunden wurden. Er schreibt diese einem Menschen vorsintflutlichen Alters, dem ‹urtypischen Individuum›, zu. Zwei Jahre später druckt eine gelehrte Zeitschrift diesen Vortrag mit der Bemerkung ab, daß die Redaktion die Ansichten des Autors nicht teilen könne. Man lacht. Der große Anatom RUDOLF VIRCHOW rekonstruiert die Lebensgeschichte des Besitzers der Knochen: Rachitis in der Kindheit, anschließend ‹eine längere Periode kräftiger Tätigkeit und wahrscheinlich Gesundheit, welche nur durch mehrere schwere Schädelverletzungen, die aber glücklich abliefen, unterbrochen wurde, bis sich später *Arthritis deformans* mit anderen dem hohen Alter angehörenden Veränderungen einstellte› (1872, zit. nach KÜHN, 1954). Von der Sintflut ist nicht mehr die Rede. Der Bonner Anatom MAYER ‹erkennt› in dem Fund die Überreste eines mongolischen Kosaken aus dem russischen Armeekorps von 1814; der Engländer BLAKE erfindet einen armen Irren, der als Einsiedler gelebt haben soll, und J. RANKES Standardwerk ‹Der Mensch› (1894) widmet dem Fund nurmehr das Prädiktat ‹berüchtigt›. Inzwischen ist FUHLROTT, der Entdecker des Neandertaler Menschen, bereits 1877 verstorben.

Die Geschichte weist uns sehr eindringlich darauf hin, warum große Gruppen oftmals nicht in der optimalen Weise des Modells funktionieren. Der Fund des Einzelindividuums stellt eine Verlegenheit dar, sofern sich dessen Richtigkeit nicht sofort auch schlagend beweisen läßt. Bei der Suche nach einer verlorenen Uhr auf der Wiese besteht dieses Problem nicht, der Fund bestätigt sich von selbst. Ein gleiches kann von Problemlösungen nur gelegentlich (bei sog. ‹Heureka-Aufgaben›) gesagt werden. Die Einhaltung der Akzeptierungsbedingung wird daher durchaus fragwürdig. Es kann sogar sehr leicht geschehen, daß die Majorität der Nicht-Findenden den Finder oder den Erfinder ausklammert und eine Gruppenleistung vom Typus des Bestimmens vollzieht. Man ist beruhigt, obwohl man eine an sich legitime Möglichkeit der Gruppe an falscher Stelle verwendet hat. *Per definitionem* sind Bestimmungsleistungen der Gruppe nur dort notwendig und wertvoll, wo Suchleistungen aussichtslos sind. In diesem Zusammenhang werden wir auch der Bedeutung strenger und exakter Methoden in den Wissenschaften gewahr. Sie garantieren – soweit dies überhaupt möglich ist – die Annahme der Funde des Einzelindividuums, die nicht auch gleichzeitig von der Majorität der Fachgenossen gemacht wurden.

Das Erlebnis des Dr. FUHLROTT ist auch in anderer Hinsicht aufschlußreich. Nach dem Gesetz der von ihm beanspruchten Gelehrtenrolle mußte er publizieren, d. h. kommunizieren. Damit bildete er aber selbst eine so große Gruppe der Urteilsberechtigten, daß er sich in dieser nur eine verzweifelte Minoritätsposition schaffen konnte.

Die Frage, auf deren Entscheidung er keinen Einfluß zu nehmen vermochte, ist die, ob es nicht klüger gewesen wäre, eine sehr viel kleinere Gruppe zu bilden und erst von dieser aus die große Gruppe der ‹gelehrten Welt› anzusprechen. Man hätte ihm daher vielleicht die Gründung einer ‹Schule› empfehlen mögen. Damit gelangen wir aber zu einer teilweisen Revision des harten Urteils von vorhin: Unter gewissen Umständen ist eine wissenschaftliche ‹Schule› gerechtfertigt.

Ein Geheimbund

Der 56jährige FREUD ist so vorgegangen, nachdem es zum Bruch zwischen ihm und ADLER, STEKEL und JUNG gekommen war. Aus einem englischen Brief an E. JONES vom 26. 12. 1912 übersetze ich: ‹Sehr beeindruckt hat mich Ihre Idee eines geheimen Rates, der aus den besten und verläßlichsten unserer Leute bestehen soll und dem die Sorge um die weitere Entwicklung der Psychoanalyse und deren Verteidigung gegen Persönlichkeiten und Unglücksfälle obliegen wird... Ich weiß, daß der Gedanke nicht frei von jungenhaft-romantischen Elementen ist; vielleicht läßt er sich aber den realen Notwendigkeiten anpassen... Sicherlich würde es mein Leben und Sterben erleichtern, wenn ich wüßte, daß eine solche Organisation existiert und über meine Schöpfung wacht... Das Wichtigste aber ist: Die Existenz dieses Rates und seine Aktionen müßten ein absolutes Geheimnis bleiben... Was auch immer die Zukunft bringen mag, der zukünftige Führer der psychoanalytischen Bewegung mag aus diesem kleinen aber auserwählten Kreis von Männern kommen.› Der geheime Rat, das sog. ‹Komitee›, bestand etwa 10 Jahre. JONES berichtet, daß FREUD am 25. 5. 1913 jedem der sechs Mitglieder einen goldenen, mit einer antiken Gemme gezierten Ring angesteckt habe. Der Meister pflegte für viele Jahre selbst einen solchen Ring mit einem Jupiter-Kopf zu tragen. ‹Die sieben Ringe› lautet auch eine Kapitelüberschrift in dem FREUD-Buch von H. SACHS (1944), einem der Ratsmitglieder.

Es verwundert vielleicht, im Leben des Geheimnisenthüllers FREUD das Phänomen des Geheimbundes anzutreffen. Dies beweist aber nur dessen weite Verbreitung. Die Jünger um den Meister, die Verschworenenzelle, die Loge – sie alle sind Versuche der Einflußnahme auf die Großgruppe unter Vermeidung einer Situation, in der die Majorität der Nicht-Findenden die Minorität der Finder kaltstellen oder lächerlich machen und auf jeden Fall ihres Selbstgefühls berauben könnte. Im Grunde handelt es sich dabei um die Verringerung der Gruppengröße zwecks leichterer Erfüllung der drei Funktionsbedingungen des Modells. Dieser Schritt kann sich auf die richtige Erkenntnis berufen, daß ein hoher Wert von N im utopischen Modell zwar einen Vorteil für die suchende Gruppe darstellt, daß aber in der Praxis mit anwachsendem N die Bedingungen der Gruppenfunktion immer schwerer realisierbar werden.

Die Frage nach der optimalen Größe einer Gruppe läßt sich im

Augenblick noch nicht wirklich beantworten. Eine sehr elegante Antwort hat in der Antike bereits VARRO (116–27 v. Chr.) für das Symposion gegeben (zit. nach P. VON DER MÜHLL, 1926): die Zahl der Gäste solle zwischen der Zahl der Grazien (3) und der Musen (9) liegen. Auch spontane Gruppen, wie sie sich im Spiel von Kindern und Erwachsenen bilden, sind klein, drei bis neun Mitglieder dürften die Regel sein. Gruppendynamische Überlegungen (A. P. HARE, 1962) sprechen für ein Optimum von fünf. Eine Fußballmannschaft bedarf bereits eines Organisationsplanes; erst recht gilt dies von Kompanien, Fabrikbelegschaften und gelehrten Kongressen, noch mehr von der Nation und vom Nationen-Verband. Mit völliger Bestimmtheit läßt sich aber heute schon das Hauptanliegen eines jeden Organisationsplanes kennzeichnen: Die behauptete eigene Freiheit und die geschonte Freiheit des anderen. Die Freiheit des Individuums erweist sich damit als *eine* Funktionsbedingung der Gruppe.

In der Dialektik unserer Existenz verdient jedoch auch die Gegenthese Beachtung, daß nämlich kein Individuum ohne den Kontakt mit anderen seine Eigenart entwickeln kann. Ein Hinweis darauf mag nützlich sein, in welchem Ausmaß gedankliche und künstlerische Leistungen durch Kommunikationsprozesse gefördert werden, deren Partner nicht einmal Zeitgenossen zu sein brauchen. GOETHE hat diesen Sachverhalt in seinem letzten großen Gespräch mit dem Naturforscher FRÉDÉRIC-JEAN SORET am 17. Februar 1832 sehr präzise formuliert: ‹Meine Werke haben sich genährt von Tausenden der verschiedensten Wesen, Toren und Weisen, hellen Köpfen und Narren ... Mein Werk ist das eines Kollektivwesens und es trägt den Namen Goethe.›

Die moderne psychologische Forschung macht in zunehmendem Maße von quantitativen Überlegegungen Gebrauch. Dadurch kommen prägnantere Formulierungen zustande, deren Überprüfung an beobachtbaren Sachverhalten in strengerer Weise erfolgen kann als bloßen qualitativen Aussagen. Diesem Vorteil steht allerdings der nicht unerhebliche Nachteil der erschwerten Verständigung mit dem an psychologischen Fragen interessierten Nichtfachmann gegenüber. Zu seinem Troste sei eingestanden, daß der Erwerb des mathematischen bzw. des statistischen Rüstzeugs auch für die meisten Psychologen etwas mühsam ist. Aus diesem Grunde sollen zwei Maße, die zum Vertändnis der vorliegenden Schrift erforderlich sind, noch etwas näher erläutert werden.

a) Die Rangkorrelation

Bei der Analyse der Figurenaufgabe (S. 33 f) wurde die objektive Rangreihe der Flächeninhalte (R_{JS}) mit den verschiedenen Rangordnungen verglichen, die unsere Versuchspersonen hergestellt hatten (R_{IS}). Zur Anwendung kam hier der auf den englischen Psychologen Ch. Spearman zurückgehende Koeffizient der Rangkorrelation (‹Rho›), der – wie jeder Korrelationskoeffizient – zwischen den Grenzen $+1{,}00$ und $-1{,}00$ variieren kann. Stimmen zwei Rangreihen völlig überein, wie etwa: $\frac{A}{B}\left|\frac{1\;2\;3\;4\;5}{1\;2\;3\;4\;5}\right.$, so ergibt dieses Maß den Wert von Rho $= +1{,}00$; verlaufen sie in entgegengesetzter Richtung, etwa: $\frac{A}{B}\left|\frac{1\;2\;3\;4\;5}{5\;4\;3\;2\;1}\right.$, dann erhält man Rho $= -1{,}00$.

Die Einzelheiten der Rechnung veranschaulicht Tabelle 14, in der wir den Grad der Übereinstimmung zwischen der von der Versuchsperson a gelieferten Rangreihe (vgl. Tab. 3, S. 29) mit der tatsächlichen Folge der Figuren ermitteln. Dabei kommt es vor allem auf die Differenzen zwischen den einzelnen Rangplätzen bzw. auf deren Quadrate – $(R_{IS} - R_{JS})^2$ – an. Die Summe (Σ) dieser Differenzen geht in die Maßformel für Rho ein; diese enthält außerdem noch eine Funktion der Anzahl (n) der geordneten Größen, nämlich den Wert $n \cdot (n^2 - 1)$, sowie den konstanten Faktor im Zähler (6). In unserem Falle ergibt sich:

$$\text{Rho} = 1{,}00 - \frac{6\,\Sigma(R_{IS} - R_{JS})^2}{n \cdot (n^2 - 1)} = 1{,}00 - \frac{6 \cdot 54}{10 \cdot 99} = 1{,}00 - \frac{324}{990}$$
$$= 067.$$

Objekt	Rangplatz objektiv R_{JS}	Rangplatz subjektiv (VP. A) R_{IS}	$R_{IS}-R_{JS}$	$(R_{IS}-R_{JS})^2$
C	1	3	2	4
H	2	6	4	16
A	3	1	–2	4
B	4	5	1	1
G	5	2	–3	9
I	6	4	–2	4
D	7	9	2	4
J	8	10	2	4
F	9	7	–2	4
E	10	8	–2	4
				Summe: 54

Tabelle 14

An mehreren Stellen verlangte unsere Untersuchung den Vergleich von Gegenständen, die durch das Ausmaß charakterisiert waren, in dem ihnen verschiedene Eigenschaften zugeschrieben wurden. Das war z. B. in dem Exkurs über die Einsamkeit (S. 73 ff) der Fall. Wir bezeichnen solche Eigenschafts-Anordnungen als ‹Profile›; diese können einander mehr oder weniger ähnlich sein. Auch hier handelt es sich, wie erstmalig der Engländer W. STEPHENSON gezeigt hat, um Probleme der Korrelationsrechnung, nur daß dieses Mal nicht Eigenschaften miteinander verglichen werden, sondern die Träger von Eigenschaften.

Wie man dabei vorgehen kann, zeigt Abbildung 34, die in ihrem obersten Teil eine Umzeichnung der beiden bereits in Abbildung 13 (S. 74) dargestellten Profile (für die Begriffe ‹Einsamkeit› und ‹*lonesomeness*›) vornimmt. Die Skalenwerte des einen Profils (für ‹Einsamkeit›) werden auf der Abszisse aufgetragen, die des anderen (für ‹*lonesomeness*›) auf der Ordinate. Auf diese Weise entspricht den beiden Skalenwerten für jede der 24 Polaritäten jeweils ein Punkt in der durch die beiden Koordinaten bestimmten Ebene. Im ganzen gewinnen wir 24 Punkte; die neben ihnen vermerkten Zahlen weisen auf die einzelnen Polaritäten hin.

Von hier ab können wir uns der üblichen Korrelationsmethoden bedienen, z. B. also des von PEARSON und BRAVAIS entwickelten Koeffizienten der ‹Produkt-Moment-Korrelation›:

$$Qxy = \frac{k\,\Sigma\,(X \cdot Y) - (\Sigma\,X) \cdot (\Sigma\,Y)}{\sqrt{k\,\Sigma\,X^2 - (\Sigma\,X)^2} \cdot \sqrt{k\,\Sigma\,Y^2 - (\Sigma\,Y)^2}} \,.$$

In diesem Ausdruck bedeuten: k die Anzahl der Polaritäten (24 in diesem Falle und 12 bei der Untersuchung der Stereotype), X die einzelnen Skalenwerte des einen Vergleichsgegenstandes und Y die des anderen; Σ (X · Y) bezeichnet die Summe der Produkte von X und Y. Die einzelnen Summen (Σ) erstrecken sich jeweils über sämtliche k Polaritäten oder Eigenschaften.

In einer graphischen Darstellung nach Art von Abbildung 34 entsprechen den beiden Grenzwerten des Korrelationskoeffizienten (Q = + 1,00 und Q = − 1,00) Anordnungen, bei denen sämtliche Polaritäts-Punkte in die Diagonale des Bildes fallen. Für Q = + 1,00 gilt dabei die von links unten nach recht oben verlaufende Diagonale, für Q = −1,00 die von links oben nach rechts unten verlaufende. Der numerische Wert des Koeffizienten ist um so höher, je enger die Polaritätspunkte an der entsprechenden Diagonale liegen. Der mittlere Teil von Abbildung 34 zeigt eine ziemlich hohe positive Korrelation von Q = 0,86 (zwischen den Begriffen ‹Angst› und ‹*lonesomeness*›), der unterste eine starke negative Korrelation von Q = − 0,93 (zwischen den Begriffen ‹Freude› und ‹*lonesomeness*›). Die Diagonalen sind in diesen beiden Fällen sehr viel deutlicher ausgeprägt als im

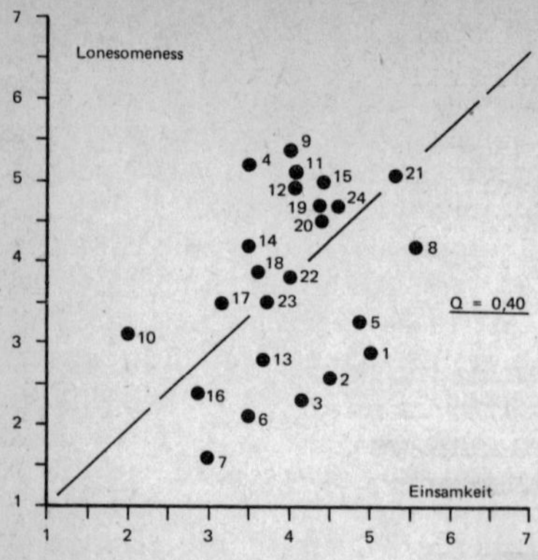

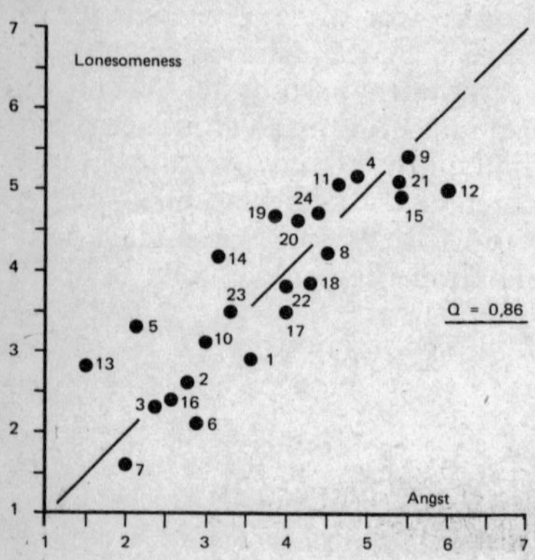

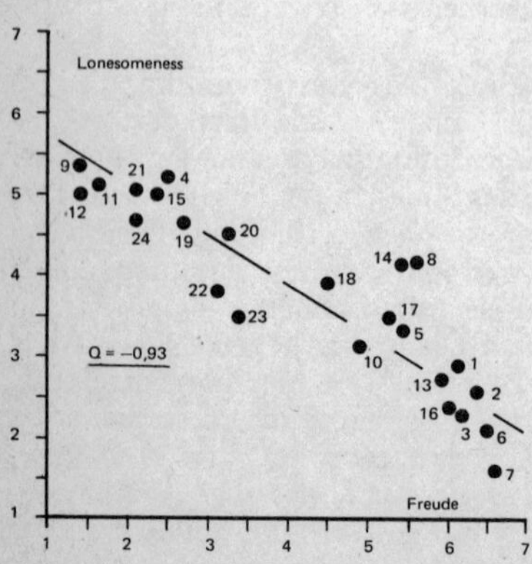

Polaritäten:

1. klein — groß
2. schwach — stark
3. krank — gesund
4. klar — verschwommen
5. feig — mutig
6. leer — voll
7. traurig — froh
8. seicht — tief
9. gut — schlecht
10. leise — laut
11. frisch — abgestanden
12. schön — häßlich
13. gespannt — gelöst
14. eckig — rund
15. aktiv — passiv
16. kalt — warm
17. rauh — glatt
18. sanft — wild
19. nahe — entfernt
20. liberal — konservativ
21. hoch — tief
22. feucht — trocken
23. veränderlich — stetig
24. jung — alt

Abb. 34: Die Übertragung von Profil-Paaren in ein Koordinatensystem

obersten Teil der Abbildung, dem allerdings auch nur eine mäßige Korrelation von $Q = 0{,}40$ entspricht. Läßt sich keine der beiden Diagonal-Richtungen erkennen, so liegt der Q-Wert nahe an Null.

Bei der Analyse der nationalen Stereotype (S. 117) traten an die Stelle der Skalenwerte auf den Polaritäten die Prozentsätze der befragten Personen, die jede einzelne der 12 Eigenschaften einer bestimmten Nation zuschreiben. Sowohl diese Eigenschaften als auch die Polaritäten betrachten wir als Stichproben aus der Gesamtheit aller möglichen Eigenschaften bzw. aller möglichen Polaritäten. Die errechneten Q-Werte haben natürlich nur insofern eine allgemeinere Bedeutung, als die Voraussetzung zutrifft, daß die uns zur Verfügung stehenden Eigenschafts- bzw. Polaritäts-Stichproben für diese jeweiligen Gesamtheiten repräsentativ sind. Hinsichtlich der Polaritäten ist diese Voraussetzung bereits überprüft worden; sie hat sich bisher als zuverlässig erwiesen; hinsichtlich der in die nationalen Stereotype eingehenden Eigenschaften steht dieser Beweis jedoch einstweilen noch aus.

‹Gruppen-Forschung›

‹Das Menschengeschlecht muß in Gruppen beobachtet werden, wie sie immer bestanden haben ... Wenn wir daher gefragt werden, wo der Naturzustand zu finden sei, so können wir antworten: hier ist er ...›, heißt es im *‹Essay on the History of Civil Society›* (1767) des Schotten Adam Ferguson am Anfang der neueren Gesellschaftslehre. Der Terminus ‹Gruppe› weist dabei auf die vielfältigen Formen der Vergesellschaftung hin – auf Familie, Bund, Nachbarschaft, Arbeitskreis, Stamm usw. –, an denen sich gemeinsame Merkmale wahrnehmen lassen. In diesem Sinne will schon der Mensch der aristotelischen Konzeption, das *‹Zoon politikon›*, als ein auf das Gruppenleben angewiesenes Geschöpf verstanden sein.

Das Wort ‹Gruppe› hat die deutsche Sprache zu Beginn des 18. Jahrhunderts aus dem Französischen rückentlehnt und zunächst in den bildenden Künsten zur Bezeichnung einer Anordnung von zusammengehörenden Figuren und Gegenständen verwendet. Es geht auf das schon im Althochdeutschen nachgewiesene Wort ‹kropf› zurück, das nicht nur die krankhaft vergrößerte Schilddrüse, sondern auch den ‹Knoten› (ital.: *groppo*) bezeichnet. Wo sich die Lebens- und Erlebens-Linien mehrerer Wesen miteinander mehr oder minder fest und dauerhaft verknoten, haben wir eine Gruppe vor uns.

Einzelne besonders wichtige Formen der Gruppenbildung, der Staat etwa und die Familie, gehören zu den ältesten Gegenständen des menschlichen Nachdenkens. Sie wurden auch zu den Leitmodellen, an deren Hand sich der Bezug des eigenen Daseins auf die Ordnung des Geschehens deuten ließ. Die du-haft lebendige Welt der Hochkulturen des Vorderen Orients und des Fernen Ostens, aber auch die der sog. Primitivstämme, ist entweder eine Großfamilie oder ein Staat. Noch Kopernikus (1543) kann von der Sonne sagen, daß sie auf dem Königsthron sitzend die sich um sie bewegende Familie der Sterne lenkt: *‹ita profecto tamquam in solio regali sol residens circumagentem gubernat astrorum familiam›* (zit. nach Topitsch). Der Begriff des Naturgesetzes formt sich dabei nach dem Vorbild der im menschlichen Gruppenleben gültigen moralischen Normen. Werner Jaeger hat in diesem Sinne das berühmte Fragment des Anaximander aufgeklärt, in dem davon die Rede ist, daß die ‹Dinge einander Sühne leisten und Buße tun für ihr Unrecht›.

Die soziale Gruppe verliert allerdings die ihr ursprünglich zugewiesene Funktion eines Modells für jegliche Ordnung mit der Versachlichung der nunmehr als es-haft betrachteten Umwelt. Damit treten Naturgesetz und Rechtssatz auseinander. Im Zuge dieser Denkbewegung wird es aber auch möglich, die soziale Gruppe selbst als eine vom Naturgesetz beherrschte Struktur aufzufassen. Schon die Antike, Platon etwa, kennt die uns von Shakespeare im *‹Coriolanus›* weitergereichte Vorstellung des Staates als eines Überorganismus, dessen Organe die Stände sind. Als im 19. Jahrhundert die Zellen als Bausteine der Organe entdeckt worden waren (SCHWANN und SCHLEIDEN, 1837), schien damit auch eine Platzbestimmung für das Individuum gefunden zu sein. Die sog. ‹Staaten› der Ameisen, Bienen und Termiten boten sich zum Vergleich an. Der *‹Leviathan›* des THOMAS HOBBES (1651) ist mit seinem Hinweis auf das im *‹Buche Hiob›* (41; 24) geschilderte Ungeheuer bereits ein solcher Über-Organismus. Das Titelblatt der Erstausgabe zeigt eine mit Zepter und Schwert ausgestattete Riesenfigur, die sich aus lauter kleinen Einzelpersonen zusammensetzt. Auf den *‹Leviathan›* folgten H. SPENCERS *‹The Social Organism›* (1860), A. SCHÄFFLES Werk über ‹Bau und Leben des sozialen Körpers› (1875–1878), das Buch von R. WORMS *‹Organisme et Societé›* (1896) und die ‹Staatsbiologie› (1920, 1933) J. v. UEXKÜLLS.

Daß es sich hier nur um eine Metapher handeln kann und daß diese – wie jede Analogie – früher oder später die Zusammenhänge verzeichnet, wurde nicht immer genügend klar. Durchaus positiv zu bewerten ist aber die Herausstellung von Eigenschaften, die sowohl organische als auch organisatorische Ganzheiten charakterisieren, wie z. B. die weitgehende Unabhängigkeit des Ganzen von seinen jeweiligen Teilen und die Etablierung von Gegenseitigkeitsrelationen zwischen den Teilen. CHRISTIAN V. EHRENFELS (1890) bezeichnete Eigenheiten dieser Art als ‹Gestaltqualitäten›. GEORG SIMMEL hat diese Züge unter dem Gesichtspunkt der ‹Einheit und Erhaltung von Gruppen› wohl als erster in seiner ‹Soziologie› (1908) einer noch heute sehr anregenden Analyse unterzogen. Sehr weit ausgestaltet wurde die Ganzheitslehre in der ‹universalistischen Soziologie› OTHMAR SPANNS.

Die auf das historische Tatsachenmaterial gegründete Bemühung um das Verständnis des sozialen Kosmos läßt sich als ein Thema auffassen, dem um die Jahrhundertwende ein sehr radikales Gegenthema antwortete: die Doktrin vom sozialen Chaos, d. h. die sog. ‹Massenpsychologie› G. TARDES (1834–1904), LE BONS (1841 bis 1931), S. SIGHELES (1868–1913) und ORTEGA Y GASSETS (1883 bis 1955). Der Mensch in der Mehrzahl wird in ihr als ein triebgeleitetes, zur Irrationalität neigendes Wesen vom besonnenen und kulturschöpferischen Individuum in der Einzahl abgehoben. Diese Revolte des spät-bürgerlichen Individualismus gegen die soziologische Gestaltanalyse hat das Problem des *‹Zoon politikon›* erneut zur Diskussion gestellt. Nunmehr klingt auch die kurze Wechselrede aus der Walpurgisnacht wieder an:

Faust: Daß ich mich nur nicht selbst vergesse!
Heiß' ich mir das doch eine Messe!
Mephistopheles: Der ganze Strudel strebt nach oben;
Du glaubst zu schieben, und du wirst geschoben.

An sie knüpft der Begriff der ‹Vermassung› an, dessen sich die Kulturkritik seit NIETZSCHE gern bedient.

These und Antithese sind jede für sich unvollständig; sie fordern einander aber auch gegenseitig. Die Einmaligkeit des Individuums geriet im Zuge der Analyse sozialer Gestalten, ihrer Rollensysteme und

Spielregeln, tatsächlich in die Gefahr des Vergessenwerdens (mit ihren politischen Konsequenzen), während der Protest des Individuums unvermeidlich zu einer gedanklichen Entwertung des Systems der sozialen Determinanten (und damit zur Anarchie) führen mußte. Im Spannungsfeld dieser beiden Konzeptionen ist die empirische Gruppenforschung entstanden. Letztlich geht es ihr um die Auffindung einer Synthese, die dem Selbstverständnis des Menschen zugute kommen könnte.

Die Suche nach der wirklichkeitsgerechten Mitte begann in vergleichsweise höchst harmloser, fast spielerischer Weise. Der Amerikaner N. Triplett (1897), ein Schüler G. St. Halls, pflegt als der erste genannt zu werden, der Phänomene des Wettstreits an Kindern experimentell untersuchte. Die Hälfte seiner Versuchspersonen arbeitete in der Situation des Nebeneinander schneller als im Alleingang; je ein Viertel zeigte entweder keinen Unterschied oder einen solchen zu Gunsten der Einzelsituation. Wenige Jahre später verglich der Deutsche A. Mayer (1903) schulische Leistungen in den beiden Situationen des Nebeneinander und der Isolierung. Auf ihn folgte in Leipzig W. Moede (1913) mit einem großangelegten Forschungsprogramm, in dessen Verlauf nahezu alle Standardexperimente der Psychologie hinsichtlich der Wirkung des Nebeneinander untersucht wurden. Seine in der ‹Experimentellen Massenpsychologie› (1920) niedergelegten Resultate blieben allerdings für längere Zeit fast ohne Einfluß auf die Entwicklung der deutschsprachigen Psychologie. Durch H. Münsterbergs (1863–1916) Vermittlung regten diese Arbeiten aber das Interesse von amerikanischen Forschern an, unter ihnen vor allen F. H. Allport (1920), G. Watson (1928) und J. F. Dashiell (1930).

Richtete sich das Augenmerk der genannten Autoren noch fast ausschließlich auf die Wirkungen des bloßen Nebeneinander, so erhielt die eigentliche experimentelle Gruppenforschung auf amerikanischem Boden kurz darauf sehr kräftige Impulse durch drei aus dem deutschen Sprachgebiet emigrierte Forscher, die Ärzte J. L. Moreno (1934) und P. Schilder (1938) und den Psychologen K. Lewin (1939); als vierter gehört in diese Reihe der aus der Türkei eingewanderte Psychologe M. Sherif (1936). Moreno eröffnete einerseits mit Hilfe des sog. ‹Soziogramms› neue Möglichkeiten zur Erfassung der dynamischen Struktur von Gruppen, zum andern führte er im Rollenspiel (‹Psycho- und Sozio-Drama›) die Gruppe in den Prozeß der seelischen Heilung ein. Auf Schilders Anregung geht die während des Zweiten Weltkrieges breit ausgestaltete Methode der Gruppenpsychotherapie zurück. Lewin ersann als erster Versuchsanordnungen, in denen der Führungsstil von Jugendgruppen planmäßig variiert wurde; das Wort ‹Gruppendynamik› selbst stammt aus seiner Schule. Sherif endlich ist die experimentelle Erschließung sowohl des Miteinander im Laboratorium als auch in der lebensnäheren Situation des Ferienlagers zu danken. Etwa um die gleiche Zeit stieß der aus Australien eingewanderte Industriepsychologe Elton Mayo (1933, 1945) in Zusammenarbeit mit F. J. Roethlisberger und W. J. Dick-

SON (1939) und mit T. N. WHITEHEAD (1938) im Zuge der berühmten ‹Hawthorne-Experimente›[1] auf das Vorhandensein und die Bedeutung kleiner, informeller Gruppen in den Fabriken.

Alles in allem geht man wohl nicht fehl, wenn man die Gruppenforschung von den dreißiger Jahren unseres Jahrhunderts her datiert. Das Interesse an dem Thema hat seither allerdings gewaltig zugenommen; die von J. E. MCGRATH und I. ALTMAN (1966) vorgelegte Bibliographie umfaßt bereits 2700 einschlägige Publikationen. Eine erste Zusammenfassung in Gestalt eines Handbuches war schon 1962 erforderlich (A. P. HARE).

Diese Forschungsunternehmen beschäftigen sich hauptsächlich mit ziemlich kleinen Gruppen von höchstens ein bis zwei Dutzend Personen, die einander von Angesicht zu Angesicht (‹*face to face*›, nach einem Ausdruck G. H. COOLEYS, 1909) kennen. Von solcher Art sind auch Familien, Nachbarschaften, Cliquen in Betrieben, Spielgemeinschaften, psychiatrische Therapiekreise usw. ‹Diese Gruppen sind einfach und übersichtlich. Sie bieten sich daher als Modell für die Untersuchung komplizierterer Gruppen an› (V. D. GABLENTZ, 1956). Es liegt nahe, diese komplizierteren Gruppen von der Größenordnung des Staates sozusagen als Gruppen von Gruppen aufzufassen. Ob und inwieweit uns freilich das Klein-Gruppen-Modell ein Verständnis der Groß-Gruppen ermöglichen wird und in welchem Umfange sich die an Laboratoriumsgruppen gewonnenen Einsichten auf die Ernstgruppen des Lebens übertragen lassen, kann heute noch nicht mit hinlänglicher Sicherheit abgeschätzt werden. Wie immer in der Wissenschaft handelt es sich hier um einen Versuch, vielleicht auch um ein Wagnis, das für den Forscher (zumindest) sehr wesentlich an Reiz verlöre, wenn sein Ausgang nicht im Grunde ungewiß wäre.

P. R. Hofstätter

---

1 Vgl. J. A. C. BROWN, Psychologie der indstriellen Leistung. rde Bd. 30, Hamburg 1956.

ÜBER DEN VERFASSER

Peter R. Hofstätter wurde am 20. Oktober 1913 als Sohn eines bekannten Frauenarztes in Wien geboren. Im Anschluß an das humanistische Gymnasium studierte er an der Universität Wien von 1932 bis 1937, wobei er sich zunächst der Physik widmete, um schließlich bei der ‹Gegen-Physik› (Spengler), der Psychologie, zu verbleiben. Entscheidenden Einfluß hatten auf ihn damals die Psychologen Karl und Charlotte Bühler, die Philosophen Robert Reininger und Moritz v. Schlick sowie der Psychiater Otto Poetzl. Zur Erweiterung seines Horizonts dienten drei Studienreisen nach dem Fernen Osten (1935, 1936 und 1937), in deren Gefolge auch seine Dissertation über die Frühentwicklung japanischer und koreanischer Kinder entstand. Die nächsten Jahre (1937–1943) waren der heerespsychologischen Arbeit, zunächst im Rahmen des Österreichischen Bundesheeres und sodann in dem der Deutschen Wehrmacht, vorbehalten. Seit 1943 stand er als Artillerist im Fronteinsatz. Im Dezember 1945 verlieh ihm die philosophische Fakultät der Universität Graz die *venia legendi* für Psychologie. 1949 lud ihn eine amerikanische Studienstiftung *(The Wenner-Gren Foundation)* nach New York ein. Aus den ursprünglich vorgesehenen sechs Monaten wurden im ganzen sieben Jahre, während derer er als *Research Associate* am *Massachusetts Institute of Technology* (1949/50) und als *Associate Professor of Psychology and Psychiatry* an der *Catholic University of America* in Washington, D. C., (1950–1956) wirkte. Von 1956 bis 1960 hatte er den Lehrstuhl für Psychologie an der Hochschule für Sozialwissenschaften in Wilhelmshaven inne; seit 1960 ist er Direktor des Psychologischen Instituts der Universität Hamburg.

Hofstätters psychologisches Interesse wurde frühzeitig durch seinen Vater geweckt. An sozialpsychologische Fragen geriet er im Zuge der Regierungs- und Verfassungswechsel der dreißiger Jahre fast unvermeidlich. Weitere Anregungen gehen einmal auf die Kriegsjahre zurück, und zum andern auf seine mehrfachen Aufenthalte in fremden Kulturen, durch die der Blick für die soziale Bedingtheit des einzel-menschlichen Erlebens und Denkens geschärft wurde. Seine Forschungen fanden ihren Niederschlag in etwa hundert Aufsätzen in deutschen und amerikanischen Fachzeitschriften.

Wichtigste Veröffentlichungen:

Über Faktorenanalyse, Arch. f. d. ges. Psychol., 100, 1938 / Über Typenanalyse, ebenda 105, 1940 / Über die Struktur des sozialen Kontakts, Z. f. angew. Psychol., 65, 1943 / Einführung in die Tiefenpsychologie, Wien 1948 / Die Psychologie der öffentlichen Meinung, Wien 1949 / Vom Leben des Wortes – das Problem an Platons Dialog ‹Kratylos› dargestellt, Wien 1949 / Die Psychologie und das Leben, Wien-Stuttgart 1951; Psychotherapie und die Theorie der Lernvorgänge, Psyche 7, 1953 / Über Ähnlichkeit, Psyche 9, 1955 / Der gegenwärtige Stand und die gesellschaftlichen Voraussetzungen von Neurosenlehre und Psychotherapie in Nordamerika, Handbuch f. Neurosenlehre und Psychotherapie, Wien 1957 / Psychologie, Frankfurt, Fischer-Bücherei 1957 / Einführung in die Sozialpsychologie, Stuttgart ^{4}1966 / Sozialpsychologie, Berlin ^{3}1967 / Menschen im Betrieb (gemeinsam mit W. H. Tack), Stuttgart 1967 / Quantitative Methoden der Psychologie (gemeinsam mit D. Wendt), München ^{3}1967 / Differentielle Psychologie, Stuttgart 1971

LITERATURHINWEISE

A. Allgemeines Schrifttum

ARGYLE, M., Social Interaction. London 1969
BASCHWITZ, K., Du und die Masse. Leiden 1951
BERNSDORF, W., und F. BÜLOW, Wörterbuch der Soziologie. Stuttgart 1953
BLONDEL, CH., Einführung in die Kollektivpsychologie. Wien 1948
BROWN, R., Social Psychology. New York 1965
CARTWRIGHT D., und A. ZANDER, Group Dynamics. Evanston 1953
FESTINGER, L., und D. KATZ, Research Methods in the behavioral Sciences. New York 1953
GEHLEN, A., und H. SCHELSKY, Soziologie. Düsseldorf–Köln 1955
GEIGER, TH., Die Masse und ihre Aktion. Stuttgart 1926
GRAUMANN, C. F., (Hg.), Sozialpsychologie; Handbuch der Psychologie, Bd. VII, Göttingen 1969 f
HAGEMANN, W., Vom Mythos der Masse. Heidelberg 1951
HARE, A. P., E. F. BORGATTA und R. F. BALES, Small Groups. New York 1955
HARE, A. P., Handbook of Small Group Research. Glencoe 1962
HARTLEY, E. L. und E. R., Grundlagen der Sozialpsychologie. Berlin 1955
HOFSTÄTTER, P. R., Einführung in die Sozialpsychologie. Stuttgart ^{4}1966
–, Sozialpsychologie. Berlin ^{4}1967
HOFSTÄTTER, P. R., und D. WENDT, Quantitative Methoden der Psychologie. München ^{3}1967
KÖNIG, R., (Hg.), Handbuch der empirischen Sozialforschung. 2 Bde, Stuttgart 1967, 1969
LAZARSFELD, P. F., und M. ROSENBERG, The Language of Social Research. Glencoe 1955
LINDZEY, G., und E. ARONSON (Hg.), The Handbook of Social Psychology. 5 Bde., Reading 1968 ff
MANN, R. D., A Review of the Relationships between Personality and Performance in small Groups. Psychol. Bull., 56, 1959
MCGRATH, J. E., und I. ALTMAN, Small Group Research. New York 1966
MURCHISON, C., Handbook of Social Psychology. Worcester 1935
MURPHY, G. und L. B., und T. M. NEWCOMB, Experimental Social Psychology. New York 1937
PIEPER, J., Grundformen sozialer Spielregeln. Frankfurt 1948
REIWALD, P., Vom Geist der Massen. Zürich 1948
ROHRER, J. H., und M. SHERIF, Social Psychology at the Crossroads. New York 1951
SHERIF, M., und M. O. WILSON, Group Relations at the Crossroads. New York 1953
–, und C. W., Groups in Harmony and Tension. New York 1953
–, Social Psychology. New York 1969
SWANSON G. E., T. M. NEWCOMB und E. L. HARTLEY, Readings in Social Psychology. New York 1952
THIBAUT, J. W., und H. H. KELLEY, The Social Psychology of Groups. New York 1959

B. Zum Enzyklopädischen Stichwort

Allport, F. H., The Influence of the Group upon Association and Thought. J. exp. Psychol., 3, 1920
–, G. W., The Historical Background of Modern Social Psychology. In: Lindzey, G. (Hg.), The Handbook of Social Psychology. Reading 1968
Battegay, R., Der Mensch in der Gruppe. 2 Bde., Bern 1967, 1968
Bernsdorf, W., Gruppe. In: W. Bernsdorf und F. Bülow (Hg.), Wörterbuch der Soziologie. Stuttgart 1955
Brown, J. A. C., Psychologie der industr. Leistung. rde Bd. 30, Hamburg 1956
Cooley, G. H., Social Organization. New York 1909
Dashiell, J. F., An Experimental Analysis of Some Group Effects. J. abn. soc. Psychol., 25, 1930
Ehrenfels, Chr. v., Über Gestaltqualitäten. VJSchr. wiss. Phil., 14, 1890
Ferguson, A., Abhandlung über die Geschichte der bürgerlichen Gesellschaft. Jena 1904
Frankfort, H. und H. A., und T. Jacobsen, The Intellectual Adventure of Ancient Man. Chicago 1946
Friedman, G., Problèmes humains de machinisme industriel. Paris 1947; deutsch: Der Mensch in der industriellen Produktion. Köln 1952
Gablentz, O. H. v. d., Lebensgruppen erster Ordnung. In: Ziegenfuss, W. (Hg.), Handbuch der Soziologie. Stuttgart 1956
Hobbes, Th., Leviathan, or the Matter, Forme and Powers of a Commonwealth ecclesiastical or civil. London 1651
Jaeger, W., Paideia. Berlin 1933
Le Bon, G., Psychologie des foules. Paris 1895
Lewin, K., Frontiers in Group Dynamics. Hum. Rel., 1, 1947
–, R. Lippitt und R. K. White, Patterns of Aggressive Behavior in Experimentally Created ‹Social Climates›. J. soc. Psychol., 10, 1939
Mayer, A., Über Einzel- und Gesamtleistungen des Schulkindes. Arch. ges. Psychol., 1, 1903
Mayo, E., The Human Problems of an Industrial Civilization. N. Y. 1933
–, The Social Problems of an Industrial Civilization. Cambridge 1945
Moede, W., Experimentelle Massenpsychologie. Leipzig 1920
Moreno, J. L., Who Shall Survive? New York 1934, 1953; deutsch: Die Grundlagen der Soziometrie. Köln 1954 (Rev. ed. Boston 1946)
Muller, Ph., Berufswahl in der rationalisierten Arbeitswelt. rde Bd. 133, Reinbek 1971
Ortega y Gasset, J., La rebelión de las masas. Madrid 1930; deutsch: Der Aufstand der Massen. rde Bd. 10, Reinbek [20]1970
Roethlisberger, F. J., und W. J. Dickson, Management and the Worker. Cambridge 1939
Schäffle, A., Bau und Leben des sozialen Körpers. Tübingen 1875–1878
Schilder, P., Psychotherapy. New York 1938
Sherif, M., The Psychology of Social Norms. New York 1936
Sighele, S., La folla delinquente. Florenz 1891
Simmel, G., Soziologie. Leipzig 1908
Spann, O., Gesellschaftslehre. 2. Aufl. Leipzig 1923
Spencer, H., The Social Organism. London 1860
Tarde, G., L'opinion et la foule. Paris 1901
Topitsch, E., Society, Technology and Philosophical Reasoning. Phil. Sci., 21, 1954
Triplett, N., The Dynamogenic Factors in Pacemaking and Competition. Am. J. Psychol., 9, 1897

Uexküll, J. v., Staatsbiologie. Hamburg 1933
Watson, G., Do Groups Think More Efficiently than Individuals? J. abn. soc. Psychol., 23, 1928,
Whitehead, T. N., The Industrial Worker. Cambridge 1938
Worms, R., Organisme et Société. Paris 1896

C. Hinweise auf das im Text verwendete Schrifttum

(Die Reihenfolge entspricht der Darstellung in den einzelnen Kapiteln)

I. Vermassung und Vereinsamung

1. Die Tröstungen Le Bons

Le Bon, G., Psychologie des foules. Paris 1895; (deutsch: Psychologie der Massen. Kröners Taschenausgabe)
Ortega y Gasset, J., Der Aufstand der Massen. rde. Bd. 10, Reinbek [20]1970; spanische Originalausgabe 1930
Sighele, S., La folla delinquente. Firenze 1891
Jung, C. G., Psychologische Betrachtungen. Eine Auslese aus den Schriften, zusammengest. u. hg. v. J. Jacobi, Zürich 1945

2. Individualismus und der Zerfall der Selbstverständlichkeiten

Luther, M., Schriften. Ausgewählt von K. G. Steck, eingeleitet von H. Gollwitzer. Fischer Bücherei Bd. 76, Frankfurt a. M. 1955
de Man, H., Vermassung und Kulturverfall. München 1951
Comte, A., Die Soziologie. Auswahl von F. Blaschke, Stuttgart o. J.
Freud, S., Massenpsychologie und Ich-Analyse. Wien 1921

3. Im Banne der Worte

Hofstätter, P. R., Gesetz im Grenzenlosen. Goethes naturwissenschaftliche Schriften. Graz 1949
Trübner's Deutsches Wörterbuch. Berlin 1943
Kluge, F., Etymologisches Wörterbuch der deutschen Sprache. Berlin 1943
Osgood, C. E., G. J. Suci und P. H. Tannenbaum, The Measurement of Meaning. Urbana 1957

4. Der angebliche Urmensch

Capelle, W., Die Vorsokratiker. Stuttgart o. J.
Machiavelli, N., Schriften. Auswahl und Einleitung von C. Schmid. Fischer Bücherei Bd. 133, Frankfurt a. M. 1956

1. Der Mensch im Plural

RIESMAN, D., The Lonely Crowd. New Haven 1950; deutsch: Die einsame Masse. Berlin 1956 und rde Bd. 72/73, Reinbek [13]1970
PETERS, H. M., Gesellungsformen der Tiere. In: ZIEGENFUSS, Handbuch der Soziologie, 1956
PORTMANN, A., Das Tier als soziales Wesen. Zürich 1953
–, Zoologie und das neue Bild des Menschen. rde Bd. 20, Reinbek [5]1962
ALLEE, W. C., Cooperation Among Animals. New York 1951
TINBERGEN, N., Instinktlehre. Berlin 1952
–, Social Behaviour of Animals. London 1953
GEHLEN, A., Die Sozialstrukturen primitiver Gesellschaften. In: GEHLEN und SCHELSKY, a. a. O. 1955
–, Der Mensch. Berlin 1940, Bonn 1950
–, Urmensch und Spätkultur. Bonn 1956
PARETO, V., Cours d'économie politique. Lausanne 1897
–, Trattato di sociologia generale. Firenze 1916
LÉVY-STRAUSS, CL., Les structures élémentaires de la parenté. Paris 1949
WEIZSÄCKER, V. v., Der Gestaltkreis. Leipzig 1940
HOLST, E. v., und H. MITTELSTÄDT, Das Reafferenzprinzip. Naturw. 37, 1950
UEXKÜLL, J. v., Bedeutungslehre. rde Bd. 13, Reinbek [3]1962
WIENER, N., Cybernetics. New York 1949; deutsch: Kybernetik. Düsseldorf u. Wien 1963, und rde Bd. 294/295, Reinbek [3]1969
–, The Human Use of Human Beings. New York 1954
FÖRSTER, H. v., Cybernetics. Macy-Konferenzen, New York 1950–1955
MILLER, G. A., E. GALANTER und K. H. PRIBRAM, Plans and the Structure of Behavior. New York 1960

2. Der Leistungsvorteil der Gruppe

ARISTOTELES, Politik. Hg. von N. TSOUYOPOULOS und E. GRASSI. Rowohlts Klassiker 171/173, Reinbek 1965
MOEDE, W., Experimentelle Massenpsychologie. Berlin 1920
KÜHN, H., Die Entfaltung der Menschheit. Frankfurt 1958
KLEMM, F., Technik, eine Geschichte ihrer Probleme. Freiburg 1954
POFFENBERGER, A. T., Psychology of Advertising. New York 1932
–, Principles of Applied Psychology. New York 1942
GORDON, K., A Study of Aesthetic Jugdments. J. exp. Psychol., 6, 1923
–, Group Judgments in the Field of Lifted Weights. J. exp. Psychol., 7, 1924
ZIMMERMAN, C. C., Family and Civilization. New York 1947
SCHMIDT, P. W., Die Urkulturen. In: Historia Mundi I, München 1952

3. Die Zusammenfassung von Einzelleistungen

GUILFORD, J. P., Psychometric Methods. New York 1954
ANASTASI, A., und J. P. FOLEY, Psychological Testing. New York 1954
MEILI, R., Lehrbuch der psychologischen Diagnostik. Bern 1955
BRAUNBECK, W., Problemlösungen werden ausgewürfelt. Kosmos, 52, 1956
DASHIELL, J. F., Experimental Studies of the Influence of Social Situations

on the Behavior of Individual Human Adults. In: MURCHISON, a. a. O., 1935
BALES, R. F., Interaction Process Analysis. Cambridge 1950
KELLEY, H. H., und J. W. THIBAUT, Experimental Studies of Group Problem Solving and Process. In: LINDZEY IV, 1969
HERZOG, H., Stimme und Persönlichkeit. Z. f. Psychol., 130, 1933
PRESTON, M. G., A Note on the Reliability and Validity of the Group-Judgment. J. exp. Psychol. 22, 1938

III. Die Gruppe im Laboratorium

1. Zur Psychologie der Versuchsperson

ORNE, M. T., On the Social Psychology of the psychological Experiment. Amer. Psychol., 17, 1962
ROSENTHAL, R., Experimenter Effects in behavioral Research. New York 1966
MILGRAM, S., Behavioral Study of Obedience. J. abn. soc. Psychol., 67, 1963
–, Destructive Obedience, J. pers. soc. Psychol., 1, 1965
–, Some Conditions of Obedience and Disobedience to Authority. Human. Rel., 18, 1965
GEHLEN, A., Theorie der Willensfreiheit. Berlin 1933

2. Die Wirkungen des Nebeneinander

MOEDE, W., Experimentelle Massenpsychologie. Leipzig 1920
ALLPORT, F. H., Social Psychology. Boston 1924
ZAJONC, R. B., Social Facilitation. Science 149, 1965
–, und S. M. SALES, Social Facilitation of dominant and subordinate Responses. J. exp. soc. Psychol., 2, 1966
TRAVIS, L. E., The Influence of the Group on the Stutterer's Speed in Free Association. J. abn. soc. Psychol., 23, 1928
TRIPLETT, N., The Dynamogenic Factor in Pacemaking and Competition. Am. J. Psychol., 2, 1898
MAYER, A., Über Einzel- und Gesamtleistungen der Schulkinder. Arch. f. d. ges. Psychol., 1, 1903
DASHIELL, J. F., An Experimental Analysis of Some Group Effects. J. abn. soc. Psychol., 25, 1930
BION, W. R., Experience in Groups (I–VII). Hum. Relat., 1, 1948 – 4, 1951
CLARK, H., The Crowd. Psychol. Mon., 21, 1916
EINSTEIN, A., und L. INFELD, Die Evolution der Physik. rde Bd. 12, Reinbek [11]1968
LEWIN, K., Field Theory in Social Science. New York 1951
SODHI, K. S., Urteilsbildung im sozialen Kraftfeld. Göttingen 1953
KÖHLER, W., Dynamics in Psychology. New York 1940
–, Gestalt Psychology. New York 1947
METZGER, W., Psychologie. Darmstadt 1954

3. Das Miteinander wird sichtbar

SHERIF, M., A Study of Some Social Factors in Perception. Arch. Psychol. 187, 1935
HELSON, H., Adaptation-level as Frame of Reference for Prediction of Psychophysical Data. Am. J. Psychol., 60, 1947
JOHNSON, D. M., The Psychology of Thought and Judgment. New York 1955
WOODWORTH, R. S., und H. SCHLOSBERG, Experimental Psychology. New York 1954
GOLDBERG, S. C., Three Situational Determinants of Conformity to Social Norm. J. abn. soc. Psychol., 49, 1954
ROETHLISBERGER, F. W., und W. J. DICKSON, Management and the Worker. Cambridge 1939
COLLINS, O., M. DALTON und D. ROY, Restriction of Output and Social Cleavage in Industry. Appl. Anthropol., 5, 1946
HARRELL, T. W., Industrial Psychology. New York 1949
WESTERMARCK, E., Geschichte der menschlichen Ehe. 1893
GÜNTHER, H. K. F., Formen und Urgeschichte der Ehe. München 1940
SCHELSKY, H., Soziologie der Sexualität. rde Bd. 2, Reinbek [19]1970
OPP, K. D., Methodologie der Sozialwissenschaften. rde Bd. 339–341, Reinbek 1970
ASCH, S. E., Social Psychology. New York 1952
CRUTCHFIELD, R. S., Conformity and Character. Amer. Psychol., 10, 1955
KRECH, D., R. S. CRUTCHFIELD und E. L. BALLACHEY, Individual in Society. New York 1962
BARRON, F., Creative Person and creative Process. New York 1969
SEASHORE, S., Group Cohesiveness in the industrial Work Group. Ann Arbor 1954
PORTER, L. W., und E. E. LAWLER, Properties of Organization Structure in relation to Job Attitudes and Job Behavior. Psychol. Bull., 64, 1965
LOTT, A. J., und B. E., Group Cohesiveness as interpersonal Attraction; a Review of Relationships with antecedent and consequent Variables. Psychol. Bull., 64, 1965
COCH, L., und J. R. P. FRENCH JR., Overcoming Resistance to Change. Human Rel., 1, 1948
FRENCH, J. R. P. JR., J. ISRAEL und D. AS, An Experiment on Participation in a Norwegian Factory. Human Rel. 13, 1960
KELLNER, W., Der moderne Sozialkonflikt. Stuttgart 1961
HILLMANN, G., Die Befreiung der Arbeit; die Entwicklung kooperativer Selbstorganisation und die Auflösung bürokratisch-hierarchischer Herrschaft. rde Bd. 342/343, Reinbek 1970
LEWIN, K., Die Lösung sozialer Konflikte. Bad Nauheim 1953
HOFSTÄTTER, P. R., Über sprachliche Bestimmungsleistungen, das Problem des grammatikalischen Geschlechts von Sonne und Mond. Z. exp. angew. Psychol., 10, 1963
OEHLER, K., Der consensus omnium als Kriterium der Wahrheit in der antiken Philosophie und der Patristik. Antike und Abendland 10, 1961
ARROW, K. J., Social Choice and individual Values. New York 1951
LUCE, R. D., und H. RAIFFA, Games and Decisions. New York 1953

4. Exkurs über die Einsamkeit

HOFSTÄTTER, P. R., Über Ähnlichkeit. Psyche 9, 1955
–, Farbsymbolik und Ambivalenz. Psychol. Beitr. 2, 1956
–, Männlich und Weiblich. Wr. Arch. f. Psychol., Psychiatrie u. Neurol., 6, 1956
–, Dimensionen des mimischen Ausdrucks. Z. exp. angew. Psychol., 3, 1956
–, Die amerikanische und die deutsche Einsamkeit, Verh. 13. Dt. Soziologentag, Köln 1957
–, Die Selbstdeutung des Menschen in der modernen Gesellschaft. In: Wissenschaft und Verantwortung, Berliner Universitätstage 1962
STEFFEN, H. (Hg.), Aspekte der Modernität. Göttingen 1965

5. Der Außenseiter in der Gruppe

SCHACHTER, S., Deviation, Rejection and Communication. J. abn. soc. Psychol., 46, 1951
EMERSON, R. M., Deviation und Rejection. Am. Social Rev., 19, 1954
LIBO, L. M., Measuring Group Cohesiveness. Ann Arbor 1953
FESTINGER, L., S. SCHACHTER und K. BACK, Social Pressures in Informal Groups. New York 1950
–, und J. THIBAUT, Interpersonal Communication in Small Groups. J. abn. soc. Psychol., 46, 1951
–, Laboratory Experiments. In: FESTINGER, L., und D. KATZ, a. a. O., 1953

6. Zur Theorie der sozialen Gewißheit

FESTINGER, L., Informal Social Communication. Psychol. Rev., 57, 1950
–, Theory of Social Comparison Processes. Hum. Relat., 7, 1954
–, Motivation Leading to Social Behavior. Nebraska Symp. 2, 1954
–, A Theory of cognitive Dissonance. Evanston 1957
CAPLOW, T., A Theory of Coalitions in the Triad. Amer. Sociol. Rev., 21, 1956
GAMSON, W. A., Experimental Studies of Coalition Formation. In: L. BERKOWITZ (Hg.), Advances in experimental Social Psychology, 1, 1964
BOND, J. R., und W. E. VINACKE, Coalitions in mixed-sex Triads. Sociometry 24, 1961
COLLINS, B. E., und B. H. RAVEN, Group Structure, Attraction, Coalitions, Communication and Power. In: G. LINDZEY und E. ARONSON (Hg.), The Handbook of Social Psychology, IV. 1969
HEIDER, F., The Psychology of interpersonal Relations. New York 1958
OSGOOD, C. E., und P. H. TANNENBAUM, The Principle of Congruity in the Prediction of Attitude Change. Psychol. Rev., 62, 1955
BREHM, J. W., und A. R. COHEN, Explorations in cognitive Dissonance. New York 1962
INSKO, C. A., Theories of Attitude Change. New York 1967
HUMMEL, H. J., Psychologische Ansätze zu einer Theorie sozialen Verhaltens. In: R. KÖNIG (Hg.), Handbuch der empirischen Sozialforschung, II, 1969
FRENKEL-BRUNSWIK, E., Intolerance of Ambiguity as an Emotional and Perceptual Personality Variable. J. Person., 18, 1949
TINBERGEN, J., The Notion of Horizon and Expectancy in Dynamic Economics. Econometrica 1, 1933

Bross, I. D. J., Design for Decision. New York 1953
Lewin, K., u. a., Level of Aspiration. In: J. McV. Hunt, Personality and the Behavior Disorders, New York 1944
Rotter, J. B., Social Learning and Clinical Psychology. New York 1954
Whittemore, I. C., The Influence of Competition on Performance. J. abn. soc. Psychol., 20, 1925
Hoffman, P. J., L. Festinger und D. H. Lawrence, Tendencies Toward Comparability in Competitive Bargaining. Hum. Rel., 7, 1954

7. Der Zusammenschluß von Gruppen

Huizinga, J., Homo ludens. rde Bd. 21, Reinbek 91969
Freud, S., Formulierungen über zwei Prinzipe des psychischen Geschehens. Jb. Psychopath. Forsch., 3, 1911
Moreno, J. L., Das Stegreiftheater. Berlin 1923
–, Psychodrama. Boston 1946
Jennings, H. H., Sociometric Structure in Personality and Group Formation. In: Sherif und Wilson, a. a. O., 1953
Thelen, H. A., Dynamics of Groups at Work. Chicago 1954
Chase, St., Wege zur Verständigung. Frankfurt a. M. 1952
Bradford, L. P., J. R. Gibb und K. D. Benne, T-Group Theory and Laboratory Method. New York 1964
Schein, E. H., und W. G. Bennis, Personal Learning and Organizational Change through Group Methods. New York 1965
Mann, R. D. u. a., Interpersonal Styles and Group Development. New York 1967
Smith, H. C., Sensitivity to People. New York 1967
Schutz, W. C., Freude; Abschied von der Angst durch Psycho-Training. Reinbek 1971
Argyle, M., Social Interaction. London 1969
Sherif, M., u. a., Intergroup Conflict and Cooperation. Oklahoma 1961

8. Stereotype

Hofstätter, P. R., Das Denken in Stereotypen. Göttingen 1960
–, Wie Völker einander sehen. Z. f. prakt. Psychol., 4, 1967
–, Probleme des deutschen Selbstbildes. In: H. Steffen (Hg.), Die Gesellschaft in der Bundesrepublik. Göttingen 1970
Kogan, N., und M. A. Wallach, Risk-Taking; a Study on Cognition and Personality. New York 1964
Rettig, S., Group Discussion and predicted ethical Risk-Taking. J. pers. soc. Psychol., 3, 1966
Collins, B. E., und H. Guetzkow, A Social Psychology of Group Processes for Decision-Making. New York 1964
Brown, R., Social Psychology. New York 1965
Bateson, N., Familiarization, Group Discussions and Risk-Taking. J. exp. soc. Psychol., 2, 1966
Witte, E., Das ‹risky-shift›-Phänomen: Eine kritische Untersuchung der bestehenden Wypothesen. Psychol. u. Praxis, 1971, 15
Buchanan, W., und H. Cantril, How Nations See Each Other. Urbana 1953
Sodhi, K. S. und R. Bergius, Nationale Vorurteile. Berlin 1953
Lippmann, W., Public Opinion. New York 1922

CANTRIL, H., und M. STRUNK, Public Opinion 1935–1946. Princeton 1951
SEARS, R. R., C. I. HOVLAND und N. E. MILLER, Measurement of Aggressive Behavior. J. Psychol., 9, 1940
GUETZKOW, H. S., und P. H. BOWMAN, Men and Hunger. Elgin 1946
BONNER, H., Social Psychology. New York 1953

9. Ungleichheit innerhalb der Gruppe

MORENO, J. L., Who Shall Survive? New York 1934, 1953; deutsch: Die Grundlage der Soziometrie. Köln 1954 (Rev. ed. Boston 1946)
HÖHN, E., und C. P. SCHICK, Das Soziogramm. Stuttgart 1954
DOLLARD, J. L., u. a., Frustration and Aggression. New Haven 1939
SCHJELDERUP-EBBE, TH., Zur Soziologie der Vögel. Z. f. Psychol., 95, 1924
RAMM, TH., Der Frühsozialismus, ausgewählte Quellentexte. Stuttgart o. J.
MUNCH, P. A., Sociology of Tristan da Cunha. Oslo 1945
BOVARD, E. W., Group Structure and Perception. J. abn. soc. Psychol., 46, 1951
–, Conformity to Social Norms and Attraction to the Group. Science, 118, 1953
MILLER, J. C., Origins of the American Revolution. Boston 1943

10. Rang und Ansehen

WHYTE, W. F., Street Corner Society. Chicago 1943
HARVEY, O. J., An Experimental Approach in the Study of Status Relations in Informal Groups. Am. Sociol. Rev., 18, 1953
SHERIF, M., B. J. WHITE und O. J. HARVEY, Status in Experimentally Produced Groups. Am. J. Sociol., 60, 1955
THORNDIKE, E. L., A Constant Error in Psychological Rating. J. appl. Psychol., 4, 1920
WARNER, W. L., American Life. Chicago 1953
BENOIT-SMULLYAN, E., Status Types and Status Interrelations. Am. Sociol. Rev., 9, 1944
ZIPF, G. K., Human Behavior and the Principle of Least Effort. Cambridge 1949
JENNINGS, H. H., Leadership and Isolation. New York 1947
–, Sociometry of Leadership. Boston 1947
PARSONS, T., R. F. BALES und E. SHILS, Working Papers in the Theory of Action. Glencoe 1953
SLATER, P. E., Rôle Differentiation in Small Groups. Am. Sociol. Rev., 20, 1955
PARSONS, T., und R. F. BALES, Family, Socialization and Interaction Process. Glencoe 1955
ZELDITCH, M. JR., Rôle Differentiation in the Nuclear Family. In: PARSONS und BALES, a. a. O. 1955
FIEDLER, F. E., A Theory of Leadership Effectiveness. New York 1967

11. Die Führer-Rolle

MEREI, F., Group Leadership and Institutionalization. Hum. Relat., 2, 1949
FRAZER, J. G., The Golden Bough. New York 1922
HOMANS, G. C., The Human Group. New York 1950

PIGORS, P., Leadership and Domination. London 1935
LIPPITT, R., und R. K. WHITE, An Experimental Study of Leadership and Group Life. In: SWANSON, NEWCOMB u. HARTLEY, a. a. O. 1952
ADORNO, TH. W., E. FRENKEL-BRUNSWIK, D. J. LEVINSON und R. N. SANFORD, The Authoritarian Personality. New York 1950
CHRISTIE, R., und M. JAHODA, Studies in the Scope and Method of ‹The Authoritarian Personality›. Glencoe 1954
CARTER, L. F., Leadership and Small-Group Behavior. In: SHERIF und WILSON, a. a. O. 1953
GIBB, C. A., The Sociometry of Leadership in Temporary Groups. Sociometry, 13, 1950
–, Leadership. In: LINDZEY, IV, 1969
BECK, R., Grundformen sozialen Verhaltens. Stuttgart 1954
WILLIAMS, S. B., und H. J. LEAVITT, Group Opinion as a Predictor of Military Leadership. J. consult. Psychol., 11, 1947
HOLLANDER, E. P., und W. B. WEBB, Leadership, Followership and Friendship; an Analysis of Peer Nominations. J. abn. soc. Psychol., 50, 1955
HEMPHILL, J. K., Situational Factors in Leadership. Columbus 1949
HAYTHORN, W., u. a., The Effects of varying Combinations of authoritarian and equalitarian followers. J. abn. soc. Psychol., 53, 1956
BASS, B. N., Leadership, Psychology and Organizational Behavior. New York 1960
WEBER, M., Die drei reinen Typen der legitimen Herrschaft. Preuß. Jahrb., 187, 1922
STOGDILL, R. M., und A. E. COONS (Hg.), Leader Behavior. Columbus 1957
FLEISHMAN, E. A., und E. F. HARRIS, Patterns of Leadership Behavior related to Employee Grievances and Turnover. Personnel Psychol., 15, 1962
LIKERT, R., New Patterns of Management. New York 1961
TSCHEULIN, D., und A. RAUSCHE, Beschreibung und Messung des Führungsverhaltens in der Industrie mit der deutschen Version des Ohio-Fragebogens. Psychol. u. Praxis 14, 1970
BLAKE, R. R., und J. S. MOUTON, Verhaltenspsychologie im Betrieb. Düsseldorf 1968
COHEN, R., Systematische Tendenzen bei Persönlichkeitsbeurteilungen. Bern 1969
GRAEN, G., K. ALVARES und J. B. ORRIS, Contingency Model of Leadership Effectiveness, antecedent and evidential Results. Psychol. Bull. 74, 1970

12. Kontakt, Sympathie und Distanz

CHOWDHRY, K., und T. M. NEWCOMB, The Relative Abilities of Leaders and Non-Leaders to Estimate Opinions of Their Own Groups. J. abn. soc. Psychol., 47, 1952
KUBIE, L. S., Psychoanalyse ohne Geheimnis. rde Bd. 11, Reinbek [5]1962
SLAVSON, S. R., Einführung in die Gruppentherapie. Göttingen 1956
BAVELAS, A., Communication Patterns in Task-Oriented Groups. In: D. LERNER und H. D. LASSWELL, The Policy Sciences, Stanford 1951
–, und D. BARRETT, An Experimental Approach to Organizational Communication. Personnel, 27, 1951
LEAVITT, H. J., Some Effects of Certain Communication Patterns in Group Performance. J. abn. soc. Psychol., 46, 1951
SHAW, M. E., Communication Networks. In: L. BERKOWITZ (Hg.), Advances in experimental Social Psychology, 1, 1964

IV. Die behauptete eigene Freiheit und die Schonung der Freiheit des anderen

PIRENNE, M. H., Binocular and Monocular Threshold of Vision. Nature 152, 1943

EKMAN, G., The Four Effects of Cooperation. J. soc. Psychol., 41, 1955

HOFSTÄTTER, P. R., Zur Dialektik der Gruppenleistung. Kölner Z. f. Soziologie u. Sozialpsychol., 2, 1956

–, Die soziale Dynamik der psychotherapeutischen Situation. Psyche 10, 1957

TAYLOR, D. W., und W. L. FAUST, Twenty Questions, Efficiency in Problem Solving as a Function of Size of Group. J. exp. Psychol., 44, 1952

LORGE, I., und H. SOLOMON, Two Models of Group Behavior in the Solution of Heureka-Type Problems. Psychometrica 20, 1955

PERLMUTTER, H. V., und G. DE MONTMOLLIN, Group learning of nonsense Syllables. J. abn. soc. Psychol., 47, 1952

HOPPE, R. A., Memorizing by Individuals and Groups. J. abn. soc. Psychol., 65, 1962

MAIER, N. R. F., und A. R. SOLEM, The Contribution of a Discussion Leader to the Quality of Group Thinking. Human Rel., 5, 1952

THOMAS, E. J, und C. F. FINK, Models of Group Problem-Solving. J. abn. soc. Psychol., 63, 1961

KELLEY, H. H., und J. W. THIBAUT, Group Problem-Solving. In: G. LINDZEY und E. ARONSON (Hg.), The Handbook of Social Psychology, IV, 1969

RESTLE, F., und J. H. DAVIS, Success and Speed of Problem-Solving by Individuals and Groups. Psychol. Rev., 69, 1962.

KÜHN, H., Das Erwachen der Menschheit. Fischer Bücherei Bd. 53, Frankfurt a. M. 1954

JONES, E., The Life and Work of Sigmund Freud, II. New York 1955

SACHS, H., Freud, Master and Friend. Cambridge 1944.

MARCUSE, L., Sigmund Freud – sein Bild vom Menschen. rde Bd. 14, Reinbek [3]1962

PERSONEN- UND SACHREGISTER

Personenregister

Ach, N. 47 (Fußn.)
Adler, A. 185
Adorno, Th. W. 150 f, 207
Alkuin 15
Allee, W. C. 201
Allport, F. H. 51 f, 54, 194, 199, 202
, G. W. 199
Altman, I. 195, 198
Alvares, K. 207
Anastasi, A. 201
Anaximander 192
Andersen, H. C. 55
Argyle, M. 105 f, 198, 205
Aristoteles 29, 32, 35, 50, 96, 112, 201
Aronson, E. 198
Arrow, K. J. 72, 203
As, D. 203
Asch, S. E. 61 f, 203

Back, K. 204
Bacon, Sir F. 21, 70
Bales, R. F. 43, 141 ff, 150 f, 198, 202, 206
Ballachey, E. L. 203
Bally, G. 145 (Fußn.)
Barrett, D. 171, 207
Barron, F. 62, 203
Baschwitz, K. 198
Bass, B. N. 153, 207
Bateson, N. 125, 205
Battegay, R. 199
Bavelas, A. 169, 171 f, 207
Beck, R. 207
Benne, K. D. 205
Bennis, W. G. 105, 205
Benoit-Smullyan, E. 138, 206
Bergius, R. 205
Bernsdorf, W. 198 f
Binet, A. 89
Bion, W. R. 54, 202
Blake, R. R. 159, 207
Bond, J. R. 95, 204
Bonifatius, St. 87
Bonner, H. 120, 206
Borgatta, E. F. 198
Boswell, J. 22
Bovard, E. W. 133, 206
Bowman, P. H. 115, 206
Bradford, L. P. 105, 205
Braunbeck, W. 201
Bravais 189
Brehm, J. W. 100 ff, 204
Bross, I. D. J. 86, 205
Brown, J. A. C. 58 (Fußn.), 195 (Fußn.), 199
–, R. 125, 198, 205
Buchanan, W. 112, 116 f, 120, 205
Bühler, Charlotte 196
–, K. 47 (Fußn.), 196
Bülow, F. 198 f

Cantril, H. 112, 116 f, 120, 205 f
Capelle, W. 200
Caplow, T. 95, 204
Carossa, H. 13
Carter, L. F. 152, 207
Cartwright, D. 198
Chase, S. 105, 205
Chowdhry, K. 161, 207
Christie, R. 151, 207
Clark, H. 55, 57, 202
Coch, L. 67, 203
Cohen, A. R. 100, 204
–, R. 159, 207
Collins, B. E. 97, 125, 172, 204 f
–, O. 65, 203
Comte, A. 10, 200
Cooley, G. H. 195, 199
Coons, A. E. 159, 207
Crutchfield, R. S. 62, 203

Dalton, M. 203
Dashiell, J. F. 43, 52 ff, 194, 199, 201 f
Davis, J. H. 208
Dickson, W. J. 65, 194, 199, 203
Dollard, J. L. 206
Dürr, E. 47 (Fußn.)

Eckermann, J. P. 155 f
Ehrenfels, Chr. v. 193, 199
Einstein, A. 57, 202
Ekman, G. 175, 208
Emerson, R. M. 81, 204
Empedokles 17
Eysenck, H. J. 57 (Fußn.), 63 (Fußn.)

Faraday, M. 57
Faust, W. L. 175 ff, 208
Fechner, G. Th. 63
Ferguson, A. 192, 199
Festinger, L. 81 ff, 85, 93 f, 97, 101 f, 103, 111, 114, 144, 198, 204 f
Fichte, J. G. 50
Fiedler, F. E. 141, 159 f, 206
Fink, C. F. 177 ff, 208
Fleishman, E. A. 158 f, 207
Förster, H. v. 201
Foley, J. P. 201
Fourier, Ch. 131
Frankfort, H. 199
–, H. A. 199
Frazer, J. G. 148, 206
French Jr., J. R. P. 67, 203
Frenkel-Brunswik, E. 85, 204, 207
Freud, S. 12 f, 17 ff, 49, 77, 101, 104, 145, 154, 169, 182, 185, 200, 205
Friedman, G. 199
Friedrich der Große 90, 155
Fuhlrott, C. 184

Gablentz, O. H. v. d. 195, 199
Galanter, E. 28, 201
Gamson, W. A. 95, 204
Gandhi, M. 137
Gehlen, A. 26, 50, 62, 198, 201 f
Geiger, Th. 198
Gibb, C. A. 152, 207
–, J. R. 205
Goethe, J. W. v. 12 f, 17, 103, 155 ff, 181, 186
Goldberg, S. C. 59, 203
Gordon, K. 33, 201
Graen, G. 160, 207
Graumann, C. F. 198
Günther, H. K. F. 203
Guetzkow, H. S. 115, 125, 205 f
Guilford, J. P. 201

Hagemann, W. 198
Hall, G. St. 194
Hare, A. P. 186, 195, 198
Harrell, T. W. 65, 203
Harris, E. F. 158 f, 207
Hartley, E. L. 198
–, E. R. 198
Harvey, O. J. 135, 206
Haythorn, W. 151, 207
Heider, F. 100, 204
Heinrich IV., Kaiser 90
Helson, H. 59, 203
Hemphill, J. K. 151, 207
Herzog, H. 43, 202
Hillmann, G. 68, 203
Hobbes, Th. 32, 193, 199
Höhn, E. 206
Hoffmann, P. J. 93 f, 205
Hofstätter, P. R. 69, 75, 113, 123, 140, 150, 170, 175, 177, 196, 198, 200, 203 ff, 208
Hollander, E. P. 148, 207
Holst, E. v. 201
Homans, G. C. 148, 151, 206
Hoppe, R. A. 177, 208
Hovland, C. I. 114, 206
Huizinga, J. 205
Hummel, H. J. 100, 204

Infeld, L. 57, 202
Insko, C. A. 100, 204
Israel, J. 203

Jacobsen, T. 199
Jaeger, W. 192, 199
Jahoda, M. 151, 207
Jennings, H. H. 104, 140 f, 145, 205 f
Johnson, D. M. 59, 203
–, S. 22
Jonas, F. 26 (Fußn.)
Jones, E. 185, 208
Jung, C. G. 9, 185, 200

Karl der Große 15
Katz, D. 198
Kelley, H. H. 177, 198, 202, 208
Kellner, W. 67, 203
Kleisthenes 95

Klemm, F. 201
Kluge, F. 200
Köhler, W. 57, 202
König, R. 198
Körner, Th. 173
Kogan, N. 125, 205
Kopernikus, N. 192
Krech, D. 192
Kubie, L. S. 145 (Fußn.), 207
Kühn, H. 30, 201, 208
Külpe, O. 47 (Fußn.)

Lawler, E. E. 203
Lawrence, D. H. 93 f, 205
Lazarsfeld, P. F. 198
Leavitt, H. J. 153, 172, 207
Le Bon, G. 7 ff, 16 ff, 22 f, 25 f, 28 f, 38, 42, 44 f, 70, 125, 193, 199 f
Levinson, D. J. 207
Lévy-Strauss, Cl. 26, 201
Lewin, K. 57, 67, 92, 105, 149, 194, 199, 202 f, 205
Libo, L. M. 204
Likert, R. 159, 207
Lindzey, G. 198 f
Lippitt, R. 149, 199, 207
Lippmann, W. 205
Lorge, I. 175, 208
Lott, A. J. 203
–, B. E. 203
Luce, R. D. 73, 203
Luther, M. 10, 200

Machiavelli 18, 29, 200
Maier, N. R. F. 177, 208
de Man, H. 10, 200
Mann, R. D. 105, 198, 205
Map, W. 80
Marbe, K. 47 (Fußn.)
Marcuse, L. 208
Maria Theresia, Kaiserin 90
Marx, K. 23, 50, 92
Maxwell, J. C. 57
Mayer, A. 52, 194, 199, 202
– (Anatom) 184
Mayo, E. 194, 199
McGrath, J. E. 195, 198
Meili, R. 201
Merei, F. 146 ff, 157, 206
Messer, A. 47 (Fußn.)
Metzger, W. 202
Milgram, S. 47 ff, 202
Miller, G. A. 28, 201
–, J. C. 206
–, N. E. 114, 206
Mittelstädt, H. 201
Moede, W. 29, 51, 54, 194, 199, 201 f
de Montmollin, G. 177, 208
Moreno, J. L. 104, 127, 140, 194, 199, 205 f
Morgan, L. H. 17
Morgenstern, Ch. 29
Mouton, J. S. 159, 207
Mozart, W. A. 138
Muller, Ph. 199
Munch, P. A. 131, 206
Murchison, C. 198, 202
Murphy, G. 198
–, L. B. 198
Münsterberg, H. 51, 194

Napoleon Bonaparte 90, 149, 155 ff
Newcomb, T. M. 161, 198, 207
Newton, I. 155
Nietzsche, F. 10, 193

Oehler, K. 71, 203
Opp, K. D. 61, 203
Orne, M. T. 47, 202
Orris, J. B. 207
Ortega y Gasset, J. 7, 10 f, 193, 199 f
Osgood, C. E. 14, 100, 200, 204
Owens, R. 131

Pareto, V. 26, 201
Parsons, T. 206
Paulus, Apostel 14
Pearson, K. 189
Perlmutter, H. V. 177, 208
Peter der Große, Zar 121
Peters, H. M. 201
Pieper, J. 198
Pigors, P. 149, 207
Pirenne, M. H. 175, 208
Platon 35, 43, 70 f, 181, 192
Poetzl, O. 196

Poffenberger, A. T. 32, 201
Porter, L. W. 203
Portmann, A. 201
Preston, M. G. 202
Pribram, K. H. 28, 201

Raiffa, H. 73, 203
Ramm, Th. 206
Ranke, J. 184
Rausche, A. 159, 207
Raven, B. H. 97, 172, 204
Reininger, R. 196
Reiwald, P. 198
Restle, F. 208
Rettig, S. 205
Rieffert, J. B. 153
Riesman, D. 21, 77 f, 201
Rilke, R. M. 69
Roethlisberger, F. J. 194, 199
–, F. W. 65, 203
Rohrer, J. H. 198
Rosenberg, M. 198
Rosenthal, R. 47, 202
Rotter, J. B. 205
Rousseau, J. J. 92
Roy, D. 203

Sachs, H. 185, 208
Sales, S. M. 202
Sanford, R. N. 207
Sears, R. R. 114, 206
Seashore, S. 65, 203
Selz, O. 47 (Fußn.)
Shakespeare, W. 192
Shaw, M. E. 172, 207
Sherif, C. W. 198
–, M. 58 f, 64, 67, 70, 79, 108 ff, 123, 127, 129, 131, 135, 140, 157, 194, 198 f, 203, 205 f
Shils, E. 206
Sieyès, Abbé 137
Sighele, S. 8, 193, 199 f
Simmel, G. 193, 199
Slater, P. E. 141, 143, 150 f, 206
Slavson, S. R. 207
Smith, H. C. 105, 205
Sodhi, K. S. 57, 133, 202, 205
Sokrates 182
Solem, A. R. 177, 208
Solomon, H. 175, 208
Soret, F.-J. 186
Spann, O. 193, 199
Spearman, Ch. 40, 42 f, 187
Spencer, H. 193, 199
Spengler, O. 196
Spinoza, B. 32
Suci, G. J. 200
Swanson, G. E. 198

Schachter, S. 80, 83 f, 204
Schäffle, A. 193, 199
Schein, E. H. 105, 205
Schelsky, H. 198, 201, 203
Schick, C. P. 206
Schilder, P. 194, 199
Schiller, F. v. 9, 173, 180 f
Schjelderup-Ebbe, Th. 206
Schleiden, M. J. 193
Schlick, M. v. 196
Schlosberg, H. 203
Schmidt, P. W. 201
Schutz, W. C. 106, 205
Schwann, Th. 193

Steffen, H. 204
Stekel, W. 185
Stephenson, W. 189
Stogdill, R. M. 159, 207
Stoner, J. A. F. 123
Strunk, M. 112, 206

Tannenbaum, P. H. 100, 200, 204
Tarde, G. 193, 199
Taylor, D. W. 175 ff, 208
Thelen, H. A. 105, 205
Thibaut, J. 82, 204
–, J. W. 177, 198, 202, 208
Thomas, E. J. 177 f, 208
Thorndike, E. L. 136, 206
Tinbergen, J. 85, 204
–, N. 201
Topisch, E. 199
Travis, L. E. 51, 202
Triplett, N. 51 f, 194, 199, 202
Tscheulin, D. 159, 207

Uexküll, J. v. 26, 193, 200 f

Varro, M. T. V. 186
Vinacke, W. E. 95, 204
Virchow, R. 184
Von der Mühll, P. 88

Wallach, M. A. 125, 205
Wallenstein, A. v., Herzog v. Friedland 90
Warner, W. L. 136, 206
Watson, G. 194, 200
Webb, W. B. 148, 207
Weber, M. 158, 207
Weizsäcker, V. v. 26, 201
Wendt, D. 198
Westermarck, E. 68, 203
White, B. J. 206
–, R. K. 199, 207
Whitehead, T. N. 195, 200
Whittemore, I. C. 93, 205
Whyte, W. F. 134, 206
Wiener, N. 201
Williams, S. B. 153, 207
Wilson, M. O. 198
Witte, E. 125 f, 205
Woodworth, R. S. 203
Worms, R. 193, 200

Zajonc, R. B. 51, 202
Zander, A. 198
Zelditsch, M. Jr. 144, 206
Ziegenfuss, W. 199, 201
Zimmerman, C. C. 37, 201
Zipf, G. K. 139, 206

Sachregister

Ähnlichkeit 119, 122 f, 187 ff
Affinitätsanalyse 14
Akzeptierungsbedingung 177 ff, 184 f
Anagramm 173 ff
Angst 76, 78, 81
Anspruchsniveau 92
Arbeitsteilung 21, 29 ff, 50 f
Assoziationen 51 ff, 75, 117, 150
Außenseiter 80 ff, 87, 130
autokinetisches Phänomen 58 ff, 108
Autostereotyp 112 f, 115 ff, 155, 164
Axiome 12, 18

Beliebtheit 140 ff, 151 f
Berufsberatung 89
Besonnenheit 42
Bestätigung, soziale 88, 90 ff, 103, 114, 181
Bündnisse, alternierende 140 f

Chaos 68, 85
Claque 24

Demokratie 41
Denken 18, 29, 35, 43, 46, 104, 172
Dichter 79
Die-Gruppe 109 ff, 115 f, 132
Diktator 149 ff, 156
Diskussion 35, 50, 80 ff, 105 f, 136, 142, 153
Distanz, soziale 163 ff, 180 f
Divergenz 142 ff, 151

Einsamkeit 73 ff, 81, 85, 106, 189 f
Elite 7 f, 134, 161, 167 f
Enthemmung, soziale 51 f
Erwartung 26, 85 ff
Experiment 46, 103
Extremisten 81, 84, 87, 96, 137

Familie 12, 17, 19, 21 f, 37, 71, 144, 192, 195
Fehlerausgleich 36 ff, 64
Feldtheorie 57
Ferienlager 108 ff, 133, 194
Fragebogen 39, 161
Freiheit 21, 173, 186
Frustrations-Aggressions-Hypothese 131
F-Skala 150 f
Führer 7, 16, 24 ff, 56, 103, 132, 136, 142 ff, 146 ff, 157 ff, 170

Gefolge 24 ff, 152 f, 156 f
Gegenseitigkeit 26 ff, 47, 54, 137, 193
Getto 167

Gewißheit, soziale 84 ff, 91 f
Grausamkeit 47 ff
Gruppe 192
Gruppentherapie 54, 169, 194
Gruppenvorteil 29 ff, 64

Hackordnung 131
Halo-Effekt 136
Held 149 f, 154, 156
Herdeninstinkt 21
Heterostereotyp 113, 115 ff, 145
Hierarchie 130, 134, 139 f
Hypnose 154 f

Identifikation 154 f, 169
Institutionen 22, 71
Intoleranz 80
Isolierung 168, 194

Jury 35

Kameradschaft 93, 97
Klasse 22 f, 111
Koalitionen 95
Kohäsion (Kohärenz) 65, 81 f, 100, 107, 131, 133
Kommunikationsbedingung 177 ff, 184
Kommunikationsnetz 169 ff, 183
Konferenz 107
Konformität 81 f,
Konkurrenz 51 ff, 103 f, 194
Kontakt 108 f, 144, 163 ff
Konvergenz 59, 81, 83 f, 95, 107, 123, 132
Kulturerfindung 22, 29, 37
Kunst 80
Kybernetik 26 f, 43

Lehrer 156, 182 f
Leistungen vom Typus des Bestimmens 38, 61, 64 ff, 71, 79 f, 85, 89, 91, 107, 131, 137, 146, 154, 183 f
---- Suchens 32, 38, 42, 52 f, 64, 68, 71, 80, 127, 174 f, 184 f
---- Tragens 29 f, 38, 42, 64
‹Leviathan› 193

Männlichkeit 14
Masse 7 ff, 12 f, 18, 20, 22 ff, 38, 41, 44 f, 56, 132
Menge 22 ff, 44
Minorität 121, 168, 185
Miteinander 23, 56 f, 59
Monte-Carlo-Methode 43

Nachahmung 54
Nachplappern 179 ff
Naturgesetz 192 f
Nebeneinander 23, 50 ff, 93, 132, 194
Neinsager 180

Organisation 44 f, 157

Panik 9, 18 f, 25
Pöbel 10, 46
Polarisation 83 f, 86, 189 ff
Projektion 154 ff, 169
Propaganda 7, 164
Psychoanalyse 20, 145, 169, 182, 185
Psychodrama 104, 194

Q-Maß 76, 117 ff, 150, 189 ff

Rangdifferenzierung 129 f, 131 ff, 134 ff, 142 ff, 163 f, 169
Rangneid 138
Rasse 9, 12, 71
Religion 10
Revolution 24
Reziprozität 26, 54, 56, 121, 137, 148
Rho-Koeffizient 34, 40 ff, 187
Risikobereitschaft 123 ff
Ritual 104
Rolle 24 f, 103 ff, 129 f, 141, 145, 146 ff, 156, 193 f
Rundgespräch 153

Selbstverständlichkeit 12, 18 f, 63, 68 ff, 80, 90 f, 137, 173
Sophistik 69
Soziodrama 104, 194
Soziogramm 127 ff, 140, 161, 194
Soziometrie 108, 127 f, 142, 152 f, 166

Spezialisten 129, 140
Spiel 23, 104 ff, 130, 133, 146 f, 172, 173, 194
Sprache 37, 43, 73 f, 78 ff, 164, 180
Suggestion 54 ff
Sympathie 108, 140 ff, 151, 167 f, 182

Schulklasse 182 f

Stachanoff-Arbeit 67
Stereotyp 111 ff, 133, 145

Treue 28
Tristan da Cunha 131 f, 168
Tüchtigkeit 140 ff, 152

Übertragung 145, 169, 182
Unabhängigkeitsbedingung 179 f
Unifikation 100 ff, 111, 137, 154, 169
Urmensch 17, 32

Verband 23
Vereinsamung 11, 19, 21, 28, 103, 137
Vermassung 7 ff, 44 f, 193
Verstehen 121 ff
Versuchsperson 46 ff
Verwaltung 131

Wahrscheinlichkeitsmodell 173 ff, 180
Weiblichkeit 15 f
Widerstände 182
Wir-Gruppe 109 ff, 115 f, 118 f, 129, 132 f, 137, 146

rowohlts deutsche enzyklopädie
Das Wissen des 20. Jhs. im Taschenbuch
mit enzyklopädischem Stichwort

Herausgegeben von Ernesto Grassi

Philosophie

Karl Vorländer, Geschichte der Philosophie / Mit Quellentexten. Band I: Philosophie des Altertums [183] – Band II: Philosophie des Mittelalters [193] – Band III: Philosophie der Renaissance [242] – Band IV: Philosophie der Neuzeit: Descartes – Hobbes – Spinoza – Leibniz [261] – Band V: Philosophie der Neuzeit: Die Aufklärung [281]

Johann Eduard Erdmann, Philosophie der Neuzeit / Der deutsche Idealismus. Geschichte der Philosophie VI / Mit Quellentexten [364] – Philosophie der Neuzeit / Der deutsche Idealismus. Geschichte der Philosophie VII. Mit Quellentexten [365]

Louis Althusser / Etienne Balibar, Das Kapital lesen Bd. I u. Bd. II [336 u. 337]

Louis Althusser, Lenin und die Philosophie / Marx und Lenin nach Hegel [371]

Jean-Paul Sartre, Marxismus und Existentialismus / Versuch einer Methodik [196]

Gajo Petrović, Philosophie und Revolution / Modelle für eine Marx-Interpretation. Mit Quellentexten [363]

Joachim Israel, Der Begriff Entfremdung. Makrosoziologische Untersuchung von Marx bis zur Soziologie der Gegenwart [359]

Günther Schiwy, Der französische Strukturalismus. Mode – Methode – Ideologie. Mit einem Textanhang [310]

Albert Camus, Der Mythos von Sisyphos / Ein Versuch über das Absurde [90]

Religionswissenschaft und Religionsgeschichte

Robert von Ranke-Graves, Griechische Mythologie / Quellen und Deutung. Bd. I + II [113 + 115]

Vilhelm Grønbech, Hellas. Griechische Geistesgeschichte I: Adelszeit [215]

Johannes Haller, Das Papsttum / Idee und Wirklichkeit Bd. I: Die Grundlagen [221] – Bd. II: Der Aufbau [223] – Bd. III: Die Vollendung [225] – Bd. IV: Die Krönung [227]

C/X–'76

Staats- und Wirtschaftswissenschaften

Günter Schmölders, Konjunkturen und Krisen [3] – Finanz- und Steuerpsychologie. Erweiterte Neuauflage von Das Irrationale in der öffentlichen Finanzwirtschaft [100]

Erwin Grochla, Betriebliche Planung und Informationssysteme / Entwicklung und aktuelle Aspekte [373]

Börje Kragh, Konjunkturforschung in der Praxis / Prognosen und ihre Anwendung in der Konjunkturpolitik [321]

Hans Kellerer, Statistik im modernen Wirtschafts- und Sozialleben [103]

Elisabeth Noelle, Umfragen in der Massengesellschaft / Einführung in die Methoden der Demoskopie [177]

Anthropologie

Arnold Gehlen, Anthropologische Forschung / Zur Selbstbegegnung und Selbstentdeckung des Menschen [138]

Margaret Mead, Mann und Weib / Das Verhältnis der Geschlechter in einer sich wandelnden Welt [69]

Geschichte, Kulturgeschichte und Zeitgeschichte

Vilhelm Grønbech, Hellas / Griechische Geistesgeschichte I: Die Adelszeit [215]

Georg Lukács, Marxismus und Stalinismus / Politische Aufsätze. Ausgewählte Schriften IV [327]

Kunstwissenschaft und Kunstgeschichte

Guido Kaschnitz von Weinberg, Römische Kunst II: Zwischen Republik und Kaiserreich [137]

Gustav René Hocke, Die Welt als Labyrinth / Manier und Manie in der europäischen Kunst [50]

Walter Hess, Dokumente zum Verständnis der modernen Malerei [19]

Jürgen Claus, Kunst heute / Personen, Analysen, Dokumente [238]

Physik, Naturwissenschaft und Technik

Werner Heisenberg, Das Naturbild der heutigen Physik [8]
Norbert Wiener, Kybernetik / Regelung und Nachrichtenübertragung in Lebewesen und Maschine [294]
Mortimer Taube, Der Mythos der Denkmaschine / Kritische Betrachtungen zur Kybernetik [245]

Medizin

Paul Lüth, Kritische Medizin / Zur Theorie-Praxis-Problematik der Medizin und der Gesundheitssysteme [368]
Thure von Uexküll, Grundfragen der psychosomatischen Medizin [179]

Psychologie

F. J. J. Buytendijk, Mensch und Tier / Ein Beitrag zur vergleichenden Psychologie [74]
Gustav Bally, Einführung in die Psychoanalyse Sigmund Freuds / Mit Originaltexten Freuds [131]
Peter R. Hofstätter, Gruppendynamik. Durchgesehene und erweiterte Neuauflage [38]
Christian Kellerer, Objet trouvé – Surrealismus – Zen / Zur Psychologie der modernen Kunst [289]

Soziologie

Karl-Dieter Opp, Methodologie der Sozialwissenschaften. Einführung in Probleme ihrer Theorienbildung [339]
H. J. Krysmanski, Soziologie des Konflikts / Materialien und Modelle [362]
Beatrice Caesar, Autorität in der Familie / Ein Beitrag zum Problem schichtenspezifischer Sozialisation [366]
Friedrich Jonas, Geschichte der Soziologie. Mit Quellentexten I: Aufklärung – Liberalismus – Idealismus [302]
Alvin W. Gouldner, Die westliche Soziologie in der Krise Bd. 1 + 2 [360 + 361]
Zvi Rudy, Soziologie des jüdischen Volkes [217]
David Riesman / Reuel Denney / Nathan Glazer, Die einsame Masse / Eine Untersuchung der Wandlungen des amerikanischen Charakters [72]
José Ortega y Gasset, Der Aufstand der Massen [10]
Arnold Gehlen, Die Seele im technischen Zeitalter / Sozialpsychologische Probleme in der industriellen Gesellschaft [53]
Renate Mayntz, Soziologie der Organisation [166]
Elisabeth Noelle, Umfragen in der Massengesellschaft / Einführung in die Methoden der Demoskopie [177]
Günter Hillmann, Die Befreiung der Arbeit. Die Entwicklung kooperativer Selbstorganisation und die Auflösung bürokratisch-hierarchischer Herrschaft [342]
Peter R. Straumann, Neue Konzepte der Bildungsplanung / Ein Beitrag zur Kritik der politischen Ökonomie des Ausbildungssektors. Mit einem Materialienanhang [369]

Literaturwissenschaft und Sprachwissenschaft

Jean-Paul Sartre, Was ist Literatur? [65]

Werner Krauss, Grundprobleme der Literaturwissenschaft / Zur Interpretation literarischer Werke. Mit Textanhang [290]

Friedrich-W. und Erika Wentzlaff-Eggebert, Deutsche Literatur im späten Mittelalter 1250–1450. Mit Lesestücken. I: Rittertum – Bürgertum [350] – II: Kirche [353] – III: Neue Sprache aus neuer Welterfahrung [356]

Georg Lukács, Ausgewählte Schriften I: Die Grablegung des alten Deutschland / Essays zur deutschen Literatur des 19. Jahrhunderts [276] – Ausgewählte Schriften II: Faust und Faustus / Vom Drama der Menschengattung zur Tragödie der modernen Kunst [285]

Hugo Friedrich, Die Struktur der modernen Lyrik / Von der Mitte des neunzehnten bis zur Mitte des zwanzigsten Jahrhunderts [25]

Rosario Assunto, Theorie der Literatur bei Schriftstellern des 20. Jahrhunderts [372]

Gerda Zeltner-Neukomm, Das Wagnis des französischen Gegenwartromans / Butor – Robbe-Grillet – Sarraute – Beckett – Queneau – Camus – Malraux – Sartre [109]

Georg Lukács, Ausgewählte Schriften III: Russische Literatur – Russische Revolution. Puschkin – Tolstoi – Dostojewskij – Fadejew – Makarenko – Scholochow – Solschenizyn [314]

Rudolf Pfeiffer, Geschichte der klassischen Philologie. Von den Anfängen bis zum Ende des Hellenismus [344]

Hans Eggers, Deutsche Sprachgeschichte I: Das Althochdeutsche [185] – II: Das Mittelhochdeutsche [191] – III: Das Frühneuhochdeutsche [270]

Mario Wandruszka, Der Geist der französischen Sprache [85]

Benjamin Lee Whorf, Sprache – Denken – Wirklichkeit / Beiträge zur Metalinguistik und Sprachphilosophie [174]

Theaterwissenschaft

Martin Esslin, Das Theater des Absurden [234]

785/14a

832/5